JN120200

一般社団法人 金融検定協会 認定

事業承継アドバイザー認定試験模擬問題集

24年度試験版

■ 金融検定協会 編

銀行研修社

はしがき

中小企業・小規模事業者は雇用の担い手、多様な技術・技能の担い手として、わが国の経済・社会において重要な役割を果たしていますが、事業承継の準備が十分でなかったために、円滑な事業承継ができずに廃業してしまう企業等が急増しています。経済産業省によると70歳以上の経営者のうち、約半数の後継者が未定とのデータがあります。しかも、そのうち半数にも及ぶ企業が経常黒字であり、廃業の要因が後継者難であることが深刻な問題となっています。金融機関にとっても、これはとりもなおさず、取引先が漸減していくことを意味します。

したがって、円滑な事業承継によって事業価値をしっかりと次世代に引き継ぎ、事業活動の活性化を実現することが不可欠といえますが、事業承継は家族内の問題という考えから、適切な専門家の相談を受けられずに悩んでいる中小企業経営者も少なくありません。また、後継者がいても経営ノウハウ・技術等の継承が予定どおりにいかないケースも増えています。その解決策の一つとして、M&A・MBO等の親族外承継に注目が集まっており、近年、親族内承継の割合の減少と親族外承継の割合の増加が生じています。2020年の調査では親族内承継の割合が全体の約35%にまで減少し、それ以外の承継が65%以上に達しているとのデータもあります。

金融機関による事業承継アドバイスは、従前の自社株相続節税主体型から経営承継型へと移行していく必要があり、その内容も後継者がいる場合の経営承継だけでなく、後継者不在時のM&A・MBO等の経営、法務、財務、税務の幅広い知識と技能が求められています。そのニーズに応えられる知識の習得度合いを見極めるために、事業承継アドバイザー（BSA）資格を取得することは重要であり、面談時に事業承継アドバイザーを名乗ることができれば、相手の信頼感が倍加するというメリットもあります。

受験者の皆さまが本問題集を十分に活用されることによって、一人でも多くの方々が事業承継アドバイザー認定試験に合格され、その成果を日々の業務に活かされることを希ってやみません。

2024年2月

一般社団法人　金融検定協会

目　次

第2章　親族内承継

第３章　役員・従業員・外部への承継とM&A

※問題右上の回数は金融検定試験の出題回を表す。なお、2021年５月試験より、５月､11月および１月特例試験ほか臨時試験をすべて通しの回号に変更しました。また、第77回は2022年５月開催、第78回は2022年11月開催、第80回は2023年５月開催、第81回は2023年11月開催。

第1章

事業承継の基礎知識

第1章　学習の手引

テーマ	80回	81回
1．中小企業の事業承継と金融機関の関与	○	○
2．事業承継の類型と対応策の概要	○	○
3．事業承継の進め方	○	○
4．企業の価値評価	○	○
5．事業承継アドバイザーとコンプライアンス	○	○

1．中小企業の事業承継と金融機関の関与

事業承継が円滑に進まないのは、後継者が決まっていないことだけでなく、現経営者が必要性を感じていない、必要と感じてもどうしていいかわからないなどが理由として挙げられる。金融機関等が、現経営者に事業承継の必要性を自覚させ、円滑に事業承継を進めるための支援の方法等を学習する。本分野からは、毎回出題されており、金融機関の動機付けとなる本分野は基本テーマである。

2．事業承継の類型と対応策の概要

事業承継には親族内承継と親族外承継があり、後者はさらに従業員等によるMBOと第三者承継に分類できる。それぞれの特徴を理解し、適切な方法をアドバイスできるよう学習したい。本分野からは毎回出題されており、しっかり理解してほしい。

3．事業承継の進め方

円滑に事業承継を進めるためには早期着手が重要であり、そのためには専門家等の支援機関の協力を得て着実に行動することが重要である。この点を理解して、事業承継の手順を理解しておきたい。本分野からは、以前は毎回2～3問程度出題されていたものの、直近は毎回1問の出題となっている。一通り目を通しておこう。

4．企業の価値評価

事業承継において、自社の企業価値を認識しておくことは、現状把握のために不可欠であり、その方法のひとつとしてデューデリジェンス（DD）を理解することは最重要である。また、企業価値評価の考え方から算定方法、不動産・営業権・無形資産等の評価手法についてもしっかり学習する必要がある。本分野からは毎回10問超出題されており、最重要テーマと思われる。

5．事業承継アドバイザーとコンプライアンス

事業承継に携わることによって、対象企業に対してアドバイスを行うことが求められるが、その範囲を超えてしまうと法律に抵触することになる。どこまでがアドバイスでどこからが法律違反なのかは、自己防衛のためにもしっかりと学習しておきたい。本分野からは毎回1問出題されるため、しっかりとその内容を押さえておくべきであろう。

第１節　中小企業の事業承継と金融機関の関与

１．中小企業の後継者不足と事業承継支援の必要性

（１）中小企業の事業承継の現状と支援の必要性

①中小企業数等の動向

中小企業庁によると、2016年におけるわが国の企業者数は、大企業も含め約359万社あり、そのうち中小企業及び小規模事業者数（以下「中小企業等」とする）は約358万社あり、全企業数の99.7％は中小企業等であるというように、中小企業等は日本経済を支えている重要な存在といえる。

中小企業等は戦後の日本経済の復興に大きく貢献してきたが、現状の大きな問題は、企業数の減少に歯止めがかからないことである。

2009年と2016年の比較で見ると、中小企業等は約421万社から358万社と15.0％減少している。小規模事業者数では16.9％の減少となっている。

経済の成熟化、企業の海外進出、少子高齢化といった要因のほか、2020年に発生した新型コロナウィルス感染症拡大の影響で事業継続を断念し、廃業を選択する事業者が相当数に上り、企業数の減少は今後も歯止めがかからず、日本経済にとって大きな問題である。

②中小企業等の事業承継

東京商工リサーチ「全国社長の年齢調査」によると、2019年末の時点で、中小企業等の経営者の最も多い年齢層は70歳代以上で、全体の30.37％を占める。平均引退年齢が75歳といわれていることからすると、2025年までに中小企業の約３分の１で事業承継が進むことになるはずだが、そのうちの約半数が後継者未定といわれている。正にこのままいけば大廃業時代を迎えることになってしまう。

廃業の実態について見てみると、年々廃業件数が増加傾向にあり、廃業する企業の経営者の平均年齢も高齢化しており、黒字企業の廃業も増加している。

2022年度版中小企業白書によると、休廃業・解散件数は、2019年までは4万件台の半ばで推移していたが、2020年は49,698件、2021年は44,377件であった。なお、休廃業・解散企業の代表者年齢は、2020年は「70代」が最も多く41.8%となっており、また、70代以上が全体に占める割合は年々増加傾向にある。経営者の平均年齢は上昇傾向にあり、休廃業・解散件数増加の背景には経営者の高齢化と後継者の不在が一因にあると考えられる。

一定程度の業績を上げながら休廃業・解散に至るということは、当該企業が保有していた貴重な経営資源が散逸することを意味する。こうしたことを発生させないためには、意欲ある次世代の経営者や第三者などに事業を引き継ぐ取組みが重要である

（2）事業承継支援の必要性

1990年代以前までは、親族内承継が9割以上を占めていたが、現在では、中小企業の親族内承継は6割未満までに減少している。特に近年は第三者による承継、M＆Aが増加している。親族に後継者が見つからない場合には、事業承継・引継ぎ支援センターや商工会議所・金融機関・民間コンサルティング機関等の支援を得て後継者探しやM＆Aを進めることが多くなっている。

中小企業の高齢化が進んでいる状況のなか、60代以上の経営者においては、75%近くの経営者が事業承継を経営上の最優先課題と認識しているが、半数程度の経営者は、まだ事業承継計画の策定に着手していないのが現実である。

事業承継には、3年以上、場合によっては10年程度要することも少なくない。したがって、経営者が60歳を超えている場合には、速やかに身近な支援機関に相談すべきであり、金融機関側から支援の必要性に関する声がけをすることも大切である。経営者は、事業承継が重要な経営課題だと認識していても、「まだまだやれる」、「仕事が面白い」ということもあり、なかなか承継に着手できないと推察される。しかし、いつ何が起きても承継計画を進めておけば安心であり、従業員を始めとする利害関係者にとっても望ましいので、経営者は事業承継に関する意思決定を行うべきである。実際、「経営者の死去」、「経営者の体調悪化」といった突発的な事情によって承継が行われるケースも少なくなく、個人事業者の承継では、6割を占めている。事業承継の準備が不十分な場合には、事業承継がうまくいかずに事業の継続自体も危ぶまれる可能性がある。

2．事業承継手法の多様化

事業承継は、親族内承継、従業員承継、社外への引継ぎ（M＆A）の３つの類型に区分される。

（1）親族内承継

①特徴

現経営者の子や親族に承継させる方法である。一般的に他の方法と比較して、内外の関係者の理解が得やすいこと、後継者の早期決定で長期にわたる準備ができること、特に子の場合には現経営者との関係が密なため、その考え方、人格などについてよく分かっていること、さらには、相続人であることから所有と経営の一体承継が容易であることがメリットである。

②近年の傾向

近年親族内承継、特に子への承継が減少している。経営不振企業や将来性がない場合、継ぎたくないということもあるが、近年は家業にとらわれない職業選択が増加していることも大きな要因となっている。

③留意点

近年の傾向を踏まえると、後継者にとって「引き継ぐに値する企業である」ことに配慮することが重要である。現経営者には、後継者が継ぎたいと思うような事業になるよう経営力を向上させ、経営基盤を強化しておくことが求められる。また、円滑に承継を進めるため、十分な承継期間を設けて、後継者教育をはじめとする承継計画を実行することが大切である。

（2）従業員承継

①特徴

親族外承継として役員・従業員に承継させる方法である。社内で経営者としての能力のある人材を後継者とする。経営の考え方などを含め企業のことをよく知っている人材が引き続き経営する、というメリットがある。

②近年の傾向

従業員承継が増加している。承継の大きな課題であった株式の譲渡に関しても、融資を受けられる制度の開始、種類株式の活用、事業承継税制の利用が可能になったことで承継が実施しやすくなった。また、借入に対する代表者の連帯保証についても、「経営者保証ガイドライン」によって、連帯保証なしの融資も徐々に増加している傾向にあることも追い風になっている。

③留意点

従業員承継で重要なポイントは、親族株主の了解を得る必要があることである。現経営者が親族の同意を取り付け、承継に協力してもらう。また後継者以外の役員・従業員などの理解を得ておくことも大切である。

（３）社外への引継ぎ（Ｍ＆Ａ）

①特徴

社外への引継ぎには、取引先・金融機関など社外から後継人材を迎える方法もあるが、ここではＭ＆Ａについて説明する。株式譲渡や事業承継等によるＭ＆Ａでは、広く外部から後継者を求めることができ、譲渡により現経営者は売却益を得ることができる。また、譲渡先の企業の経営資源も活用でき、事業の成長・発展も期待できる。

②近年の傾向

以前は、Ｍ＆Ａといえば大企業中心であったが、近年では中小企業等においても一般的となっており、年々増加傾向にある。事業承継・引継ぎ支援センターの支援、民間によるＭ＆Ａ仲介会社の増加に伴い、今後も事業承継に関するＭ＆Ａは増加するものと考えられる。

③留意点

一般的には債務超過、過剰債務の状況では、売却は難しい。売却するには、磨き上げを行い、企業価値を高めておく必要がある。仲介会社を利用する場合でも、すぐに売却先が見つかるわけではない。売却にあたっては準備も必要であり、手続もあるため、十分な時間的余裕をもって対処する必要がある。最適な相手を見つけるには、時間もかかることを考えて臨むことが求められる。

3．金融機関の事業承継支援とフィービジネス

（1）金融機関の事業承継に対する姿勢

金融機関としては、取引先企業の事業承継、後継者問題については関心の高い事項である。かつての中小企業の事業承継の場面では、プライバシーや相続問題が密接に関係しているため、金融機関から積極的に関与することが難しく、短期的に金融機関の業績に寄与することもない側面もあった。しかしながら今般では、後継者難による取引先の廃業は金融機関にとり即、取引先の減少につながり、地域経済の地盤沈下を招きかねないことが危惧されるようになった。

このような状況を踏まえ、取引先の事業承継問題に積極的に関与し、支援策を打ち出す金融機関が太宗を占め、積極的に取引先の事業承継に関与することを表明している。

（2）金融機関の事業承継支援

金融機関の本業である融資に関しては、現在のところ経営承継円滑化法に基づき政府系金融機関である日本政策投資金融公庫が、事業承継・集約・活性化支援資金として親族内・親族外承継を問わず都道府県知事の認定を受ける中小企業者または個人に対して利用できる事業承継の制度融資（特例）を行っている。また、企業の役員や従業員が自社株や事業用資産の譲渡を受ける場合やM&Aを行う際の資金の手当てとして融資を行うことができる。民間の金融機関では、事業承継に対する特別な融資制度は現在のところはないが、将来的には取り扱う金融機関が出てくることは十分想定される。

（3）事業承継支援とフィービジネス

金融庁は、リレーションシップバンキングを提唱し実施したときから、金融機関のコンサルティング機能の強化を要請してきた経緯があるものの、実態として結果が出せない状況にあった。企業の育成・発展のために、資金支援のみならず経営についても適切なアドバイスを行うのが銀行を始めとする金融機関の重要な役割であるなか、融資や金融商品の提案・販売がやはり優先され、一

方では金融機関の合理化が進められたことで、取引先の経営に関する助言・アドバイスをじっくり行う時間的・物理的余裕がなかったことが推測される。

今後、金融機関が事業承継に関するコンサルティング機能の強化を図るには、自前で事業承継のすべての課題について対応することは専門性、効率性を考えると限界がある。そこで、事業承継支援を行っているコンサルティング機関などと連携を図り、金融機関としてコーディネートに対する手数料を徴収するビジネスを展開し、案件に関与した行職員については個人評価で報いる仕組みを作ることが望ましい。まず、支店でできるアドバイスを行い、さらに詳細なアドバイスを行うために本部支援部署に相談、報告を行う。本部が対応し、解決できる場合はここで終了となるが、専門のコンサルティング機関が関与することが望ましい案件は、提携コンサルティング機関等と契約し、案件として中小企業とコンサルティング機関が契約を行い、支援を実行する。契約条件に従い中小企業はコンサルティング報酬をコンサルティング機関に支払う。コンサルティング機関は、金融機関との契約に基づきフィーを金融機関に支払う。

金融機関としては、事業承継支援によって一層の信頼関係が築かれ、新たな成長戦略の実施過程において、融資を実行する機会を得る可能性も十分期待できる。短期的･中長期的にも金融機関が積極的に取組む価値のある業務となる。

第2節　事業承継の類型と対応策の概要

1．親族内への承継

(1) 事業承継方法

中小企業の事業承継の方法として、90年代以前は親族内承継が90%以上を占めていた。しかし近年、親族内承継の比率は減少傾向が続いており、過半数を下回っている。

中小企業の現経営者が事業承継について考える後継者は、まず息子・娘、次に息子・娘以外の親族、企業の役員・従業員、取引先・金融機関等からの人材という順序になるのが一般的である。近年これにM&Aによる外部への承継が加わる。それでも承継ができない場合には廃業ということになる。

（2）親族内承継

民法によると親族とは、6親等内の血族、配偶者、3親等内の姻族ということになる。通常、事業承継における親族とは、子、配偶者、兄弟姉妹、おじ・おば、甥・姪、孫というところになる。

円滑な事業承継を行うためには、後継者として相応しい資質・能力を備えていることが条件である。長男だからというだけで後継者にすることもあるが、このような承継はほとんどの場合、業績不振に陥り、場合によっては倒産につながることもある。

親族内承継では、多くの場合相続と密接に結びついているのが特色である。具体的には、後継者候補が相続人の1人であり、その他に相続人がいる場合、事業承継を円滑に進めるための経営権確立に関して株式の移転、それ以外の事業用資産の承継と相続財産の分与をいかに円満に行うかなど課題が多い。また、子が複数いる場合、後継者以外に株を持たせるか否か、経営に関与させるか否かなどの課題について、承継後のことも考えて事業承継を行わなければならない。

（3）親族内承継のメリット・デメリット

①親族内承継のメリット

親族内承継、特に子が後継者になる場合は、従業員、取引先、取引金融機関など利害関係者からの理解が得やすい。従業員にとっては、想定内のことでもあり、納得して後継者を支えていこうと考え、反発は少ないと推測される。取引先や金融機関にとっても、想定内であり、ある程度人となりもわかっているので、資質・能力に問題がなければ肯定的に後継者を見るであろう。

親族内承継では比較的早期に後継者を選定し、長時間かけて事業承継ができる。特に息子・娘が後継者となる場合には、身近に経営者を見ており、長期に亘り思想・考え方などのDNAの刷込みが行われ、業務面だけでなく思想面でも円滑な承継が可能となる。ただし、実際には早期に後継者が決まっていても、事業承継計画を策定し、業務面だけでなく経営全般について教えることなく、いたずらに時間が経過してしまっていることも多い。

したがって、早期に後継者が決まっていれば、事業承継計画を策定し、ローテーションで社内の業務を経験させ、従業員との信頼関係を築き、必要に応じて後継者塾のような外部研修を受けさせ、経営者としての教育を行うことが望ましい。また、事業承継計画の中で、後継者について従業員、取引先、金融機関にタイミングを見て公表することで、円滑な承継を行うことができる。

また、同族経営の企業の場合、後継者が子など親族であれば、所有と経営の分離を行うこともなく、相続の手続の中で経営者の保有する株式の移転も円滑に進めることができる。特に株式の移転などに関しては、相続税・贈与税の納税猶予制度も利用できる。

②親族内承継のデメリット

子だというだけで後継者にした場合、資質・能力に問題がある場合には、従業員や取引先などからの信頼も得られず、業績不振に陥ってしまう可能性がある。経営者としては親の情を捨て、冷静に後継者に相応しいかどうかを判断すべきである。子が複数いる場合、誰を後継者にするべきかで悩むケースは多い。経営者として秀でた才能が見いだされる場合は問題ないが、資質・能力、性格などがそれぞれ違い、一長一短ある場合は、後継者を決めるのが難しくなる。

また、後継者を決めた後でも、その他相続人を経営または事業に参画させるかどうかで悩むこともある。具体的には、後継者に経営支配権を確立させることが望ましいが、状況によりそれがかなわない場合、株式が相続人に分散することで将来に禍根を残すことがある。

さらに、親族内承継にどうしても納得がいかない従業員は、退職していく可能性がある。後継者に経営者としての資質・能力が備わっていないと、優秀な人材が辞めていくことが考えられ、企業の業績に大きな影響を及ぼすことになる。集団退職や属人的な技術・技能を持った役職員が辞めた場合、企業の存続にかかわることには注意が必要である。

2．役員・従業員等への承継

（1）役員・従業員等への事業承継

親族外承継は、役員･従業員等への承継と第三者への承継に分かれる。役員･

従業員等への承継には、仕入先、販売先などの取引先からや、取引金融機関からの人材受入れもある。

役員・従業員等への承継では、一緒に働いてきた経緯があるので、資質・能力、性格、家庭の事情等も分かったうえでの選定になり、経営者は当然のこと、他の役員・従業員の納得も得られやすい。ただし、親族内承継が難しく、従業員から選ぶ場合に、年功制や事業に関する優秀性だけで選んでしまうと失敗することがある。

技術力、営業力、財務的才能など、様々な経営上必要な能力があるが、重要なのは役員・従業員を牽引するリーダーシップがあるかどうかである。仕入先や販売先から人材を受け入れる場合には、先方の意図も十分知ったうえでの対応が必要である。

また、取引先金融機関からの受入れでは、どんな人材を推薦するのかを十分見る必要がある。金融機関の中には、単なる金融機関の人員削減のため取引先企業に人を送り込むケースもある。受入れ側として、どのような人材が欲しいのかといった要望を伝え、できる限り希望に沿った人材を受入れるようにすべきである。

（2）役員・従業員等への承継のメリット・デメリット

①役員・従業員等への承継メリット

親族外承継は、社内・社外から幅広く後継者を探すことができる。まず、役員・従業員の中で、経営者に相応しい人材がいれば、ある程度長期的な視点で経営者として養成することもでき、加えて他の役員·従業員の信頼が厚ければ、円滑に事業承継を進めることができる。また、取引先などから後継者を受け入れる場合、社内では得られない人材を得ることも考えられ、より広い視野で後継者を探すことが可能となる。

役員・従業員への承継では、当然当該企業の業務にも精通しており、社内での人間関係も確立していることから円滑な承継が可能である。ただし、経営者としての経験がないため、後継者と決めたら経営者として養成しなければならないことは言うまでもない。一方、取引先企業からの受入れでは、業界事情等に精通していることで、事業戦略構築などで手腕を発揮してもらえる可能性がある。特に取引先金融機関からの受入れでは、財務内容の健全化や金融機関からの資金調達が容易になるなどの利点がある。

②役員・従業員等への承継デメリット

役員・従業員から心情的あるいは能力的に受け入れられないことも想定される。後継者より自分の方が優秀であると思っていたり、同僚あるいは部下だった人間が後継者になることに心情的に抵抗があったり、また、取引先や金融機関からの受入れでは、何も社内のこともわからない人が、突然後継者として入ってきて勝手なことをされることに反発する役員・従業員が出てくる可能性があることには注意が必要である。

役員・従業員等への承継では、経営支配権の確立のため、株式の保有が必要になるが、株式を買い取るための資金調達が難しいなどの課題がある。このようなときは、所有と経営の分離を検討することになる。現実的には、従業員等への承継においては、所有と経営を分離することも選択肢として考慮に入れる必要がある。

経営者保証ガイドラインにより、金融機関が経営者の連帯保証を求めないケースが徐々に増加しているが、連帯保証なしで融資が受けられるのは、基本的に金融機関として与信上リスクの少ない、優良企業や担保による保全が十分である場合などに限られる。そのため現時点では、役員・従業員等の連帯保証の問題は解決が難しい。実際に、役員・従業員への承継を経営者が打診しても、個人保証の問題で後継者になることを固辞されることが多い。

3．第三者への承継（M&Aなど）

（1）第三者への承継のポイント

①事業承継に関するマッチング

役員・従業員等への親族外承継は、利害関係者、あるいは何らかの意味での関係者ということになるが、第三者への事業承継とは、企業とこれまで何の関わりもなかった人材あるいは企業が承継するケースを想定している。

後継者がいないという課題解決のため、中小企業庁は、「産業活力の再生および産業活動の革新に関する特別措置法」に基づき、全国47都道府県に「事業承継・引継ぎ支援センター」を設置している。実際には、国からの委託を受けた各都道府県の商工会議所が事業を行っている。事業承継に関する相談を受け、人材紹介やM&Aの仲介支援を行っており、着実に実績を上げつつある。

人材のマッチングは、後継者がいない企業に対して、起業を考えている人材や企業のOBなどの経営人材を人材紹介会社や士業の専門家と連携し紹介するものである。紹介を受ける企業の支援になることは当然として、応募した人材にとっても既存の企業で活躍できることから、実績・経験がある企業の経営者になれ、資金負担も少ないことから魅力ある制度といえる。

②M&Aによる事業承継

事業承継・引継ぎ支援センターにおいても、積極的にM&Aによる事業承継を推進している。従来M&Aというと一定の条件を満たし、相当規模の企業で高い手数料が支払うことができる企業に限られていた。

しかし、現在は多くの民間M&A仲介会社が参入し、事業承継M&Aに力を入れており、小規模企業を対象に、インターネットにマッチングサイトを設けることで手軽にアクセスでき、かつ手数料についても少ない負担で済むような環境が整っている。なお、手数料に関しては従来、着手金、企業価値算定料、月額報酬（リテーナーフィー）、成功報酬という費用がかかっていた。成功報酬に関しては、例えば売却額が5億円以下の場合に5%の成功報酬を払わなければならないのが一般的であったが、民間のM&A仲介事業に異業種からの参入も含め、多くの新規参入により、徐々に手数料は成功報酬のみという会社が増えてきている。

ただし、現時点では中小企業においては、まだまだ認識されていないことが多く、事業承継において有用な手段であると認められるよう事業承継支援機関は啓蒙活動を続けていく必要がある。

(2) 第三者による承継のメリット・デメリット

①第三者による承継のメリット

民間のM&A仲介機関や事業承継・引継ぎ支援センターを活用することで、全国規模で人材あるいはM&Aの買い手を探すことができる。特にインターネット活用によるマッチングサイトでは、費用をかけずに相手を探すことが可能なので、今後さらなる活用が期待される。

親族内承継や役員・従業員等の親族外承継では、どうしても後継者を見つける範囲が限られてくるが、マッチングによる第三者では広くかつ適切な人材、あるいは企業を見つけることが可能となる。

現経営者はM&Aによって、売却益が手に入りハッピーリタイアメントが可能となる。後継者がどうしても見つからず、最終的に廃業を選択することになると、従業員への退職金の支払い、債務の弁済などで、手元にあまり資産が残らないか、返済原資等が不足して、個人資産を売却して返済に充当しなければならなくなることもある。

②第三者による承継のデメリット

企業が希望する金額など条件を満たす企業を探すのが困難ということである。売却金額については、買収企業においてデューデリジェンスを実施して希望買収金額を提示することになるが、両社が納得する金額になるまで時間がかかる可能性がある。基本的に初めて顔を合わせて折衝することになるため、信頼関係の構築に時間がかかり、その上、本音で交渉するとなると最適な買い手を見つけるのは容易ではない。

一般的にM&Aによる事業承継の場合は、合併を例にとると、融合が非常に難しい。何とか合併しても買収企業と被買収企業とでは、企業文化や給与水準、人事評価などに差があるなどで不満が醸成され、最終的にM&Aが失敗に終わることもある。

第3節　事業承継の進め方

1．事業承継のステップ

（1）事業承継のための準備

事業承継を円滑に進めるためには、長期的視野に立ち、専門家等支援機関の協力を得ながら、早い段階から準備に着手することが重要である。そのためには、まず経営者が事業承継のための準備の必要性、重要性をしっかりと認識し、経営状況や経営課題等を把握し、それを踏まえた上で事業承継に向けた経営改善に取り組むことが必要である。親族内・従業員承継の場合には、その後、後継者とともに事業承継計画を策定し、事業承継の実行に移ることとなる。この流れを図示すると図表1-1のようになる。

(2) 事業承継に向けた準備の必要性の認識

後継者教育等に要する期間を考慮すれば、一般には経営者が60歳前後になった時点で事業承継の準備に取りかかることが望ましく、また、経営者が60歳を過ぎている場合には、早急に身近な専門家や金融機関等に相談し、事業承継に向けた準備に着手する必要がある。

事業承継支援機関のネットワーク(事業承継ネットワーク)は、事業承継に向けた準備状況の確認や、次に行うべきことの提案等、事業承継に関する対話のきっかけとなる「事業承継診断」をプッシュ型で実施しており、金融機関がその利用を促すことも有益である。

(3) 経営状況・経営課題等の把握(見える化)

事業を後継者に円滑に承継するためのプロセスは、経営状況や経営課題、経営資源等を「見える化」し、現状を正確に把握することから始まる。

①経営状況の「見える化」

把握すべき経営状況には、会社を取り巻く環境変化やそれに伴う経営リスク等も含まれる。これらを把握するためには、業界動向等に関する研究会や勉強会等に参加し、情報収集することも有効である。また、経営資源の中には、貸借対照表に計上される資産だけでなく、知的資産等の目に見えない資産も含まれる。

この「経営状況の見える化」は、経営者自身の理解を深めるためだけでなく、関係者に会社の経営状況を開示するためでもある。そのため、正確で適正な決算書の作成や知的資産等の適切な評価などに取り組み、見える化に関する評価基準も標準化されたものにする必要がある。

②事業承継の「見える化」

事業承継を円滑に進めるには、経営状況だけでなく、事業承継を進めるための課題も「見える化」することが肝要である。そのポイントには、次のようなものがある。

図表 1-1　事業承継に向けたステップ

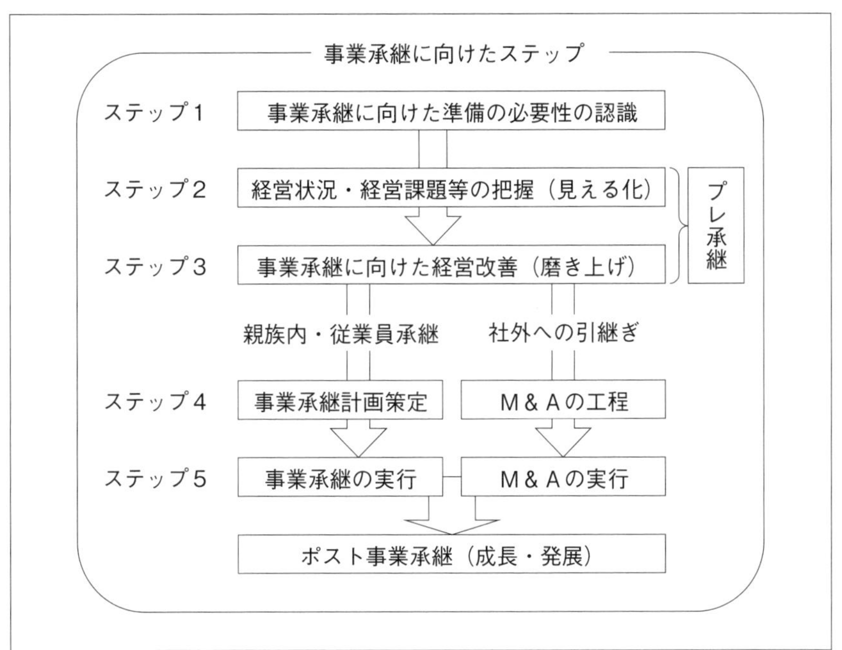

ア．後継者候補の有無

後継者がいる場合は、能力や適性等々から後継者として相応しいかどうかを検討し、後継者がいない場合は、社内外での候補者の可能性を検討する。

イ．後継者候補に対する親族内株主や取引先等からの異論が生じる可能性

その可能性の有無を確認し、異論が生じる可能性があれば、事前にその対応を検討する。

ウ．親族内承継の場合の相続財産の特定等

後継者が親族内の場合には、将来の相続発生も見据え、相続財産の特定、相続税額の試算、納税方法等を検討する。

（4）事業承継に向けた経営改善（磨き上げ）

親族内事業承継の場合、相続税対策が重視されるあまり、事業承継とは関係のない節税目的の持株会社が設立されるなど、中小企業の事業継続・発展には役立たない手法が用いられることがある。

しかし、事業承継は、事業を飛躍的に発展させる絶好の機会でもあることから、現経営者は後継者にバトンタッチをするまで、業績改善や経費削減のみならず、商品やブランドイメージ、金融機関や株主との良好な関係、優秀な人材、知的財産権や営業ノウハウ等々、士業等の専門家や金融機関等の助言を得ながら経営改善（磨き上げ）に注力することが望まれる。

①本業の競争力強化

本業の競争力を強化するためには、「強み」を作り、「弱み」を改善するだけでなく、中小企業等経営強化法に基づく「経営力向上計画」を策定・向上することも必要である。

②経営体制の総点検

事業承継後に後継者が円滑に事業を運営できるよう、事業承継前に現経営体制の総点検を行う必要がある。また、事業に不要な資産や滞留在庫の処分、余剰負債の返済など、経営資源のスリム化に取り組むことも重要である。

③経営強化への取組み

財務状況を適時的確に把握することが適切な経営判断につながり（財務経営力の強化）、財務情報を経営者自らが金融機関や取引先等の利害関係者に説明することで、信用力を向上させることができる（資金力の強化、取引拡大の可能性）。

④業績悪化中小企業における事業承継

業績が悪化している場合には、早期に債務整理等に着手する必要がある。そのためには、まず弁護士等の専門家に相談し、事業再生のための助言を得ることである。

（5）事業承継計画の策定（親族内、従業員承継の場合）

①事業承継計画策定の重要性

具体的に事業承継を進めるためには、自社や自社を取り巻く環境を整理し、会社の将来（たとえば10年後）を見据え、いつ、どのように、何を、誰に承継するのかを具体的に計画・立案することが必要である。これが、事業承継計画である。

事業承継計画は、後継者や親族と共同で、取引先や従業員、取引金融機関等との関係を念頭に置いて策定し、これらの関係者と共有しておくことが望ましい。こうすることにより、関係者からの協力も得やすくなり、関係者との信頼関係維持にも役立つなど、そのメリットは多い。

この事業承継計画は、計画書を作成することが目的ではなく、策定プロセスにおいて現経営者と後継者、従業員等の関係者間で意識の共有化を図ることが重要である。

②事業承継計画策定の前に

いわゆる老舗企業における事業承継では、資産や経営権だけでなく、会社の理念や経営者の想いの伝承も重要である。その意味では、事業承継計画の策定に先立って、経営者が過去を振り返り、経営に対する想い、価値観、信条などを再確認するプロセスは、事業承継の本質ということができる。再確認した内容は明文化して後継者や従業員と共有することで、事業承継後もそれを維持することができる。

とかく事業承継計画は、将来に向かっての計画と考えられがちであるが、経営理念の承継の重要性を考えれば､創業者の創業当時の想いや当時の事業環境、その後の変遷における転機となった事柄など、振り返りから始めることが重要である。

③事業承継計画の策定

（ア）中長期目標の策定

自社の現状とリスク等を把握した上で、中長期的な方向性・目標を設定することが重要である。この方向性に基づき、組織体制のあり方や必要な設備投資計画等を検討し、売上や利益、マーケットシェアなど具体的な指標に落とし込むが、もう一つ、「中長期」のどの時点で事業承継を実行するのかも織り込むことが必要である。

（イ）事業承継計画の策定

前項の中長期目標を踏まえ、資産・経営の承継時期を盛り込んだ事業計画を策定する。その際、事業承継計画に実効性を持たせるために、経営状況・経営課題等の把握（見える化）を十分に行うことが重要である。

（6）Ｍ＆Ａ等の工程の実施（社外への引継ぎの場合）

親族や従業員以外の第三者に事業承継を行う場合､売り手は前記（２）～（４）のステップを経た後、Ｍ＆Ａの工程に移行する。M&Aを選択する場合には、専門的なノウハウを有する事業承継・引継ぎ支援センターなどの仲介機関に相談する必要がある。相談するに際しては、経営者がどのような形での承継を望むのかを明確にすることが重要である。

(7) 事業承継の実行

前記(2)～(6)を踏まえ、事業承継計画やM&A手続等に沿って、資産の移転や経営権の移譲を実行していく。

2. 事業承継実行後の事後管理

事業承継実行後は、後継者が新たな視点で従来の事業の見直しを行い、新たな成長ステージに入ることが期待される。そのためには、事業承継前の中長期計画策定の段階で、事業承継後の取組みのイメージを持っておくことが重要である。

また、事業承継を機に事業再編に取り組む場合は、事業承継の円滑化と中小企業発展の両面から、事業がさらに発展していくことが望まれる。

3. 廃業の検討

やむを得ず事業承継を断念する場合も、債務超過に追い込まれて倒産するような事態に至る前のある程度経営に余力のあるうちに、円滑な廃業に向けた準備に着手し、計画的に事業を終了できるようにすることが重要である。

廃業を検討する場合には、廃業後の生活資金の確保についても、「小規模企業共済制度」を利用するなど、適切な対策を講じる必要がある。また、廃業するためには設備を廃棄するためのコストなどもかかることから、一部の民間金融機関で取扱っている事業整理支援ローンなどを利用することも検討してみる必要がある。

これら廃業の検討に当たっては、各都道府県の「よろず支援拠点」などに早めに相談することが肝要である。

第4節　企業の価値評価

1．事業承継とデューデリジェンス

（1）事業承継におけるデューデリジェンス

①事業承継とデューデリジェンス

デューデリジェンス（以下「ＤＤ」という）は、事業再生やM&Aの局面で、対象企業の現状把握のために不可欠であるが、事業承継においても、ＤＤを行い、会社の現状を正しく把握し、課題を認識することは重要である。

事業承継に関するＤＤは、あくまでも当事者企業、代表者、後継者が必要とし、自ら行うべきものであり、専門家に依頼する場合も、その前提と目的を理解した上で、調査の範囲や方法を検討すべきであろう。

②ＤＤの分類

事業承継のためのＤＤは、効率的に調査を行い、客観的かつ正しい結論を得るために、それぞれの専門家に依頼することが有効である。また、各ＤＤは独立したものではなく、それぞれの結果の整合性、情報の共有等も必要であるため、担当者間の連携もとらなければならない。

（2）財務デューデリジェンス

①財務デューデリジェンスの目的

事業承継計画の立案において、会社の財務に関する情報を正しく認識することは重要である。決算書からの情報のみでは、実態の財務内容等を把握することは困難であるため、財務ＤＤによって、財務面の課題を認識し、事業承継の方針や財務改善の内容について、正しい判断を行うことが必要である。

②財務デューデリジェンスの要点

ア．財務内容の把握

財務内容の調査では、事業承継にあたって、会社の財務改善に関する判断材料のために、主に貸借対照表（Ｂ／Ｓ）に基づいて、実在しない資産や簿外債務の修正、資産負債の時価評価を通じて、会社の実態財務内容を把握する。資産項目については、主に資産の実在性、時価と簿価の違い、事業における必要性等を確認することになる。負債項目については、オフバランス（簿外）債務の有無も含めた網羅性の確認等を中心に調査することが必要である。

イ．借入金の調査

金融機関からの借入金は、会社の明細資料に基づいて、残高、金利、返済条件の確認をする必要がある。また、中小企業では、代表者が連帯保証人となっており、会社資産以外に個人所有資産を担保提供している例も少なくない。事業承継にあたって、これらの保証をスムーズに承継することは重要な課題であり、ＤＤにおいて、保証関係も確認しておかなければならない。

ウ．収益力の調査

事業承継後の事業計画を策定するには、会社の損益計算書やキャッシュフロー計算書に基づいて、会社の正常収益力を把握することが重要である。

収益力分析にあたっては、部門別や事業所別に把握することで、事業承継にあたっての事業再構築の判断材料とすることもできる。正常収益力に基づく利益が赤字であったり、営業キャッシュフローがマイナスである場合は言うまでもないが、プラスであっても、借入金の約定返済に満たない水準である場合や債務償還年数が長期にわたる場合等は、収益力向上のための施策を検討しなければならない。また、収益力調査と併せて、月次資金繰表を確認することにより、会社の資金繰りの問題点、改善の方法等を検討することも必要である。

エ．税務の調査

税務関係では、過去の申告状況を確認することによって、今後の税務リスクを明確にするとともに、事業計画における税務コスト削減の可能性を検討する。具体的には、以下のような手続を実施することになる。

・過去５期間程度の確定申告書における重要な税務調整項目について、確認、検討する。

・過去の税務調査における指摘事項、修正申告の内容を確認、検討する。

・税務上の届出事項を確認し、変更の要否を検討する。

オ．株主・株式の調査

事業承継においては、後継者が一定の株式を保有し、経営に支障が生じない株主構成を構築することが重要である。そのために、現在の株主構成、種類株式の有無等を正しく把握しておく必要がある。また、後継者への株式承継スキームの検討、後述する代表者の相続関係の把握のために、現在の株式評価を行い、必要に応じて評価の引下げ等の検討を考えるべきであろう。

カ．代表者個人の調査

中小企業では、代表者と会社は一体であり、会社の借入に対する保証の他、会社の事業に必要な資産が代表者の所有となっている、会社と代表者の間での債権債務がある、といったケースは珍しくない。これらの内容を正しく把握し、承継に向けた課題を明確にする必要がある。

また、代表者の相続は個人の問題とはいえ、事実上、事業承継の重要な課題であるため、会社株式を含めた代表者個人の財産・債務の内容や評価を確認し、相続税の概算、遺産分割における問題点等も把握しておくべきである。

（3）事業デューデリジェンス

①外部環境

自社の将来に影響を及ぼす外部環境の分析を行い、正確な状況を把握する（長期的観点）。経営者は後継者と情報共有することが重要である。

ア．マクロの動向

現在から遠い未来まで当該企業に影響を及ぼすであろう政治・経済・社会などについて実態把握、そしてできる限りの未来予測を行う。

イ．業界動向

業界動向の調査を行い、業界の将来性・成長性を予測し、事業承継後の事業展開を検討する上での参考とする。業界が将来衰退するのか、更に発展するのか、業界に対する行政の規制強化や緩和が想定されるのかなど、業界を取り巻く外部環境の変化に着目する。

ウ．競合動向

企業の競合企業の動向を調査する。将来競合が増加するのか、減少するのかで、事業戦略は大きく変わってくる。競合動向をしっかり調査し、事業承継後の長期に亘る競争戦略策定の参考とする。

②内部環境

ア．経営

現経営者の下での経営について実態調査する。例えば、創業社長でワンマン経営のトップダウン型の経営スタイルであれば、事業承継後はどのような経営スタイルがいいか、後継者の資質に応じた経営体制を構築する必要がある。

現状の組織や人事についても、現状の組織や人事について課題を抽出し、事業承継後の組織・人事を検討するため実態調査を行う。

特に人材に関しては、事業承継後安定的な経営ができるよう人材は揃っているか、適材適所の人事配置が行われているかを把握する。また、企業が永続的に発展していくためには、従業員の意識・能力などが重要な要素になるが、事業承継時に従業員の意識・能力を把握するとともに高齢化や人手不足などの問題がないかどうかも検証する。

イ．業務

製造業であれば営業と製造、販売業であれば営業と店舗、サービス業は業務運営などについて調査・分析する。ポイントは、現在のビジネスモデルで事業承継後も永続的に事業を継続できるのかを検討するための実態調査を行う。IT化、IoT、AIなど、企業を取り巻く環境の急激な変化を考えれば、現状のビジネスモデルが将来に亘り通用していくとは考え難い。競合他社と競い生き残れるのかをポジショニングマップを作成して、将来あるべきポジションを検討する。また、マーケティングに関して、4P戦略（製品、価格、販促、流通チャネル）の実態を把握する。事業DDで業務の実態を把握して、これから作成する事業承継計画において、戦略・施策を策定することになる。

（4）法務デューデリジェンス

法務デューデリジェンスとは、一般に、M＆A等を行う場合に対象となる会社（対象会社）や対象会社の事業について法律面での資料･情報の収集、調査、検討等を行うことをいう。事業承継には、現経営者の親族や社内後継者が承継するケースや、M＆Aにより第三者が承継するケース等があるが、法務ＤＤを行うことの目的は、そもそも事業承継が（法的に、ビジネス的に）可能か、どのようなスキーム（取引形態）が適切か、対象会社にはどのような法的な問題点が存在するか等を適切に把握することにある。

①事業承継における法務デューデリジェンスの視点

ア．オーナー企業における留意点

事業承継の原則形態は株式譲渡であるが、オーナー経営者のコントロールの及ばない株主が存在する場合、その株主構成、持株比率によっては株式譲渡による企業承継が円滑に進まないこともある。承継側が最低でも発行済み株式の3分の2以上（必要に応じて全株式）の株式を取得するために、定款における株式譲渡制限等の規定の有無や株券発行の有無、従前の株主総会の開催状況等を踏まえ、株式譲渡による十分な企業承継が行えるか判断し、場合によっては事業譲渡等の他のスキームを検討する必要がある。

また、重要な契約において、株主の移動や代表取締役の交代が解除事由とされている場合があるほか、同族企業等との間で特殊な条件で取引しているケースもあり、かかる取引の継続の必要性や可否等が問題となり得る。中小企業においては経営者の個人的信頼に基づき、取引先との関係が構築されている場合が多く、取引基本契約書等の契約書類が締結されていなかったり、口頭ベースでの受発注を行っていることもあるため、事業承継に先立ち契約書類の整備も念頭に置く必要がある。

さらに、中小企業の場合、いわゆる所有と経営の分離が十分ではなく、オーナー経営者から不動産を賃借（または賃貸）している場合や、オーナー経営者との間で金銭の貸借があるなど、様々な債権債務が存在することも多い。事後的な紛争の発生を回避するために、原則として、事前もしくは企業承継と同時期にこれらの賃貸借関係や金銭の貸借は清算するか、清算時期・方法を明確に合意することが望ましい。

イ．法的スキームに応じたＤＤの視点

株式譲渡により企業承継する場合、株主の変動が生じるのみで対象会社の資産・負債・契約関係等には何ら変化は生じず、承継側は簿外債務等のリスクを含めて対象会社そのものを取得することとなるため、対象会社全般について精査する必要がある。

この場合、例えば、商業登記の登記事項証明書記載の発行済株式総数と株主名簿を照合し、現在の株主及び株式数の記載に相違がないか、定款で株券発行会社としている場合、対象会社が株券を発行しており、売主がこれを所持しているか（発行されていないことが多い）等の確認が必要である。

これに対し、事業譲渡や会社分割等により別法人で事業を承継する場合、対象会社全般を精査する必要性は低くなるが、譲渡対象とする資産・負債、契約関係等を特定し、具体的な譲渡・承継の手順を決定する目的をもって精査する必要がある。また、株式譲渡以外のスキームによる場合、許認可の承継や取直し等の手続、雇用の承継に際して従業員の個別の同意や組合の了解、健康保険・労働保険・年金等の承継や移管等の手続も必要となる。

なお、いずれのスキームによっても、対象会社の株主の変動や代表者の交代、組織再編等が生じた場合の事前通知義務や相手方の解除権を定めた条項（いわゆるチェンジ・オブ・コントロール条項）、特別に加重された瑕疵担保責任や買戻義務を定めた条項等の有無を確認する必要がある。

2. 企業価値評価の考え方と分類

（1）承継における企業価値とDDの関係

企業承継においては、経営とともに株式の異動についても考えなければならない。親族への承継であれば、相続や贈与という形になるため、相続税における評価を基準としたプランニングをすることになる。

しかし相続税評価は第三者間の売買における適正価額とはなりえない場合が多く、親族以外の第三者への承継、M＆Aなどを前提にする場合は、DDの結果としての実態の財務内容や収益力などに基づく企業価値が基準となることもある。

また、株式異動の形態にかかわらず、今後の企業価値をいかに向上させるかといった検討においても、DDの結果が判断材料となる。

（2）企業価値の分類

取引所の相場がある上場企業と違い、中小企業の株式は客観的な評価をすることが難しい。評価方法にも様々な方式があり、会社の状況や売買当事者間の関係によって、妥当な評価方式も異なるであろう。

一般的な評価方式は、資産価値からの評価、比準方式による評価、収益及びキャッシュフローからの評価の3つに大別される。

資産価値からの評価　資産価値からの評価は、資産から負債を控除した純資産によって企業価値を測定する方法である。この場合の純資産は、簿価純資産による方式と時価純資産による方式があり、時価純資産はさらに、正常価値と清算価値に大別される。

簿価純資産方式は、会社の帳簿価額または決算書計上額によって純資産価値を算定する方法だが、実態の資産価値を反映した評価ではないので、第三者間での価値の測定方法としては、妥当とはいえない。

時価純資産における正常価値とは、事業の継続を前提とした場合の時価評価であり、清算価値とは、事業を廃止して所有資産を処分し、負債を支払った場合の残存価値である。事業の継続を前提にすると正常価値のほうが適当とされ、一般的には、正常価値のほうが高い評価となることが多い。

比準方式　比準方式は、対象企業と事業面などで類似する上場企業の株価を基準に、資産額、売上、利益、キャッシュフロー、配当などの比率を乗じて、対象会社の株価を算定する方法である。

実務上も利用されることが多いが、非上場の中小企業の株価を上場企業の株価から算定すること自体が合理的ではないという考えもあり、また類似会社の選定、比準要素の採用などに恣意性が入りやすいといった欠点があることも留意しなければならない。

収益還元方式　この方法は、過去の実績数値によって評価する方法と将来獲得する価値の予想値によって評価する方法があり、また価値としてP/L上の利益を基準とする方法とキャッシュフローを基準とする方法がある。

収益還元方式のうち、将来予測キャッシュフローの現在価値に基づいて企業価値を評価する方法が、いわゆるDCF方式（Discounted Cash Flow方式）といわれ、近年の企業評価において主流となっている評価方法である。

3．DCF法の考え方と問題点

（1）DCF法による企業評価の考え方

DCF法は、企業が将来獲得するキャッシュフローを現在価値に割り引いたものを企業価値とする方法である。資産価値による評価や比準方式が結果的に過去の業績のみを反映するのに対して、個別の成長性やリスクなども考慮した将来の収益獲得能力を反映するという点で、継続企業の評価としては優れており、近年の企業評価においてはDCF法が重視されている。

DCF法の計算は、以下のように行う。

ア．事業計画に基づいた将来キャッシュフローの算定

イ．各年度のフリーキャッシュフロー（FCF）の割引現在価値とTerminal-Value（永続価値）を含めた「事業価値」の算定

ウ．事業価値に非事業用資産の価値を加えた「企業価値」の算定

エ．企業価値から有利子負債を控除した「株主価値」の算定

このように計算された株主価値に対して、支配権の有無、種類株式の内容などの調整をして、実際の株式価額が算出されることになる。

（2）DCF評価の概略

①将来キャッシュフローの計算

DCFの計算は、以下のように計算されるフリーキャッシュフロー（FCF）を基準とするのが一般的である。

税引後利益＋減価償却費等－設備投資等－運転資本増加

この式の減価償却費等には資金支出を伴わない費用が含まれ、設備投資等には費用とならない資金支出が含まれる。

FCFは、「企業本来の事業活動から得られるキャッシュフロー」であり、債権者や株主への支払原資となる金額とされる。将来FCFは、財務DDによって把握した現状の正常収益力、キャッシュフロー、今後の経営方針、外部環境などを考慮した事業計画に基づいて、可能な限り客観的に算定しなければならない。

②現在価値への割引

各年度の予測FCFは、資本コストといわれる割引率によって、現在価値に引き直し計算される。割引率＝rの場合のn年後の予測FCF＝X円の価値は、$\boxed{X \div (1+r)^n}$として計算され、これを予測期間にわたって累計することによって、FCFの現在価値が計算される。

資本コストは、負債コストと株主資本コストから構成され、一般的にWACC（Weighted Averaged Costof Capital）という計算方法によって算出される。非上場の中小企業を対象にする場合、株式の流動性、事業の継続可能性

などのリスクをコストに上乗せすることも必要となる。

③ターミナルバリュ（TV：Terminal Value）

将来FCFを永久に見積もることは不可能であるため、実務上は、5～10年程度を予測し、その後の期間については予測最終年度のFCFに一定の成長率、割引率を加味したTerminal Value（永続価値または残存価値：TV）を計算することが多い。割引率をr、予測最終年度の成長率をgとした場合のTVは、以下のように計算される。

TV＝予測最終年度のFCF÷(r－g)

予測年度の毎年のFCFにTVを加えたものが、事業価値となる。

④企業価値と株主価値

FCFの現在価値によって計算された事業価値に、余剰現金預金、事業外資産の処分価値などを加えたものが企業価値となる。さらに企業価値から債権者に帰属する価値としての有利子負債を控除して株主価値を算定する。

（3）DCF法の留意事項

DCF法は、将来収益を評価するという意味で継続企業評価としては優れており、キャッシュフローを評価対象とするため会計処理の違いなどの主観性が排除できるというメリットがあるが、以下のような問題点があることも認識しておかなければならない。

①将来の事業計画の見積り

DCFの基準となるFCFは、将来の事業計画数値であり、いかに綿密な現状分析及び将来予測に基づくとしても実現可能性のリスクが常に存在し、中小企業の場合、特にリスクが大きい。

②割引率の算定

事業計画の実現可能性なども含めて、どの程度のリスクプレミアムを織り込むかによって、割引率に差が出る。

③TVの考え方

実際にDCF評価をすると、TVが全体の企業価値に占める割合は大きくなり、TVをどう考えるかによって、企業価値自体に大きな影響を与えることになる。

この点は、やはり計画の見積り、割引率などによって、できる限り妥当な水準となるように調整すべきであろう。

（4）DCF評価と営業権

営業権は「のれん」とも呼ばれ、一般的には資産価値に対する超過収益力を反映するといわれる。

実務上は営業権のみを個別に評価するのではなく、合併や事業の譲受などによる対価と純資産価値の差額として認識されることが多い。したがってDCF法による企業評価を前提にすると、DCF価値と純資産価値の差額が営業権として認識される。DCF法によって企業価値を計算する場合でも、純資産価値を併せて計算することによって、結果的に算出される営業権価値が妥当な水準であるかといった検証をすることも有用である。

仮に営業権がマイナスと評価される場合、今後の獲得キャッシュフロー価値よりその時点での資産売却価値のほうが高いということになり、理論上は事業継続の経済合理性が見出せない結果になってしまう。この場合は、現実には純資産価額によって企業価値が決まることになるであろう。

4．不動産の評価

（1）不動産評価手法

不動産（土地）評価の考え方及び手法は平成バブルまでとそれ以後では大きく変化している。平成バブル以後では持続的な地価下落の結果、土地デフレ・資産デフレが顕在化したため、下落傾向を反映した取引事例や相続税評価額を採用した取引事例比較法では不動産（土地）の適正価値を表わす価格の把握が困難となった。

そこでこれに替わる評価手法として、その不動産（土地）が上げ得る収益＝キャッシュフローをベースとして不動産（土地）の適正な元本価値を求めることが必要になってきた。その結果、採用すべき評価手法として収益還元法にウエイトが置かれることとなった。

特に、平成バブル以前の銀行を中心とした間接金融制度中心から、投資家より直接資金を集める直接金融制度中心への展開という大きな金融制度の変化に合わせて、収益還元法そのものの考え方にも変化が生じている。

すなわち、従来から一般的に採用されてきた手法であり、当該不動産から得られる純収益を還元利回りで直接永久還元を行う直接還元法（DC法：Direct-Capitalization Method）とともに、最近のJ-REITやファンドの出現などによる不動産投資ブームの対象となる投資用不動産や、企業買収及びM＆A等に伴う企業価値の評価手法としてアメリカなどで比較的早くから採用されていた手法で、3～10年間のキャッシュフローなどに基づく有期還元を行うDCF法による評価が主流となっている。

（2）不動産の収益性と流動性による評価

不動産の評価を考える時、価値判断基準としてはその評価手法のみだけではなく、既述したような当該不動産が上げ得る収益性が重要なポイントであると同時に、その不動産についての処分（換金）の容易性＝流動性も重要なポイントになると考えられる。

この両者を勘案しながら保有が有利か、処分が有利かということについても評価の検討対象になると考えられる。

そこで、この収益性及び流動性を判断基準として不動産の評価を行ってみると図表1-2のようになる。この図表では4つのブロックがあるが次のような見方が求められる。

図表1-2　収益性・流動性と不動産評価

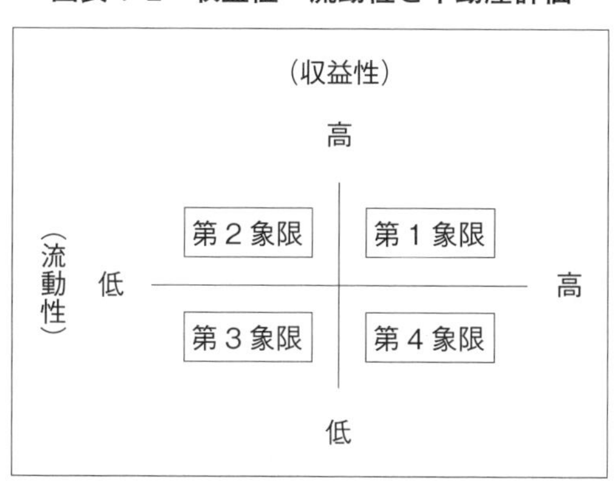

第１象限　この位置にある不動産は、収益性が高くかつ流動性も高い不動産であり、最も高く評価できる。このような不動産は、一般的にいつでも処分可能であると判断されることから、当面は保有すべきであると考えられる。

第２象限　この位置にある不動産は､収益性は高いものの流動性が低いため、処分に要する時間的なリスクを考慮の上、時宜を得て将来的に処分を考慮することとして、高い収益性を評価して当面は保有すべきと考えられる。

第３象限　この位置にある不動産については、収益性も流動性も低い不動産であり、保有するリスクが高いことなどを考慮すれば、売り急ぎを余儀なくされても可及的速やかに処分を行うべきと考えられる。

第４象限　この位置にある不動産については、収益性は低いが流動性は高い不動産であることから、収益性を上げるための有効活用策などを検討・実行し、収益性を上げた上で処分を行うべきと考えられる。

以上のように『収益性』及び『流動性』という判断基準に基づいて不動産の評価を行うことも重要かつ必要であると考える。

５．営業権（のれん）の評価

（１）営業権の発生原因

一般的に営業権はある事業の超過収益力を表すが、会社の資産として計上される営業権は、過去の合併、事業譲渡などによる受入事業を評価した際に計上されたものと考えられる。

営業権の税務上の償却年数は５年とされており、実務上も５年程度で償却されることが一般的である（会社法及び「企業結合に関する会計基準」では、新たな企業結合によって発生する営業権を「のれん」と定義し、20年以内の期間で規則的に償却するものとしている)。

（２）営業権の評価

会社の資産に営業権が計上されている場合は、発生原因を確認し、減価償却が適正に行われているか、また発生原因となった事業の収益が、計上されている営業権の価額に相応しいものかなどの確認を行い、必要に応じて評価を検討すべきである。

6．無形資産

（1）特許権・実用新案権

正式な権利として成立した後、特許庁に登録されているもので、不動産等の所有権と同様に直接的な財産権として財務諸表にも掲載されている。その内容は自社で開発したものは開発原価で計上され、他社から譲り受けたものは取得価格で計上されている。

しかし、これらの権利はどの程度の価値を有するものか判断し難く、売買するにしても相手先の事情によってその価格は大きく変動するので、時価を算定することは事実上困難である。したがって、Ｍ＆Ａ等に際しての企業価値判定においては、弁理士などの専門家の関与による鑑定が必要となる。

（2）商標権・意匠権

基本的には（1）同様の問題を抱えているが、商標や意匠は特許などに比較すると、その会社に帰属一体化しているような場合が多いので、単独で売買されることは稀であろうし、その評価についてはさらに難しい問題となることが多いようである。

（3）著作権・肖像権

著作権は、著作物の創作時点で自動的に発生し、その取得には何ら手続は必要ないが、著作権関係の法律事実の公示や著作権が移転した場合の取引の安全確保など、法律上一定の効果を生じさせる制度として、著作権登録制度がある。映画や出版など直接的に著作権に関連する事業は別として、一般的な中小企業においては、財産権という意味でこれが関係するケースは少ないと考えられる。

7．人事・組織の評価

（1）人的資源の評価

企業にとって一番大切な財産は人的資源である。例えば、M＆Aを考える場合、対象企業にキーパーソンとなりうる主要管理職およびハイパフォーマーが存在するのか、また、その人材にはどのような能力またスキルを保有しているかを調査することが必要である。またM＆Aによりその人材の流失を回避すべき方策の検討も必要となる。

（2）組織・システムの評価

企業にはそれぞれ独自の文化がある。これはその企業が永年の歴史とともに培われてきたもので、いわゆる企業の組織風土である。組織風土には、経営方針、組織、人事制度、システムなどの目に見える部分と企業独自の習慣や仕事の進め方、また、価値観などの目に見えない部分に分けて考えることができる。

①組織

組織とは目的のための手段の一つであることをまず理解しておく必要がある。先代社長から新社長に引継ぎがあれば、新社長の経営路線に沿って組織の再構築が行われる。創業社長の場合、全組織の末端まで掌握していることが多く、日常業務の遂行に際して組織を超越し職務権限を無視して、迅速果敢に作業を展開することが少なくない。これによって社業が支えられている場合、社長交代で「重要案件はボトムアップで民主的に」と言っても急に案件が上がってくるとは考えられない。したがって、社長交代期の企業の組織は後継社長・役員陣と幹部社員の能力等をよく見極めて使い勝手のよい組織にすることが肝要である。組織を洗い出しする際のポイントは次の4つが考えられる。

従業員年齢構成　全職制別に従業員の年齢マップを作成し、平均的に分布されている場合はよいが、逆三角形の場合は一挙に定年退職者が出て補充がきかなくなる懸念がある。同時に賃金高コストのリスクがある。

部門別勤続分布　単純作業部門の勤続年数が長期化の傾向にあるときは、労働の質・量の提供が年齢とともに下降するのに対し、賃金は定時昇給で増加するのでコスト高となり経営が困難となる。したがって、この部門のアウトソーシングか社員のパート切り替えが求められる。

技術部門の年齢分布　三角形分布が望ましいが今日の多くの企業では逆三角形分布に危機感を抱いている。ノウハウ、高度な技術が後輩に継承されないうちに退職または老齢化していけば、企業の存続自体が危ぶまれる。Ｍ＆Ａで売却するにせよ親族継承するにせよ喫緊の課題となっている。

役員構成　取締役会設置会社であっても中小企業の場合は、日常業務の遂行者を取締役にしないで執行役員にし、意思の決定と業務執行を分離し作業の能率を高めることが望まれる。

②組織風土

これは目に見えない組織の分析といえよう。しかしながらM&Aに際しては、この企業文化統合の問題が最後まで大きな障壁となることが多く、重要な問題となることが多い。Ｍ＆Ａに際しては組織風土の分析方法として経営者や従業員へのアンケートやインタビュー（ヒアリング）によって行われることが多い。

③労使関係（労働組合）

企業活動を円滑に進めるためには良好な労使関係が不可欠といえる。労働組合を有する場合は、過去の組合との協議や交渉の経緯がどうであったか、争議行為の発生有無、労働協約・労使協定・覚書や現在労使間で協議している事項がどのようなものかを把握する必要がある。

中小企業の場合は、大手企業と異なり従業員が単独で加入できるユニオン（全国労働者組合連合会）の地域組合があるが、一般的に社内組合と異なり団交が長引き経営者の負担が大きくなることに注意する必要がある。同時に社内組合でも上部団体に加入しているか否かをチェックすることが肝要である。

また、労働組合を有しない場合でも、就業規則・労使協定の内容や労働基準監督署への申告等の有無、訴訟またはその他ADRによる調停の有無等を把握する必要がある。理由は、労使間の決め事に際して一方的に不利益変更は経済的合理性がない場合は認められないので、調停の有無は重要である。

④人事制度

Ｍ＆Ａでは人事制度の評価は大事であるが、実子・親族の承継においても創業者社長の考え方を理解するために必要である。人事制度には賃金制度や退職金制度などの財務面で直接影響する部分と、また、評価制度や等級（役割）制度など財務面に直接影響のない部分に分かれる。年間人件費がどの程度必要であるのか、また、どのようになっているのかを把握することが重要である。同時に、評価制度の仕組みと運用がどのようになっているかを分析し、評価・昇格の基準また賞与等の制度との関係を洗い出し、従業員にとって納得のいくものになっているかを把握することも大事である。また、退職金制度についてはＭ＆Ａや親族内承継においても関心が高まっている。これは退職給付債務の増大により、将来の財務面に大きな負担となるからである。

8．知識・知恵の評価

（1）人的資産の評価

①ノウハウ

Ｍ＆Ａによって経営者が交替する際には、特殊なノウハウを持つ個人が以前と同じ気持ちで仕事に打ち込める環境となっているか否かを見極めることが大事である。会社幹部または技術者が社長の引退と同時に退職した場合、企業価値そのものに影響を及ぼすことが避けられないこともある。

特に創業者社長自身の経営ノウハウ、技術等の引継ぎは相当の期間をかけて計画的に取り組む必要がある。

②人脈・縁故

中小企業においては人的ネットワークを有効に活用することにより、新たな販売チャネルの獲得や従業員の採用を通し、ビジネスチャンスを拡大していくケースが少なくない。これは経営者や従業員個人が身につけたスキル、能力は人脈、縁故等のネットワークが活かされることにより、人的資源としての付加価値が一層高くなると言うことである。

しかしその反面、経営者は当然として、従業員等の個人的な人脈・縁故に大きく依存した経営体制では、社業の継続的安定、成長は期待しにくい。このため企業存続の観点からは、個人の持つ有効な人脈・縁故を如何に会社全体で共有するかが課題となる。ただし、弊害についても十分留意する必要がある。

（２）人間関係の評価

①人間関係の阻害要因

組織とは人の集合体で成り立っている集団のことを指す。従業員個々の人間力を高めるために組織が有効に活用できれば大きなシナジー効果を得られ、また、高い成果を生み出し続けていくことができる。

この組織の必要要件として、良好な人間関係が求められる。理由は人間関係が原因となって優秀な従業員が流出する、または人材の正当な評価ができなくなると言った懸念があるからである。しかし、企業の現場においては、そこに上下関係や競争関係また利害関係が存在する以上、一般的には自身の感情を何らかの形でコントロールする必要がある。またそのことが、ストレスとなり良好な人間関係の構築を阻害する要因ともなる。

②社是・経営理念の必要性

そこで重要となるのが、企業の経営理念や社員心得を十分に社内に浸透させることである。言い換えれば、経営理念および社員心得は、その企業において期待する人物像を端的に表現したものであるといえよう。そこには、協調性、チームワーク、コミュニケーションの大切さが強調されているからである。

したがって、先代時代に制定された社是、経営理念は後継者は必ず踏襲することが肝要で、たとえ先代の経営理念が気に入らなくとも変更の手続をキチンととらないと企業文化の崩壊につながるので注意が肝要である。

９．取引先の評価

（１）取引先と企業価値

企業は仕入、販売といった行動により、利益を獲得しており、仕入先、販売先等の取引先は、企業にとって重要な存在である。特に日本企業は取引先との関係を重視すると言われており、一旦開始した取引を継続し、取引先と親密な関係を構築することが多い。特に大手販売先等については、新規の取引参入が容易でない場合も多く、どのような企業と取引しているかは、企業を評価するにあたり重要な要素といえる。

（2）企業価値向上のための取引見直し

①取引条件の見直し

取引先とは一面では、利益が相反する関係だが、取引価格、支払条件等で一方に不利な条件になっている場合には、良好な関係で取引を継続することは難しい。双方が取引の継続を通じて発展を続けるためには、Win-Winの関係が理想である。事業承継に際しては、そのような観点からそれぞれの取引先との条件を見直すことも必要であろう。

②取引先分散

特定の取引先に依存することは、メリットとデメリットがある。

メリットとしては、同種の取引を集中して継続することによる業務の効率化、コストダウン等が図れること、関係強化による取引の安定化等が挙げられる。

一方、最大のデメリットとしては、他社への切替えの他、倒産や廃業等によって、取引が減少した場合のリスクであろう。また、新商品の開発、新規事業への進出等、環境の変化に対応した柔軟な経営が困難になるといった点も考えなければならない。

③リスクのある取引先の選別

売上先であれば入金遅れ、回収サイトが長いといった取引先や仕入先であれば納期遅れ、不良品比率が高い等、リスクのある取引先について、事業承継の機会に選別することも重要である。将来の安定的な取引のためには、取引条件の見直し、場合によっては取引の中止等も必要な場合があるだろう。

第5節　事業承継アドバイザーとコンプライアンス

1．守秘義務とその責任

顧客は金融機関を信頼して秘密事項を開示するのであるから、これをみだりに他にもらした場合、金融機関に対する信頼が失われ、のちの取引に支障を来すことは明らかである。この守秘義務は次のいずれかによって拘束される。

（1）契約説

金融機関は取引先との間で、各種取引契約に付随して黙示的に秘密保持の合意をしている。仮に最終的に契約（貸付、当座取引等）成立に至らなかったとしても、交渉や審査の過程で金融機関が知った相手方の情報は秘密保持の対象に含まれる。この場合、事業承継についての相談も含まれ、事業承継が完了した後も同様である。

（2）商慣習説

金融機関が取引上知り得た顧客の秘密を守るべきことは、永年の慣行であって、商慣習として定着している。この中に事業承継に際しての税務・法務・経営等の情報入手、またはアドバイスは当然対象となる。仮に顧客の方からアドバイスを求めてきても同様である。

（3）信義則説

金融機関が取引先の秘密を守るのは、民法１条２項の定める信義誠実の原則にもとづく義務に含まれる。例えば、Ｍ＆Ａ等で会社を売却する話が他に漏れた場合、計り知れないほどの損害をこうむることになる。もちろんＭ＆Ａ等の仲介には機密データ取扱上の誓約書の差入れがあるが、仮に誓約書の差入れがなくとも損害賠償の対象となる。

以上、どの説に従っても、金融機関は秘密を守るべきこと、および守秘義務に違反して秘密を漏らしたために取引先に損害を生じさせた場合は、当該取引先に対して不法行為（民法709条）または債務不履行（民法415条）に基づく損害賠償責任を負うことになるという点では違いがない。

2．事業承継アドバイスと税理士法

Ｍ＆Ａ等の仲介時に税務上の相談や提案を金融機関が行う場合、次の税理士法を理解しておく必要がある。

税理士法２条１項は「税理士は他人の求めに応じ租税に関し、次に掲げる事務を行うことを業務とする」と規定し、同項1号において、租税法令等に基づく申告等について代理もしくは代行する等の税務代理行為（以下、税務代理という）、同項2号で税務書類の作成、同項3項で税務相談、および2項で税理士業務付随業務を掲げている。したがって、これらの事務が税理士の専門職域となる。なお同法52条は「税理士又は税理士法人でない者は、この法律に別段の定めがある場合を除くほか、税理士業務を行つてはならない」と定める。

税務代理や税務書類の作成は明白に税理士の専門領域であるから金融機関行職員は行えない。この場合、金融機関業務との関係で問題が生じ易いのは「業として行う税務相談」である。金融機関はプランニングに際して顧客から税金の相談を受け、その回答を必要とする場合がよくある。この相談行為（有償無償を問わない）が税務相談に抵触するおそれがある。

3．事業承継アドバイスと弁護士法

弁護士法72条は、弁護士資格を有しないものが報酬を得る目的で訴訟事件、非訴訟事件その他一般の法律事件に関して、鑑定・代理・仲裁もしくは和解その他の法律事務を取扱い、またはこれらの周旋をすることを業とすることができない旨規定しており、さらに同法74条2項は、弁護士資格を有しない者が、利益を得る目的で、法律相談その他法律事務を取り扱う旨の表示または記載をしてはならない旨を規定している。

したがって、銀行員が顧客から法律相談をもちかけられた場合、その回答が、法律制度や裁判手続について一般的知識を与える程度にとどまるならば、法律事件に関する法律事務にはならない。しかし、それを超えて、具体的な権利義務の存否および法適用の有無という法律判断や解決手段の指導にまで及ぶ場合には、当事者や利害関係人の利益や法秩序が損なわれる危険性が高いので、法律事件に関する法律事務を取り扱うことになり、弁護士法に反する。

4．ビジネスマッチングとコンプライアンス

（1）優越的地位の濫用等の防止

Ｍ＆Ａ・MBOの成立は、売り手と買い手が存在し双方を仲介者が引き合わせるところからビジネスが始まる、金融機関は数多くの融資先を抱えているため売り手と買い手の情報が集まりやすく、仲介者としては最適の立場にある。この場合、顧客双方について真に顧客本位のものである限りは、基本的に独占禁止法違反となるような優越的地位の濫用になる可能性は極めて低い。優越的地位の濫用とは、金融機関が顧客に対して融資等の取引を行っているという優位な立場を利用し、例えば当該金融機関が仲介するＭ＆Ａなどのビジネスマッチングを顧客が受け入れない場合には融資を回収するとか、金利等の貸付条件を厳しくするなどの姿勢を顧客に示して、業務提携を成立させようとする行為をいう。

金融機関としては、手数料収入を得ようとする余り、強引にマッチングしようとしたり、業況が悪化する顧客の打開策として優良顧客とのマッチングを図ったりすると優越的地位の濫用に当たる可能性が高い。この点については十分に注意することが必要である。

（2）対価等契約内容の明示

事業承継のアドバイスに際して、後継者社長のビジネスを支援するために自行取引先の中からＭ＆Ａの相手先、業務提携先を紹介し手数料を徴求する場合は「サービスの内容、対価等の契約内容が書面等により明示されている」ことが要求される。ビジネスマッチング業務は、コンサルティング業務などと同様、定型的な商品と異なり、顧客にとっていかなるサービスの提供が受けられるのか、マッチングを行う金融機関の責任の範囲はいかなるものか、報酬はどのように算定されるかについて一般的な基準があるとは必ずしもいえない。したがって、事前に契約書によって責任範囲や報酬等の契約内容を定めておかなかった場合には、金融機関と顧客との間で紛争が生ずることもあり得る。こうした事態を避けるために、金融機関としては、特定の顧客についてマッチング

業務に着手する際には、できる限り事前に、契約書の形で合意事項を固めておくべきである。定めるべき主な条項は、目的、秘密保持、専任か否か、免責条項、報酬、解約、有効期間などが挙げられる。

なお対価については、基本的には不動産仲介のようにあくまで成功報酬の形をとるものが一般的であると考えられるが、報酬水準については、マッチングの対象などによりバリエーションがあろう。

第１章の出題

※出題・解説は原則、出題当時の内容で掲載されています。
※回号表示については、４頁の注意書きをご参照ください。

第1問　（第81回）

中小企業の事業承継と金融機関の関与に関する次の記述のうち、最も適切なものを一つ選びなさい。

①　東京商工リサーチ「全国社長の年齢調査」によると、2019年末の時点で、中小企業等の経営者の最も多い年齢層は70歳代以上で、全体の約５割を占めている。

②　中小企業庁は中小企業基盤整備機構に「中小企業事業承継・引継ぎ支援全国本部」を設置し、47都道府県に支援センターを設けている。

③　事業承継の方法には、大きく分けて親族内承継と親族外承継がある。親族内承継は、息子・娘等への承継と、役員・従業員等への承継に分かれる。親族外承継は、取引先等への承継や、近年増加しているＭ＆Ａによる第三者承継がある。

④　中小企業成長支援ファンドとは、民間投資会社がファンドの２分の１超を出資し、投資事業有限責任組合を組成して支援を行うもので、これに金融機関が出資および業務運営を行う仕組みである。

⑤　金融機関が事業承継に関するコンサルティング機能の強化を図るには、金融機関の業務効率化において、自前で事業承継のすべての課題について対応し、金融機関としてコーディネートに対する手数料を徴収するビジネスを展開し、案件に関与した行職員については個人評価で報いる仕組みを作るべきである。

解答：P.67

第2問 （第80回）

事業承継手法の多様化に関する次の記述のうち、最も不適切なものを一つ選びなさい。

① 親族内承継は、一般的に他の方法と比較して、内外の関係者の理解が得やすいこと、後継者の早期決定で長期にわたる準備ができること、特に子の場合には現経営者と一緒に生活していることで、現経営者の考え方、人格などについてよく分かっていること、また後継者が子の場合、相続人であることから所有と経営の一体承継が容易であることがメリットといえる。

② 近年、親族内承継、特に子への承継が減少しており、経営不振企業や将来性がない場合、継ぎたくないということもあるが、近年は家業にとらわれない職業選択が増加していることも大きな要因となっている。

③ 近年、親族外承継として役員・従業員に承継させる従業員承継は減少している。その理由としては、株式を買い取るための資金調達が難しく、種類株式や事業承継税制を活用できないことが挙げられる。

④ 従業員承継で重要なポイントは、親族株主の了解を得る必要があることである。現経営者が親族の同意を取り付け、承継に協力してもらう。また後継者以外の役員・従業員などの理解を得ておくことも大切である。

⑤ 以前は、Ｍ＆Ａといえば大企業中心であったが、近年では中小企業等においても一般的となっており、年々増加傾向にある。事業承継・引継ぎ支援センターの支援、民間によるＭ＆Ａ仲介会社の増加に伴い、今後も事業承継に関するＭ＆Ａは増加するものと考えられる。

解答：P.68

第3問 （模擬問題）

金融機関が行う事業承継支援に関する次の記述のうち、最も不適切なものを一つ選びなさい。

① 市場の成長性や市場動向を見極めて対応できているか、商品等が市場ニーズに合致しているか、商品や技術の品質は他社と差別化できているか、販売

戦略は確立しているかなどについて、承継しようとする会社の状況を見極めて支援する必要がある。

② 経営を管理するには、まず経営計画を策定しなければならないが、計画は数値だけではなく、具体的な行動も盛り込み、責任者と納期を決めて取り組み、その上で、計画通りに進んでいるか、遅れていれば原因を究明し適時適切に対策を講じる必要がある。

③ 財務管理の支援は金融機関行職員が得意とするテーマであるが、特に収益管理については細かい分析などが必要となることもあるので、財務に明るい実務家や税理士等の専門家の支援を受けることも有効である。

④ 経営者が承継後の組織を具体的にイメージできるように、その組織づくりのため、いつどのような行動をとるべきなのか、(1)事業承継準備スタート、(2)後継者選定、(3)組織力強化、(4)人材育成という4つのテーマにおける支援を実施することで十分である。

⑤ 経営者が資産をきちんと把握しているか、円滑な承継のためにどのような対応が必要かについて、(1)財産棚卸（財産把握）、(2)相続税リスク対策、(3)相続についての整理、(4)承継準備、(5)承継環境の整備といった5つのテーマの支援を実施する。

解答：P.68

第4問　（模擬問題）

金融機関の事業承継支援に関する次の記述のうち、最も適切なものを一つ選びなさい。

① 近年、取引先の事業承継問題に積極的に関与し、さまざまな支援策を打ち出す金融機関が増加しており、金融機関による事業承継支援はすべての金融機関において十分な成果を上げているといえる。

② 事業承継のための特別な制度融資は、かつては政府系金融機関しか取り扱っていなかったが、近年ではすべての民間金融機関で取り扱うようになっている。

③ 金融機関が事業承継を取り扱うに際して提携コンサルティング会社を利用

する場合には、契約条件に従って、当該企業は金融機関に対してコンサルティング報酬を支払い、金融機関は当該コンサルティング会社に対してフィーを支払うことになる。

④　金融機関が後継者問題や事業承継に関する支援を実行する中で、新たな後継者による新事業運営により資金需要が生まれれば、融資を実行する可能性も期待される。

⑤　金融機関の業務効率化の側面から、事業承継のすべての課題について金融機関単体で対応することが求められている。

解答：P.68

第5問　（第81回）

事業承継の類型と対応策に関する次の記述のうち、最も適切なものを一つ選びなさい。

①　中小企業の現経営者が事業承継について考える後継者候補は、まず息子・娘、次にそれ以外の親族、取引先・金融機関等からの人材、当社の役員・従業員という順になるケースが多い。

②　円滑な事業承継を行うためには、後継者はそれに相応しい資質・能力を備えていることが望ましい。息子がいて後継する意欲があるのであれば、後継者に指名したうえで経営者としての教育を施す必要がある。

③　息子・娘が複数いる場合、誰を後継者にするべきかで悩むケースは多い。経営者として秀でた才能が見いだされる場合は問題ないが、資質・能力、性格などがそれぞれ違い、一長一短がある場合には、周囲の理解が得られやすい長子を指名すべきである。

④　役員・従業員から後継者を選ぶ場合、経営者に相応しいか、他の役員・従業員からの信頼が厚いかを見極めることが重要である。該当する人がいる場合の主な課題は、株式を買い取るための資金の確保や、連帯保証を求められた場合の対応である。

⑤　Ｍ＆Ａが実行できる企業として、黒字企業、資産超過会社であることなどが必須条件である。その条件を満たさない限り、有名大企業との取引、取得困難な資格保有、高い技術力等があってもＭ＆Ａは成立しない。

解答：P.69

第6問

（模擬問題）

親族内承継のメリット・デメリットに関する次の記述のうち、誤っているものを一つ選びなさい。

① 親族内承継、特に子が後継者になる場合は、従業員、取引先、取引金融機関など利害関係者から、心情的に受け入れられないのが一般的である。
② 親族内承継では、比較的早期に後継者を選定し、長時間かけて事業承継ができるというメリットがあり、特に子が後継者になる場合は、身近に現経営者と接しており、業務面だけでなく、現経営者の考え方なども学んでいることから、円滑な承継が可能となる場合が多いといえる。
③ 事業承継計画の中で、後継者について従業員、取引先、金融機関にタイミングをみて公表することで、円滑な承継を行うことができる。
④ 経営者の子という理由のみで後継者にした場合、資質・能力に問題があると、従業員や取引先などからの信頼も得られず、業績不振に陥ってしまう可能性があるため、経営者としては冷静に後継者にふさわしいかどうかを判断しなければならない。
⑤ 親族内承継に納得しない従業員は、退職していく可能性があり、属人的な技術・技能を持った人材が辞めた場合、企業の存続にかかわることもあるので、注意が必要である。

解答：P.69

第7問

（模擬問題）

役員・従業員等への事業承継に関する次の記述のうち、最も不適切なものを一つ選びなさい。

① 2013年12月に「経営者保証に関するガイドライン」が公表された後、金融機関が経営者に連帯保証を求めないケースは、徐々にではあるが増えてき

ている。

② 取引先企業から後継者を受け入れる場合には、一般的に、業界事情等に精通していることから、事業戦略構築などで手腕を発揮してもらえる可能性がある。

③ 役員・従業員の中に相応しい人材がいれば、長期的な視点で経営者として養成することができ、取引先などから後継者を受け入れる場合、社内では得られない人材を得ることも考えられ、より広い視野で後継者を探すことが可能となる。

④ 経営支配権確立のために株式の保有が必要になるが、株式を買い取るための資金調達が難しいなどの課題があり、所有（資本）と経営を分離することを選択肢として考慮に入れる場合がある。

⑤ 経営者保証ガイドラインにより、金融機関が経営者の連帯保証を求めないことが積極的に進められているため、役員・従業員等が後継者となる場合、当然に連帯保証は必要ない。

解答：P.69

第8問 **（模擬問題）**

第三者への承継のメリット・デメリットに関する次の記述のうち、正しいものを一つ選びなさい。

① 「事業承継･引継ぎ支援センター」の業務は、人材紹介やM&Aの仲介支援、事業者同士のビジネスマッチングなどである。

② 後継者がいないという課題解決のため、中小企業庁は、「産業活力の再生および産業活動の革新に関する特別措置法」に基づき、全国の主要都市に「事業承継・引継ぎ支援センター」を設置しており、その運営は中小企業庁が直接行っている。

③ M&Aの売り手企業としては、黒字企業、資産超過会社であることなどが最低条件であるため、中小企業の事業承継M&Aについては、赤字企業の場合、M&Aが実行されるのは難しいと言われている。

④ 親族内承継や役員・従業員等への親族外承継では、後継者を見つける範囲

が限られてくるが、インターネットのマッチングサイト等による第三者への承継については、広範囲かつ適切な人材、あるいは企業を見つけることが可能となる場合もある。

⑤　売却金額については、一般的に売却希望企業がデューデリジェンスを実施し、希望買収金額を提示することになるが、両社が納得する金額になるまで時間がかかることも多く、また、従業員の雇用継続など個別の条件をめぐり、合意に至らないケースもある。

解答：P.70

第9問　（模擬問題）

親族外から後継者を決定する場合の環境整備の必要性等に関する次の記述のうち、誤っているものを一つ選びなさい。

①　M＆Aにおける企業評価は、その会社の将来性（事業の収益性）を評価することにある。将来の事業性を評価するにあたっては、事業計画書においても、その将来像を明確に示す必要がある。

②　現経営者が経営に関する重要事項について拒否権を残しておきたいと考える場合には、拒否権付種類株式を発行し、後継者に残りの株式の大部分を譲渡していくことも考えられる。

③　経営の安定のために、後継者へ株式を集中させることが重要だが、経営者の親族に自社株式を資産としてある程度残しておきたい場合には、議決権のある普通株式を経営者の親族に相続させて経営権を集中しつつ、議決権制限株式を後継者に取得させることが必要である。

④　経営者交代に伴い、金融機関からの借入れ時における旧経営者の個人保証や提供した物的担保の取扱いが問題になるケースが多い。

⑤　親族外の従業員から後継者を決定する場合では、親族と後継者との間で経営をめぐる争いが生じる場合があるので、親族の意向を十分に確認して、意思疎通を図っておく必要がある。

解答：P.70

第10問 (第81回)

事業承継に向けた5ステップに関する次の記述のうち、最も適切なものを一つ選びなさい。

① 事業承継を進めるにあたっては、事業承継は相続に関係するセンシティブな課題であることを認識のうえ､専門家の協力を得て事業承継計画を策定し、取引関係者等に対しては交代直前に開示することが望ましい。

② 事業承継計画の策定に先立ち、事業承継の取組みの根幹となる経営者の保有する事業用資産についての詳細な確認（事業用資産デューデリジェンス）を行うことが事業承継の本質であり、経営者の信条などを考慮する必要はない。

③ 中長期的な方向性・目標の設定には、事業環境を認識・整理のうえ、たとえば、現在の事業を維持していくのか、拡大していくのか、現在の事業領域にとどまるのか、新事業に挑戦するのか、といったイメージを描くことが必要である。

④ M&Aを選択する場合、自力で一連の作業を行うことが困難である場合が多いため、専門的なノウハウを有する仲介機関に相談を行う必要があり、中小企業・小規模事業者の支援を行う都道府県の創設した支援機関である事業承継・引継ぎ支援センターの活用も考えられる。

⑤ M&Aは経営権や事業の譲渡であるという基本に立ち、取引においては譲渡価額を最優先に考えるべきであり、経営者の思いに流されないよう留意する必要がある。

解答：P.70

第11問 (第80回)

事業承継の進め方に関する次の記述のうち、最も適切なものを一つ選びなさい。

① 事業承継に向けての最初のステップは、経営状況・経営課題等の把握（見える化）である。現状をしっかり把握したうえで事業承継に向けた準備の必要性を認識することになる。

② 国税庁の「令和2年度分 会社標本調査結果」によると、欠損法人の割合は62.3%である。利益計上できない企業を承継する魅力は特別な事情がない限り低いと予想される。事業承継を円滑に行うためには早期に事業再生に着手する必要がある。

③ 事業承継において、現経営者はより良い状態で後継者に事業を引き継ぐべく経営改善努力をしようとするものであるが、後継者が決まっているのであればできる限り早く承継し、後継者に経営改善を任せた方が良い。

④ 事業承継実行後、すぐに後継者が従来の事業の見直しをするのではなく、経営者の立場で改めて事業に取り組んだうえで、時間を掛けて事業の見直しを行うべきである。

⑤ 事業承継計画は、現経営者が主体的に作成すべきで、後継者の考えは参考にする程度にとどめるべきである。

解答：P.71

第12問　（第77回）

事業承継の進め方に関する次の記述のうち、最も適切なものを一つ選びなさい。

① 事業を後継者に円滑に承継するためのプロセスとして、まずは、事業承継に向けた経営改善（磨き上げ）から始めることが何よりも重要である。

② 具体的に事業承継（資産の承継・経営権の承継）を進めていくにあたっては、自社や自社を取り巻く状況を整理したうえで、会社の10年後を見据え、いつ、どのように、何を、誰に承継するのかについて、具体的な計画を立案しなければならない。

③ 事業承継計画の策定にあたっては、策定プロセスにおいて現経営者と後継者、従業員等の関係者間で意識の共有化を図ることよりも、成果物としての事業承継計画書の作成自体に重きをおくことが重要である。

④ 事業承継の実行段階においては、事業承継計画に基づいて進めていくことを重視し、当初作成した計画に狂いが生じないよう努めなければならない。

⑤ 事業承継を円滑に進めていくためには、先代が営んできた事業をそのまま

の形で承継し、事業承継を契機とした事業再編に取り組むことはあってはならない。

解答：P.72

第13問　（模擬問題）

資産承継計画に対する考え方に関する次の記述のうち、最も不適切なものを一つ選びなさい。

① 遺言書では、被相続人は相続人や事業承継者の指名、相続分の指定、具体的財産の帰属などについて細かく指示することができる。

② 事業承継においても、残された相続人の権利を守るため、遺留分という一定の制限が設けられていることから、遺留分を考慮した資産承継を進めていく必要がある。

③ 相続税の延納とは、相続税を金銭にて分割支払いすることで、最長20年までの分割が可能であるが、その間利子税がかかることに留意が必要である。

④ 有価証券などの資産の相続評価は、相続発生時の時価によることとされているので、国税庁の「財産評価基本通達」で定められた評価方法に基づき、自ら見積もりをすることになる。

⑤ 工場の土地など事業用資産をオーナー経営者が個人で所有している場合、会社の資産ではないので事業承継とは切り離し、相続対策として別に検討することになる。

解答：P.72

第14問　（第80回）

廃業の検討に関する次の記述のうち、最も適切なものを一つ選びなさい。

① 廃業の相談を受けた際は、従業員・取引先との関係や地域住民の暮らし等において必要不可欠な事業を担う事業者は事業継続が望まれるケースもあり、事業継続の可能性を探ることが望ましい。

② 中小企業庁の実施したアンケートによると、中小企業経営者が廃業時に直

面した課題としては、「金融機関への説明」や「資産売却先の確保」、「従業員の処遇」が上位に挙げられた。

③　円滑な廃業を実現するために、早期の事業承継への取組、早期の債務整理、廃業資金の確保、取引先・金融機関・従業員への説明等の取組を計画的に実施する必要がある。

④　廃業支援を担当する者は、取引先への迷惑の軽減、従業員の不安の緩和については優先順位を高くして対応すべきであるが、経営者の廃業後の対策については、さほど重きを置かなくても良い。

⑤　廃業を含む様々な経営課題に関する相談に対応するワンストップ相談窓口として、中小企業庁が各都道府県に「経営安定特別相談室」を、商工会議所・商工会連合会が「よろず支援拠点」をそれぞれ設置し、廃業を検討する事業者に対してアドバイスを行っている。

解答：P.73

第15問　（模擬問題）

事業承継におけるデューデリジェンスの必要性に関する次の記述のうち、誤っているものを一つ選びなさい。

①　デューデリジェンスを実施することにより、決算書のみでは読み取れない対象会社に係る財務、税務、事業、法務等の問題点を把握することができる。

②　財務デューデリジェンスは、具体的な調査の前提としての全般的事項の調査、貸借対照表（Ｂ／Ｓ）に基づく財務内容の調査、損益計算書（Ｐ／Ｌ）やキャッシュフローの調査、税務申告状況調査といった構成となる。

③　財務デューデリジェンスにおける調査については、事業承継の対象企業のみ行われ、会社と個人の関係を整理するという前提での経営者個人の資産状況を把握する必要はない。

④　取引相場のある上場企業と異なり、中小企業の株式は客観的な評価をすることが難しい。そのため、評価方法にも様々な方式があり、会社の状況や売買当事者間の関係によって、妥当な評価方式も異なることになる。一般的な評価方式としては、資産価値からの評価、比準方式による評価、収益および

キャッシュフローからの評価の３つに大別される。資産価値からの評価には財務デューデリジェンスが欠かせない。

⑤　デューデリジェンスは企業再生計画の立案や、M＆Aの際に活用されることが多いが、事業承継におけるデューデリジェンスは、今後の事業計画や経営承継計画立案の判断材料とするためという目的を理解し、デューデリジェンスを実施する範囲・方法も検討しなければならない。

解答：P.73

第16問　(模擬問題)

財務デューデリジェンスの構成に関する次の記述のうち、誤っているものを一つ選びなさい。

①　財務内容の調査の主な目的は、実態財務内容を把握することであり、基礎資料として貸借対照表が用いられる。

②　財務デューデリジェンスの調査は、事業承継の対象企業だけでなく、関連会社を対象とする場合もあり、事業別・部門別の分析や経営者個人の資産状況を把握しておくことも考えなければならない。

③　収支・キャッシュフローの調査では、基礎資料として損益計算書と税務申告書を用いるため、キャッシュフロー計算書を基礎資料とすることはない。

④　財務内容の調査結果は、事業計画における財務改善、資産承継計画の判断材料となり、企業価値評価における純資産評価の基礎数値となる。

⑤　収支・キャッシュフローの調査結果は、事業計画のベースとなり、企業価値評価ではDCF等のフロー面からの評価基準となる。

解答：P.73

第17問　(第 81 回)

事業承継における事業デューデリジェンスに関する次の記述のうち、最も適切なものを一つ選びなさい。

①　承継時に企業を取り巻く環境（内部環境）や自社の経営資源、ヒト･モノ･

カネなど（外部環境）を確認・再認識して、長期的に自社が発展をしていくためには何が問題なのかを検討することが重要である。

② 内部環境のデューデリジェンスでは、長期的な観点から、マクロ経済、業界市場、競合動向を予測する。

③ 外部環境のデューデリジェンスでは、企業の短期的な見通しを判断する。

④ 人材に関しては、事業承継後安定的な経営ができるよう人材は揃っているか、適材適所の人事配置が行われているかを把握するとともに、高齢化や人手不足などの問題がないかどうかも検証する。

⑤ マーケティングに関しては、４Ｐ戦略（人、製品、価格、流通チャネル）の実態を把握する。

解答：P.73

第18問　（第 81 回）

事業承継対策上、必要とされる法務デューデリジェンスに関する次の記述のうち、最も不適切なものを一つ選びなさい。

① 法務デューデリジェンスとは、一般に、Ｍ＆Ａ等を行う場合に対象となる会社（対象会社）や対象会社の事業について、法律面での資料･情報の収集、調査、検討等を行うことをいう。

② 法務デューデリジェンスを行うことの目的は、そもそも事業承継が、法的やビジネス的に可能か、どのようなスキームが法的に適切か、対象会社にはどのような法的な問題点が存在するか等を適切に把握することにある。

③ 決定されたスキームや、法務デューデリジェンスにおいて発見された対象会社の法的問題点等に応じて、事業承継の前後になすべき具体的手続、事業承継に際しての対価や契約条件が決定されることになる。

④ Ｍ＆Ａの買い手は対象会社についての情報を有していないのが通常であるため、デューデリジェンスにおいて開示されていない事実が存在しないこと等について売り手に表明保証させ、表明保証された事項が事実と異なった場合の契約解除や損害賠償等の条項を設けることによりリスクヘッジを図るのが通常である。

⑤ 事業譲渡や会社分割等により別法人で事業を承継する場合、承継側は簿外

債務等のリスクを含めて対象会社そのものを取得することとなるため、対象会社全般について精査する必要性が極めて高い。

解答：P.74

第19問

(第 78 回)

事業承継に関連してデューデリジェンスを行う場合の、人事・組織の評価に関する次の記述のうち、最も不適切なものを一つ選びなさい。

① 従業員の年齢マップを作成した結果、マップが逆三角形になった場合には、一挙に退職者が出て補充ができなくなる懸念がある。

② 中小企業の場合、従業員が単独でユニオン（全国労働者組合連合会）に加入していたとしても、経営者にとって大きな負担になることはないので、ユニオンに加入している従業員の有無についてチェックする必要はない。

③ 技術部門の年齢マップが逆三角形になっている場合には、ノウハウや高度な技術が次の世代に承継されない可能性があり、企業の存続自体が危ぶまれる可能性がある。

④ 退職金制度は財務面で大きな負担になるので、どのような退職金制度になっているかを分析することは重要である。

⑤ 企業にとって人材は重要な財産である。キーパーソンとなる主要管理職やハイパフォーマーが存在するかどうか、またその人材がどのような能力またはスキルを保有しているかを調査することが重要である。

解答：P.74

第20問

(第 81 回)

企業価値の評価方法に関する次の記述のうち、正しいものを一つ選びなさい。

① 比準方式は、対象企業と事業面などで類似する上場企業の株価を基準に、資産額、売上高、利益、キャッシュフロー、配当などの比率を乗じて対象会社の株価を算定する方法であり、企業価値の評価方法として最も合理的で恣意性のない方法である。

② 収益還元方式のうち、ＤＣＦ法は近年の企業価値評価において、ほとんど使われなくなった評価方法である。

③ 資産価値からの評価は、資産総額から流動負債を控除した差額をもって企業価値を測定する方法である。

④ 簿価純資産方式は、会社の帳簿価額または決算書計上額によって純資産価値を算定する方法であり、第三者間における価値の測定方法として妥当である。

⑤ 将来フリーキャッシュフローは、財務デューデリジェンスによって把握した現状の正常収益力、キャッシュフロー、今後の経営方針、外部環境などを考慮した事業計画に基づいて、可能な限り客観的に算定しなければならない。

解答：P.75

第21問　（第 78 回）

下記のある企業の財務データをもとに、フリーキャッシュフローとして最も適切なものを一つ選びなさい。なお、実効税率は 40%とする。

＜財務データ＞

・売上高	1,500 百万円
・売上原価（現金支出）	1,000 百万円
・販管費（現金支出）	200 百万円
・減価償却費	100 百万円
・運転資金増加額	10 百万円
・設備投資額	40 百万円

① 270 百万円

② 214 百万円

③ 200 百万円

④ 170 百万円

⑤ 120 百万円

解答：P.75

第22問 (第78回)

各年度の予測フリーキャッシュフロー（ＦＣＦ）は、資本コストといわれる割引率によって、現在価値に引き直し計算される。たとえば、ある企業が3年後に100万円受け取れるとして、金利が3%であるときの現在価値として、最も近い金額を一つ選びなさい。なお、株主コストについては考慮しないものとする。また、計算にあたっては、万円未満は切り上げとする。

① 87万円
② 89万円
③ 92万円
④ 95万円
⑤ 97万円

解答：P.75

第23問 (第80回)

不動産の評価に関する次の記述のうち、誤っているものを一つ選びなさい。

① いわゆる平成初期のバブル景気時代までは、土地価格形成の特徴として、ある一定の地域内の土地価格は、ほぼ一定の水準として把握されるのが一般的であった。
② 原価法とは、主に取引事例を基に比準することによって導き出した土地価格と再調達価格を基にして適正な減価修正を施すことによって導き出した建物価格を合計し、あるべき価格を理論的に説明しようとするものである。
③ 収益還元法は、対象不動産から生み出される収益を期待利回りで割り戻すことによって、その不動産の投資価値を判定するものである。
④ 不動産の評価においては、その物件の特性に応じ、原価法と収益還元法（あるいは場合によってはそれ以外の適切な評価手法）を勘案し、客観的に適正なマーケットバリューを判定することが必要である。
⑤ 不動産の評価を考えるとき、価値判断基準としては、当該不動産があげ得る収益性のみを考えればよい。

解答：P.76

第24問　（第 78 回）

営業権および無形資産の評価に関する次の記述のうち、最も適切なものを一つ選びなさい。

① 一般的に営業権は、ある事業の超過収益力を表し、営業権の税務上の償却年数は 10 年とされているが、実務上は 5 年程度で償却されることが一般的である。

② 独自のビジネスモデルを持っている中小企業の場合、資産保全と危機管理の両方の観点から、新たなビジネスモデル特許の出願を検討することも視野に入れておく必要がある。

③ 特許権・実用新案権は、正式な権利として成立した後、特許庁に登録されているもので、必ず開発原価として財務諸表に掲載されている。

④ 商標権・意匠権は、特許権と比較すると、帰属がその会社に帰属一体化している場合が多いので、一般的に単独で売買されることが多いといわれている。

⑤ 著作権は、著作権関係の法律事実の公示や著作権が移転した場合の取引の安全確保を目的とした著作権登録をしなければ、権利は発生しない。

解答：P.76

第25問　（第 77 回）

人事・組織の評価に関する次の記述のうち、最も適切なものを一つ選びなさい。

① 従業員の年齢構成を把握するために全職制別に従業員の年齢マップを作成し、平均的に分布されている場合は一挙に定年退職者が出て補充がきかなくなる懸念があり、賃金高コストのリスクがある。

② 単純作業部門の勤続年数が長期化の傾向にあるときは、労働の質・量の提

供が持続的かつ安定的に推移していくが、賃金は定時昇給で増加するのでコスト高となる。

③ 技術部門の年齢分布においては、高齢者が多いほど高度なノウハウ・技術を所有していると判断でき、継続的に安泰といえる。

④ 取締役会設置会社であっても中小企業の場合は、日常業務の遂行者を取締役にしないで執行役員にとどめることで、意思の決定と業務執行を分離し作業の能率を高めることが望まれる。

⑤ 企業活動を円滑に進めるためには良好な労使関係が不可欠といえ、労働組合を有する場合は、過去の組合との協議や交渉の経緯がどうであったか、争議行為の発生有無、労働協約・労使協定・覚書や現在労使間で協議している事項がどのようなものかを把握する必要があるが、労働組合を有しない場合には問題点はないといえる。

解答：P.77

第26問 （模擬問題）

M＆Aを行う場合の企業価値に関する次の記述のうち、最も不適切なものを一つ選びなさい。

① M＆Aの一般的なプロセスは、買い手候補先企業と秘密保持契約を結び、財務諸表などの会社資料を開示した後､買い手が買収に前向きになった場合、交渉を開始して基本合意書を締結する。その後、買い手によるデューデリジェンスを行い、最終的な売買契約書を締結し、クロージングに至る。

② 純資産方式の時価評価には、再調達時価純資産法と清算処分時価純資産法がある。

③ 比準方式の一つとして、上場会社のＰＥＲ、ＰＢＲなどの乗数を算出して評価する乗数法がある。

④ 一般に、企業価値が劣悪でM＆Aが成立しないケースは、対象企業の営業活動によるキャッシュフローの良し悪しにかかわらず、財務内容が債務超過の場合である。

⑤ 企業価値を高める「磨きあげ」とは、M＆Aにおいて企業価値を高めるた

めに、収益性向上のための施策の実行や、債務の圧縮などにより財務内容の改善、健全化を行うことである。

解答：P.77

第27問
（第 77 回）

事業承継の類型と金融機関の支援テーマに関する次の記述のうち、最も適切なものを一つ選びなさい。

① 経営状態が良好な企業の場合は、経営改善･資産承継支援がテーマである。
② 収益力はあるが、債務超過に陥っている企業の場合は、事業継続やハッピーリタイア支援がテーマである。
③ 収益力もなく、債務超過に陥っている企業の場合は、企業再建支援がテーマである。
④ 収益力はないが、資産超過の企業の場合は、再編・廃業支援がテーマである。
⑤ 後継者の選定、資産の承継、経営戦略策定、従業員のモチベーションのアップなど、事業承継支援で金融機関が対応困難なことは、専門知識のある第三者に依頼した方が効果的である。

解答：P.78

第28問
（第 81 回）

税理士ないし弁護士の資格を持たない事業承継アドバイザーの対応に関する次の記述のうち、最も適切なものを 1 つ選びなさい。

① 顧客ごとに個別具体的な税のプランニングを行っているが、無料で行っているので税理士法違反にはならない。
② 顧客の具体的な事例について質問があった場合、仮定であると断ったうえ、比較的近似の値に基づいて税務計算をするのであれば、税理士法抵触となる可能性はない。
③ 事業承継アドバイザーが報酬を得る目的で訴訟事件、非訴訟事件その他一

般の法律事件に関して、鑑定・代理・仲裁もしくは和解その他の法律事務を取り扱うことは禁止されているが、これらの周旋をするのみであれば、弁護士法に抵触となる可能性はない。

④　事業承継アドバイザーが顧客から法律相談をもちかけられた場合、その回答が、法律制度や裁判手続について一般的知識を与える程度にとどまるならば、法律事件に関する法律事務にはならない。

⑤　不動産について法的アドバイスを求められた場合、紹介料を受け取って、提携弁護士を紹介することを行っているが、自ら法的なアドバイスをするわけではないので、まったく問題はない。

解答：P.78

第1章の解答・解説

【第1問】

正　解：②　　**正答率：60.4%**

① 東京商工リサーチ「全国社長の年齢調査」によると、2019年末の時点で、中小企業等の経営者の最も多い年齢層は70歳代以上で、全体の30.37%を占めている。よって、不適切。

② 中小企業庁は中小企業基盤整備機構に「中小企業事業承継・引継ぎ支援全国本部」を設置し、47都道府県に支援センターを設けている。よって、最も適切である。

③ 事業承継方法としては、大きく分けて親族内承継と親族外承継がある。親族内承継は、息子・娘への承継とその他親族への承継に分かれる。親族外承継は、役員・従業員等への承継と取引先等への承継や、近年増加しているＭ＆Ａによる第三者承継がある。Ｍ＆Ａには、合併、売却、会社分割、事業譲渡などの方法があり、事業承継手法は多様化している。よって、不適切。

④ 中小企業基盤整備機構がファンドの２分の１を出資し、民間ファンドが支援しにくい案件を中心に「中小企業成長支援ファンド」として投資事業有限責任組合を組成して支援を行っている。これに金融機関などの民間出資者が加わり、民間投資会社が出資および業務運営を行う仕組みである。よって、不適切。

⑤ 金融機関が事業承継に関するコンサルティング機能の強化を図るには、仕組みを作ることが重要である。金融機関の業務効率化において、自前で事業承継のすべての課題について対応することは専門性、効率性を考えると限界がある。そこで、事業承継支援を行っているコンサルティング機関などと連携を図り、金融機関としてコーディネートに対する手数料を徴収するビジネスを展開し、案件に関与した行職員については個人評価で報いる仕組みを作ることが望ましい。よって、不適切。

【第2問】

正　解：③ **正答率：94.9%**

①②④⑤　記述のとおり。よって、適切である。

③　近年、親族外承継として役員・従業員に承継させる従業員承継が増加している。承継の大きな課題であった株式の譲渡に関しても、融資を受けられる制度の開始、種類株式の活用、事業承継税制の利用が可能になったことで承継が実施しやすくなった。また、借入に対する代表者の連帯保証についても、「経営者保証ガイドライン」によって、連帯保証なしの融資も徐々に増加している傾向にあることも追い風になっている。よって、最も不適切。

【第3問】

正　解：④ **（模擬問題）**

④　協力者発掘も含め、5つのテーマの支援を実施する。よって、最も不適切。

【第4問】

正　解：④ **（模擬問題）**

①　事業支援策を打ち出す金融機関は増加してはいるが、金融機関全体から見ればまだ少数であり、積極的な取組みを表明している金融機関でも手探り状態のところが多い。よって、不適切。

②　事業承継のための特別な制度融資を取り扱っている民間金融機関はない。よって、不適切。

③　企業からコンサルティング報酬を受け取るのは、金融機関ではなくコンサルティング会社であり、フィーの支払いも、金融機関からコンサルティング会社ではなく、コンサルティング会社から金融機関に対して行われる。よって、不適切。

④　記述のとおり。よって、最も適切である。

⑤　現金融機関の業務効率化において、自前で事業承継のすべての課題について対応することは、専門性、効率性を考えると限界があるため、事業承継支援を行っているコンサルティング機関などと連携を図る必要がある。よって、不適切。

【第５問】

正　解：④　　**正答率：70.1%**

①　中小企業の現経営者が事業承継について考える後継者候補は、まず息子・娘、次にそれ以外の親族、当社の役員・従業員、取引先・金融機関等からの人材という順になるのが一般的である。よって、不適切。

②　円滑な事業承継を行うためには、後継者として相応しい資質・能力を備えていることが条件である。息子がいて後継する意欲があるのであれば、まずは経営者としての教育を施し、能力を見極め、後継者に相応しいと判断した段階で、指名すべきである。よって、不適切。

③　息子・娘が複数いる場合、後継者を決めるのが難しくなる。その場合は、候補者のうち誰が最も後継者として会社を継続発展させていく可能性が高いかの観点で、判断することが肝要である。よって、不適切。

④　記述のとおり。よって、最も適切である。

⑤　Ｍ＆Ａが実行できる企業として、黒字企業、資産超過会社であることなどが最低条件とされていたが、有名大企業との取引、取得困難な資格保有、高い技術力等、オフバランスなどを評価してＭ＆Ａが実行され始めている。よって、不適切。

【第６問】

正　解：①　　**（模擬問題）**

①　親族内承継、特に子が後継者になる場合は、従業員、取引先、取引金融機関などにとっては、想定内のことでもあり、通常は、利害関係者からの理解を得やすい。よって、誤り。

【第７問】

正　解：⑤　　**（模擬問題）**

⑤　経営者保証ガイドラインにより、金融機関が経営者の連帯保証を求めないケースが増加しているが、連帯保証なしで融資が受けられるのは、企業と経営者の関係を明確に区分･分離していること、財務基盤を強化していること、財務状況を正確に把握していること及び適時適切な情報開示等により経営の透明性を確保していること等が挙げられる。しかし、役員・従業員等の連帯

保証が必要となる場合も考えられ、問題の解決は難しいとされる。よって、最も不適切。

【第8問】

正　解：④　　**（模擬問題）**

① ビジネスマッチングは、「事業承継･引継ぎ支援センター」の業務ではない。よって、誤り。

② 「事業承継・引継ぎ支援センター」が設置されているのは、主要都市ではなく全都道府県である。また、運営は国から委託を受けた都道府県の商工会議所や公益財団法人等が行っている。よって、誤り。

③ M&Aの売り手企業としては、黒字企業、資産超過会社であることなどが最低条件とされていたが、今後の中小企業の事業承継におけるM&Aについては、赤字企業であっても有名大企業と取引がある、取得の難しい資格を持っている、高い技術力がある、起業して揃えることが資金的に難しい設備を持っているなど、オフバランスの価値（いわゆる「のれん」）などを評価してM&Aが実行されることがある。よって、誤り。

④ 記述のとおり。よって、正しい。

⑤ デューデリジェンスを行うのは、買収希望企業である。よって、誤り。

【第9問】

正　解：③　　**（模擬問題）**

③ 経営に参画意思のない親族には、議決権のある普通株式ではなく、議決権制限株式を相続させ、後継者には、議決権制限株式ではなく、議決権のある普通株式を相続させることが必要である。よって、誤り。

【第10問】

正　解：③　　**正答率：84.6%**

① 事業承継を進めるにあたっては､会社の10年後を見据えつつ､どのように、何を、誰に承継するのかについて、後継者や親族と共同で、取引先や従業員、取引金融機関等との関係を念頭に置いて計画を策定し、策定後は、これらの関係者と共有しておくことが望ましい。よって、不適切。

② 事業承継計画の策定に先立ち、経営者が過去から現在までを振り返り、「経営に対する想い、価値観、信条を再確認するプロセスが事業承継の本質」である。また、可能であればこれを明文化し、後継者や従業員と共有することが重要である。よって、不適切。

③ 記述のとおり。よって、最も適切である。なお、この過程においては、中長期目標において想定している期間で、いつ事業承継を実行するのかを織り込む必要がある。事業承継後に目標達成にコミットするのは後継者であり、後継者とともに目標設定を行うことが望ましく、事業承継後に後継者が行う取組についても中長期目標に織り込むことができれば、事業承継を契機とした再成長も期待できる。

④ 事業承継・引継ぎ支援センターは国の機関である。よって、不適切。

⑤ Ｍ＆Ａにあたっては、「会社全体をそのまま引き継いでもらいたい」、「一部の事業だけ残したい」、「従業員の雇用・処遇を現状のまま維持したい」、「社名を残したい」等の経営者自身の考えを明確にし、仲介機関に事前に売却条件を伝えたうえで、条件に合った相手先を見つけることが最善の方法である。よって、不適切。

【第11問】

正　解：②　　**正答率：11.2%**

① 事業承継に向けての最初のステップは、事業承継に向けた準備の必要性を認識することである。そのうえで経営状況・経営課題等の把握（見える化）をし、事業承継に向けた経営改善（磨き上げ）に取り組むのである。よって、不適切。

② 記述のとおり。よって、最も適切である。

③ 経営者は、次世代にバトンを渡すまで、事業の維持・発展に努め続けなければならない。後継者が決まっている場合であっても、経営改善に努め、より良い状態で後継者に事業を引き継ぐ姿勢を持つことが望まれる。よって、不適切。

④ 事業承継実行後（経営交代後）には、後継者が新たな視点をもって従来の事業の見直しを行い、中小企業が新たな成長ステージに入ることが期待される。よって、不適切。

⑤　事業承継計画の策定は、現経営者と後継者が事業承継に向けて共通の目的意識のもと対話しながら進めるプロセスにこそ意味があるものである。よって、不適切。

【第12問】

正　解：②　　**正答率：90.9%**

①　事業を後継者に円滑に承継するためのプロセスは、まずは事業承継に向けた準備の必要性・重要性をしっかりと認識しなければ、準備に着手することはできない。次に経営状況や経営課題、経営資源等を把握し、これを踏まえて事業承継に向けた経営改善（磨き上げ）に取り組むことが重要である。よって、不適切。

②　記述のとおり。よって、最も適切である。

③　事業承継計画の策定にあたっては、成果物としての事業承継計画書の作成自体を目的とするのではなく、策定プロセスにおいて現経営者と後継者、従業員等の関係者間で意識の共有化を図ることに重きをおくことが重要である。よって、不適切。

④　事業承継の実行段階においては、状況の変化等を踏まえて随時事業承継計画を修正・ブラッシュアップする意識も必要である。よって、不適切。

⑤　先代が営んできた事業をそのままの形で承継することにこだわることは、必ずしも正しい承継方法ではない。事業承継実行後（経営交代実行後）には、後継者が新たな視点をもって従来の事業の見直しを行い、中小企業が新たな成長ステージに入ることが期待される。よって、不適切。

【第13問】

正　解：⑤　　**（模擬問題）**

⑤　事業用資産が個人資産であっても、円滑な事業承継のためには事業用資産のオーナー経営者からの承継を考える必要があり、事業承継においても重要な検討課題である。よって、最も不適切。

【第14問】

正　解：①　　　　　　　　　　　　　　　　　　正答率：67.0%

① 記述のとおり。よって、最も適切である。

② 中小企業庁の実施したアンケートによると、中小企業経営者が廃業時に直面した課題としては、「顧客販売先への説明」(31.8%)や「従業員の処遇」(26.7%)、「資産売却先の確保」(13.0%) が上位に挙げられた。よって、不適切。

③ 円滑な廃業を実現するために、財務状況の把握、早期の債務整理、廃業資金の確保、取引先・金融機関・従業員への説明等の取組を計画的に実施する必要がある。よって、不適切。

④ 「廃業した中小企業経営者へのアンケート調査」によると、廃業後に生活が苦しくなったと回答した者が一定数存在する。そのため、「廃業後の生活資金の確保」についても、適切な対応が必要である。よって、不適切。

⑤ 廃業を含む様々な経営課題に関する相談に対応するワンストップ相談窓口として、中小企業庁が各都道府県に「よろず支援拠点」を、商工会議所・商工会連合会が「経営安定特別相談室」をそれぞれ設置し、廃業を検討する事業者に対してアドバイスを行っている。よって、不適切。

【第15問】

正　解：③　　　　　　　　　　　　　　　　　　(模擬問題)

③ 事業承継の対象企業だけでなく、経営者個人の資産状況の掌握も必要となるケースがある。よって、誤り。

【第16問】

正　解：③　　　　　　　　　　　　　　　　　　(模擬問題)

③ 収支・キャッシュフローの調査の主な目的は、正常収益力・キャッシュフローを把握することであり、基礎資料として損益計算書、キャッシュフロー計算書が用いられる。よって、誤り。

【第17問】

正　解：④　　　　　　　　　　　　　　　　　　正答率：96.1%

① 企業を取り巻く環境は外部環境、自社の経営資源、ヒト・モノ・カネなど

は内部環境である。よって、不適切。

② 記述は、外部環境デューデリジェンスのポイント。内部環境デューデリジェンスでは、ヒトの承継、経営資源の承継、資産の承継という観点から調査・分析する。よって、不適切。

③ 外部環境のデューデリジェンスでは、企業の長期的な見通しを判断する。よって、不適切。

④ 記述のとおり。よって、最も適切である。企業が永続的に発展していくためには、従業員の意識・能力などが重要な要素になるが、事業承継時に従業員の意識・能力を把握するとともに高齢化や人手不足などの問題がないかどうかも検証する。

⑤ 4Ｐ戦略の4Ｐとは、製品、価格、販促、流通チャネル、である。よって、不適切。

【第18問】

正　解：⑤　　**正答率：83.1%**

①②③④ 記述のとおり。よって、適切である。

⑤ 事業譲渡や会社分割等により別法人で事業を承継する場合、対象会社全般を精査する必要性は低く、譲渡対象とする資産・負債、契約関係等を特定し、具体的な譲渡・承継の手順を決定する目的をもって精査する。よって、最も不適切。

【第19問】

正　解：②　　**正答率：98.2%**

① 記述のとおり。よって、適切である。同時に賃金高コストのリスクがある。

② 従業員がユニオンに加入している場合、交渉が長引き経営者の負担が大きくなることに注意する必要がある。よって、最も不適切。

③ ノウハウ、高度な技術が後輩に継承されないうちに退職または高齢化していけば、企業の存続自体が危ぶまれる。よって、適切である。

④ 退職給付金の増大により、将来の財務面に大きな負担となってくる。よって、適切である。

⑤ 記述のとおり。よって、適切である。

【第20問】

正　解：⑤　　**正答率：82.8%**

① 比準方式は、実務上も利用されることが多いが、非上場の中小企業の株価を上場企業の株価から算定すること自体が合理的ではないという考えがあり、また類似会社の選定、比準要素の採用などに恣意性が入りやすいといった欠陥もある。よって、誤り。

② ＤＣＦ法は近年の企業価値評価の主流となっている評価方法である。よって、誤り。

③ 純資産方式は、資産から流動負債を控除するのではなく、資産から負債（流動負債と固定負債の合計）を控除する方法である。よって、誤り。

④ 簿価純資産方式は、実態の資産評価を反映した評価ではないので、第三者間での価値の測定方法として、妥当ではない。よって、誤り。

⑤ 記述のとおり。よって、正しい。

【第21問】

正　解：④　　**正答率：75.2%**

ＤＣＦの計算は、以下のように計算されるフリーキャッシュフロー（ＦＣＦ）を基準とするのが一般的である。

ＦＣＦ＝税引後利益＋減価償却費等－設備投資等－運転資本増加

営業利益＝ 1,500 百万円－ 1,000 百万円－ 200 百万円－ 100 百万円

＝ 200 百万円

税引後利益＝ 200 百万円×（1 － 0.4）＝ 120 百万円

ＦＣＦ＝ 120 百万円＋ 100 百万円－ 40 百万円－ 10 百万円＝ 170 百万円

よって、本問の正解は④。

【第22問】

正　解：③　　**正答率：79.1%**

割引率＝ｒの場合のｎ年後の予測フリーキャッシュフロー（ＦＣＦ）＝Ｘ円の価値は、Ｘ÷（1＋ｒ）ｎとして計算される。

100 万円÷ $(1 + 0.03)^3$ ＝ 1,000,000 ÷ 1.092727 ＝ 915,142 円≒ 92 万円（万円未満切り上げ）

よって、③が本問の正解。

【第23問】

正　解：⑤　　**正答率：95.8%**

① 記述のとおり。よって、正しい。個別の不動産の特徴に応じて大きく乖離した価格が発生することはほとんどない状況であった。

②③④ 記述のとおり。よって、正しい。

⑤ 不動産の評価を考えるとき、価値判断基準としてはその評価手法のみだけではなく、当該不動産が上げ得る収益性が重要なポイントであると同時に、その不動産についての処分（換金）の容易性＝流動性も重要なポイントになると考えられる。よって、誤り。

【第24問】

正　解：②　　**正答率：83.7%**

① 一般的に営業権はある事業の超過収益力を表すが、会社の資産として計上される営業権は、過去の合併、事業譲渡などによる受入事業を評価した際に計上されたものと考えられる。営業権の税務上の償却年数は５年とされており、実務上も５年程度で償却されることが一般的である（会社法および「企業結合に関する会計基準」では、新たな企業結合によって発生する営業権を「のれん」と定義し、20年以内の期間で規則的に償却するものとしている）。よって、不適切。

② 記述のとおり。よって、最も適切である。近年では「ビジネスモデル特許」というものが広く認められるようになってきているので、逆に他社から特許権侵害で訴訟を受けるリスクも考える必要がある。

③ 特許権・実用新案権は、正式な権利として成立した後、特許庁に登録されているもので、不動産等の所有権と同様に直接的な財産権として財務諸表にも掲載されている。その内容は自社で開発したものは開発原価で計上され、他社から譲り受けたものは取得価格で計上されている。よって、不適切。

④ 商標権・意匠権は、基本的には特許権・実用新案権と同様の問題を抱えているが、特許などと比較すると、その会社に帰属一体化しているような場合が多いので、単独で売買されることは稀であろうし、その評価についてはさ

らに難しい問題となることが多いようである。よって、不適切。

⑤　著作権は、著作物の創作時点で自動的に発生し、その取得には何ら手続は必要ないが、著作権関係の法律事実の公示や著作権が移転した場合の取引の安全確保など、法律上一定の効果を生じさせる制度として、著作権登録制度がある。よって、不適切。

【第25問】

正　解：④　**正答率：27.1%**

①　従業員の年齢構成が平均的に分布されている場合はよいが、逆三角形の場合は一挙に定年退職者が出て補充がきかなくなる懸念がある。同時に賃金高コストのリスクがある。よって、不適切。

②　単純作業部門の勤続年数が長期化の傾向にあるときは、労働の質・量の提供が年齢とともに下降するのに対し、賃金は定時昇給で増加するのでコスト高となり経営が困難となる。したがって、この部門のアウトソーシングか社員のパート切り替えが求められる。よって、不適切。

③　技術部門の年齢分布においては、三角形分布が望ましいが今日の多くの企業では逆三角形分布に危機感を抱いている。ノウハウ、高度な技術が後輩に継承されないうちに退職または老齢化していけば、企業の存続自体が危ぶまれる。M＆Aで売却するにせよ親族継承するにせよ喫緊の課題となっている。よって、不適切。

④　記述のとおり。よって、最も適切である。なお、執行役員はたとえば総務、営業、生産、流通といった各部門の職務に精通し、かつ管理者としてのバランスに長けた人材の登用が求められる。

⑤　労働組合を有しない場合でも、就業規則・労使協定の内容や労働基準監督署への申告等の有無、訴訟またはその他ＡＤＲによる調停の有無等を把握する必要がある。よって、不適切。

【第26問】

正　解：④　**(模擬問題)**

④　現実に企業価値が劣悪で売却できないというケースは、本業である営業活動のCFが恒常的にマイナスであるような場合である。実質債務超過であっ

ても、4、5年で債務超過解消の見込みがあれば売却できる可能性はある。よって、最も不適切。

【第27問】

正　解：⑤　　　　　　　　　　　　　　　　　　　　**正答率：62.5%**

① 経営状態が良好な企業の場合は、事業継続やハッピーリタイア支援がテーマである。よって、不適切。

② 収益力はあるが、債務超過に陥っている企業の場合は、企業再建支援がテーマである。よって、不適切。

③ 収益力もなく、債務超過に陥っている企業の場合は、再編・廃業支援がテーマである。よって、不適切。

④ 収益力はないが、資産超過の企業の場合は、経営改善・資産承継支援がテーマである。よって、不適切。

⑤ 記述のとおり。よって、最も適切である。

【第28問】

正　解：④　　　　　　　　　　　　　　　　　　　　**正答率：86.1%**

① 税務相談に関する事務を反復継続して行うと、たとえ無償であっても税理士法違反となる。よって、不適切。

② たとえ近似の値で計算したとしても、単に仮定の事例に基づいて税額計算をするという範囲を超えるものであり、税理士法違反とされる可能性がある。よって、不適切。

③ 弁護士法72条は、弁護士資格を有しないものが報酬を得る目的で訴訟事件、非訴訟事件その他一般の法律事件に関して、鑑定・代理・仲裁もしくは和解その他の法律事務を取り扱い、またはこれらの周旋をすることを業とすることができない旨規定している。よって、不適切。

④ 記述のとおり。よって、最も適切である。

⑤ 弁護士に相談するように進言することは問題ないが、弁護士の紹介を業として有償で行うことは弁護士法で禁止されている周旋に該当する。よって、不適切。

第2章

親族内承継

第２章　学習の手引

テーマ	80回	81回
１．親族内承継の概説	○	○
２．自社株承継の法務と税務	○	○
３．自社株承継対策の方法	○	○
４．戦略的承継の方法	○	○

本分野からの出題は、他分野と比べても圧倒的に多く、本認定試験出題の中核をなす分野といえる。繰り返し学習し、より理解を深めてほしい。

１．親族内承継の概説

親族内承継とは、オーナーの子を始めとする親族に事業を承継させる手法である。親族内承継を円滑に進めるためには、後継者の選定・育成、従業員や取引先への説明、株式の承継、他の相続人との調整など、様々な課題をクリアする必要があるため、それに関連する問題が多数出題されている。また、他分野の出題に関連付けて出題されており、軽視はできない。

２．自社株承継の法務と税務

親族内承継は相続税対策のみを行えば足りるという考え方は払拭されつつあるものの、やはり自社株承継についてのノウハウは最重要テーマといえる。本分野からは80回、81回は10問出題されている。特に税務についての出題が増加傾向にある。非上場株式の評価方法について、評価方式の判定から計算方法、ポイントまでを問う出題がされており、過去問を基に、応用問題などにも対応できるよう学習しておきたい。

３．自社株承継対策の方法

親族内承継対策として具体的に、役員退職金を活用する方法、金庫株を活用する方法、種類株式を活用する方法などが挙げられるが、これに関連した問題が出題されている。本分野からは、毎回5問程度出題されており、各対策方法について一通り理解しておきたい。

4．戦略的承継の方法

株式交換・移転を活用する方法、合併を活用する方法、会社分割を活用する方法、不採算事業の切り離しを伴う方法など、組織再編にかかる承継対策等が出題されている。本分野からの出題は毎回2～3問出題される重要テーマであり、戦略的承継についても学習しておきたい。

第１節　親族内承継の概説

１．親族内承継の概要

（１）事業承継の類型の一つとしての親族内承継

親族内承継は、現経営者の子供を始めとする親族に承継させる方法である。一般に他の承継方法と比べて、①内外の関係者から心情的に受け入れられやすい、②後継者の早期決定により長期の準備期間の確保が可能である、③相続や生前贈与により財産や株式を後継者に移転できるため、所有と経営の一体的な承継が期待できる等のメリットがある。

昨今では、事業承継全体に占める親族内承継の割合が急激に落ち込んでいる。これは、子がいる場合でも、事業の将来性や経営の安定性等に対する不安の高まりや、家業にとらわれない職業の選択、リスクの少ない安定した生活の追求等、子側の多様な価値観の影響も少なからず関係しているものと思われる。

現経営者には、事業承継を行う前に、経営力の向上に努め、経営基盤を強化することにより、後継者が安心して引き継ぐことができる経営状態を維持しておくことが求められている。また、事業承継を円滑に進めるためには、現経営者が自らの引退時期を定め、そこから後継者の育成に必要な期間を逆算し、十分な準備期間を設けて、後継者教育（技術やノウハウ、営業基盤の引継ぎを含む）に計画的に取り組むことが大切である。

以上のほか、後継者にとっては経営者保証等が事業承継時の課題や障害になりうるという点にも留意が必要である。

（２）事業承継の３つの構成要素

事業承継は、単に「株式の承継」＋「代表者の交代」と考えられることがあり、事業承継対策といっても、例えば単年度の利益を減らして一時的に株価を下げて贈与すればよい、といった従来の手法の議論に終始する傾向がある。

しかし、事業承継とは、文字どおり「事業」そのものを「承継」する取組みであり、事業承継後に後継者が安定した経営を行うためには、現経営者が培ってきたあらゆる経営資源を承継する必要がある。後継者に承継すべき経営資源は多岐に亘るが、①人（経営）、②資産、③知的資産に大別される。

①人（経営）の承継

人（経営）の承継とは、後継者への経営権の承継を指す。会社形態であれば代表取締役の交代、個人事業主であれば現経営者の廃業・後継者の開業によるものと考えられる。現経営者が維持・成長させてきた事業を誰の手に委ねるべきか、適切な後継者の選定は事業承継の成否を決する極めて重要な問題である。特に、中小企業においてはノウハウや取引関係等が経営者個人に集中していることが多いため、事業の円滑な運営や業績が経営者の資質に大きく左右される傾向がある。

親族内承継において、後継者候補を選定し、経営に必要な能力を身につけさせ、また後述する知的資産を含めて受け継いでいくには、一定の準備期間（一般的には5年から10年以上）が必要とされ、これらの取組みに十分な時間を割くためにも、後継者候補の決定はできるだけ早期に行うべきである。

②資産の承継

資産の承継とは、事業を行うために必要な資産（設備や不動産などの事業用資産、債権、債務であり、株式会社であれば会社所有の事業用資産を包含する自社株式である）の承継を指す。会社形態であれば、会社保有の資産の価値は株式に包含されるので、株式の承継が基本となる。他方、個人事業主の場合は、機械設備や不動産等の事業用資産を現経営者個人が所有していることが多いため、個々の資産を承継する必要がある。

また、株式・事業用資産を親族内において贈与・相続により承継する場合、資産の状況によっては多額の贈与税・相続税が発生することがある。後継者に資金力がなければ、税負担を回避するために株式・事業用資産を分散して承継し、事業承継後の経営の安定が危ぶまれる等の可能性もある。そのため税負担に配慮した承継方法を検討しなければならない。

③知的資産の承継

知的資産とは、「貸借対照表に記載されている資産以外の無形の資産であり、企業における競争力の源泉である、人材、技術、技能、知的財産（特許・ブランドなど）、組織力、経営理念、顧客とのネットワークなど、財務諸表には表れない目に見えにくい経営資源の総称」である。

どのような規模、どのような状況の会社であっても、その会社から製品・商品・サービスを選び、購入してくれる顧客がある限り、それぞれの会社にとっての知的資産があり、事業運営に活用されている。

知的資産こそが会社の「強み」、「価値の源泉」であることから、知的資産を次の世代に承継することができなければ、その企業は競争力を失い、将来的には事業の継続すら危ぶまれる事態に陥ることも考えられる。そこで、事業承継に際しては、自社の強み・価値の源泉がどこにあるのかを現経営者が理解し、これを後継者に承継するための取組みが極めて重要である。

(3) 親族内承継の課題と対応

親族内承継について、人（経営)、資産、知的資産の3要素、さらに資産の中でも債務の承継や、後継者による資金調達といった側面から、課題と対応策を検討する。他の類型と比較すると、税負担への対応や株式・事業用資産の分散防止、債務の承継への対応に関して特に大きな課題が発生しやすいといえる。

①経営の承継の手順

ア．後継者の選定・育成

後継者の選定は事業承継に向けた第一歩であり、事業承継の成否を決する重要な取組みである。しかし、経営者が胸の内で後継者候補の見当をつけておけばよいというものではない。事業承継について後継者候補の同意を得た上で、必要な育成を行いつつ、親族や従業員、取引先等の関係者との対話を進める必要がある。これらは一朝一夕で成しえるものではなく、時間をかけて慎重に取り組まなければならない。

事業を承継するということは、後継者の人生に大きな影響を与える難しい決断である。後継者に事業を受け継ぐ者としての自覚を持たせ、事業承継に向けて経営者と二人三脚で準備を進めてもらう必要がある。そのためにも、早い段階から後継者との対話を重ね、事業の実態とともに、現経営者の想いや経営理念を共有していくプロセスが重要である。「以心伝心」や「阿吽の呼吸」と言えば聞こえはいいものの、何よりも「現経営者と後継者の対話」、これを通じた「事業についての認識の共有」を重ねていくことが重要である。

また、中小企業の経営者には、事業運営に関する現場の知見はもちろん、営業、財務、労務等の経営管理に関する幅広い知見も必要である。このような能力を短期間で習得することは不可能であるから、後継者教育には十分な期間を準備し、必要な経験を積ませる必要がある。

イ．親族等との調整

後継者を誰にするかという問題は、経営者個人が誰に事業を承継するかという問題にとどまらず、子供や配偶者を始めとする親族にとっても強い関心事である。これは、株式が親族内で分散していれば、株主たる親族としての関心であり、経営者の推定相続人にとっては、自身が将来的にどのような財産を相続するかという関心でもある。また、事業承継後に親族等の協力を得ることは、後継者による円滑な事業運営にとっても不可欠な要素である。

そこで、経営者のリーダーシップのもと、早期に家族会議・親族会議を開催し、親族との対話を図るなどして、経営者の事業承継に向けた想いを伝え、親族の同意を得ておくことが極めて重要である。

ウ．従業員・取引先・金融機関との事前協議

日常的に経営者と接し、その中小企業において生活の糧を得ている従業員や、中小企業と取引を行っている取引先・金融機関にとって、誰が後継者であり、どのような計画で事業承継が行われるかを知ることは重要である。従業員にとってみれば、後継者候補の存在を知らなければ会社の将来性に対する不安が募り、士気にも関わる。後継者との信頼関係を構築するためにも、早期に後継者候補や事業承継計画を周知しておくべきである。

また、取引先や金融機関に対して、事業承継の話題を持ち出すこと自体が信用問題にかかわると考え、避けてしまう経営者も存在すると言われている。取引先や金融機関にとって、経営者が高齢であるのに事業承継の計画が明示されないよりは、後継者候補の紹介を受け、事業承継に向けた計画を明示された方が、将来に亘って取引関係を継続していく上でも有益であることは明らかである。仮に事業承継にあたっての課題があるのであれば、金融機関が提供する事業承継サービスの利用を検討することも、有用な選択肢であると思われる。また、金融機関との関係性については事業承継時に先代経営者の個人保証の処理が問題となる場合もあるため、「経営者保証に関するガイドライン」を踏まえた対応を行うことも有益である。このため、自社の後継者候補や事業承継計画について取引先や金融機関からの理解・協力を得られるよう、早期に説明を行うべきである。

②財産承継上の税負担の問題

親族内承継においては、先代経営者から後継者に対し、株式や事業用資産を贈与・相続により移転する方法が一般に用いられている。この場合、贈与税・相続税の負担が発生するが、事業承継直後の後継者には資金力が不足していることが多く、場合によっては会社財産が後継者の納税資金に充てられることもある。この場合、事業承継直後の会社に多額の資金負担が生じることとなり、事業承継の大きな障害となっている。

③株式・事業用資産の分散防止

ア．生前贈与

株式・事業用資産の分散は、先代経営者の相続発生を見据えた対策がなされていなかったことに起因して発生することが多い。したがって、分散を防止する最もシンプルな対策は、相続発生前に、先代経営者から後継者へ株式・事業用資産の生前贈与を行うことである。事業承継の円滑化のために、早期・計画的に事業承継に向けた準備を行うことが重要であるが、生前贈与は先代経営者の意思に基づき、確実に事業承継を進めることができる手法であるため、円滑な事業承継実現の観点からは極めて有用である。

一方、一定額以上の株式・事業用資産を贈与する場合、当然贈与税が課税されることとなるため、暦年課税制度、相続時精算課税制度、事業承継税制を活用することにより、贈与税の軽減策を検討することが不可欠である。

イ．安定株主の導入（役員・従業員持株会、金融機関、取引先等）

株式の分散は、後継者が株式を承継しようとする際に、その納税負担等に耐えられず、他の相続人等に承継させることなどによって発生する。このような株式分散を防止する手法として、経営者以外の安定株主を導入する方法が用いられている。ここでいう安定株主とは、基本的には現経営者の経営方針に賛同し、長期間に亘って継続保有してくれる株主をいう。安定株主が一定割合の株式を保有する場合、経営者はその安定株主の保有株式と合計して安定多数の議決権割合を確保すればよいため、承継すべき株式の数は相対的に低下する。また、総株式数から安定株主の保有株式を控除した部分が承継の対象となるため、相続が発生した場合の相続財産の総額が減少する。

ウ．遺言の活用

先代経営者が、遺言においてどの財産を誰に承継するかを明確にすることによって、相続争いを回避し、後継者に株式や事業用資産を集中させることができる。仮に遺言がない場合、後継者による財産の承継に支障の生じることがある。たとえば、遺産の分割方法は遺産分割協議を経て決定することとなり、結果として自社株式や事業用資産が分散したり、協議がまとまらずに相続紛争に発展してしまう事例も見られる。

なお、遺言が民法上定められた形式を満たさない場合や、遺言作成に足りる判断能力がない状態で作成された場合などに、無効とされてしまう可能性もあるため注意が必要である。

エ．遺留分に関する民法特例

民法上、遺族の生活の安定や最低限度の相続人間の平等を確保するために、相続人（兄弟姉妹およびその子を除く）に最低限の相続の権利を保障しており、これを遺留分という。推定相続人が複数いる場合、後継者に自社株式を集中して承継させようとしても、遺留分を侵害された相続人から遺留分に相当する金銭の支払いを求められた結果、後継者が遺留分相当の金銭等を準備できないような場合には、自社株式を手放さざるを得なくなるなど、後継者による安定的な事業の継続に支障が生ずるおそれがある。

そこで、将来の紛争防止のため経営承継円滑化法に基づく遺留分に関する民法の特例を活用すると、後継者を含めた先代経営者の推定相続人全員の合意の上で、先代経営者から後継者に贈与等された非上場株式や事業用資産について、①その価額を遺留分を算定するための財産の価額から除外する旨の合意（除外合意）、または、②遺留分を算定するための財産の価額に算入する価額を合意時の時価に固定する旨の合意（固定合意）をすることができる（ただし、②は会社の経営の承継の場合のみ利用可能（個人事業の経営の承継における事業用資産は対象外））。

なお、これらの合意に加えて、後継者が株式等や事業用資産を処分した場合等に非後継者がとることができる措置に関する定めをする必要がある。また、これらの合意（基本合意）に付随して、後継者が取得した株式等・事業用資産以外の財産に関する遺留分の算定に係る合意等（付随合意）を任意で行うこともできる。

本制度については、事業承継時点における関係者の合意に法的な効力を付与することが可能であり、将来に亘り株式に関する紛争の危険性を低下させることが期待できることから、積極的に活用を検討していくべきである。

④遺留分の侵害と対策

オーナーの相続人が複数いる場合に、遺産分割により、後継者以外の相続人に株式や事業用資産が相続されてしまう可能性があることへの対策としては、生前贈与や遺言などによって、後継者に株式等を集約することが考えられる。ただし、この生前贈与や遺言に基づく財産の分配が、他の相続人に保障されている最低限もらえる財産（これを遺留分という）を侵害するものであると、他の相続人は遺留分侵害額請求をすることによって、後継者に対して遺留分相当の金銭を請求してくる場合がある。この際、後継者が遺留分権利者に支払う金銭を準備できないと、結果的に自社株式等を手放さざるを得ない場合も考えられる。自社株式の放出（分散）により後継者が一定の議決権を確保できないと、重要な決議を行うことができない場合や、他の株主から株式の買取りを請求され、会社資金の流出が生じる場合があるなど、事業の円滑な承継が阻害される可能性がある。

このような、遺留分侵害額請求による株式の分散を防ぐためには、オーナーの生前に、後継者に株式を集約することについて、他の相続人の同意を得ておくことや、後継者以外の相続人に対して遺留分を侵害しない程度の財産を渡せるようにしておくなど、事前の対応が必要となる。

また、遺留分に関する民法の特例を活用し、推定相続人全員の合意のもと、オーナーから後継者に贈与された株式を遺留分の算定基礎財産から除外する除外合意や、遺留分の算定基礎財産に算入する株式の価額を合意時の時価に固定する固定合意などを活用して、株式の分散を防止することも有用である。

さらに、2019年7月に遺留分に関する民法を改正する法律が施行されたことで、自社株式の計画的な贈与による株式分散防止対策の有用性が増した。これまでは、相続人に対してなされた贈与については、贈与を受けた時期にかかわらず、その全てが、遺留分を算定するための財産に含まれることになっていたが、改正法の施行により、遺留分の算定に含める贈与財産は、相続開始前の10年間の贈与に限ることとされ、それ以前の贈与は遺留分の算定に含めないことになった。すなわち、10年より前に後継者に対して自社株式等を贈与しておけば、その自社株式等は後継者固有の財産とすることができると考えられる（遺留分権利者に損害を与えることを知って行った贈与である場合は、10

年より前の贈与であっても遺留分の算定に含められる点に留意は必要)。

2. 親族内承継のメリット・デメリット

(1) 親族内承継のメリット・デメリット

親族内承継のメリット・デメリットを、他の承継方法と比較したものが、図表2-1である。

(2) 関係者の理解および後継者の教育

親族内承継は、オーナーの親族に事業を承継させる手法であるため、一般的に他の方法と比較して、従業員や取引先、金融機関などの会社関係者から心情的に受け入れられやすいと考えられる。

また、親族内承継では、後継者を早期に決定することにより、承継のための準備期間を確保することが可能となる。例えば、社内において各部門をローテーションさせ、必要な知識や経験を習得させることができる。責任のある地位に就けて権限を委譲し、重要な意思決定を行う機会を与えることで、経営に対する自覚も生まれてくる。オーナーの経営ノウハウや経営理念を承継させるため、オーナーによる直接指導を行うことも有用であろう。

図表2-1　親族内承継のメリット・デメリット

メリット	①オーナーに身近な親族に事業を承継することができる。 ②従業員や取引先に受け入れられやすい。 ③早いうちから事業承継の準備をすることができる。 ④贈与や相続により株式を承継することができる。 ⑤資本と経営を一致させやすい。 ⑥事業承継税制などの特例の適用を受けやすい。
デメリット	①親族内に、後継者候補がいるとは限らない。 ②株式の移動に多額の税金が生じる可能性がある。 ③相続人間で不公平が生じる可能性がある。 ④株式の承継に対して他の相続人の遺留分による制限がある。

（3）株式の承継

後継者に事業を承継する場合には、後継者が安定して事業活動を行うことができるよう、経営権である株式を後継者に集約することが重要である。可能であれば、株主総会で重要事項を決議するために必要な3分の2以上の株式を、後継者に集約することが望ましいと考えられる。

親族内承継の場合には、贈与や相続等により株式を後継者に移動することができるため、他の承継手法と比較して、所有と経営の一体的な承継を行うことが可能である。ただし、株価が高い場合には、後継者に多額の贈与税や相続税などの負担が生じることになるため、暦年贈与による移動のほか、贈与時に20％の納税で済ますことのできる相続時精算課税制度の適用や、贈与税が猶予される事業承継税制の活用、場合によっては、会社の資金を活用して株式を承継するプラン等を検討するなど、早いうちから専門家と相談して対策を行うことが重要である。

とりわけ、2018年度税制改正により株式承継の手段として適用しやすくなった「事業承継税制の特例」は、株式を贈与した場合に後継者に生じる贈与税の全額を猶予する制度であり、事業を次世代に継続する等の要件を満たす場合には、贈与税が免除されるため、その活用を積極的に検討する必要がある。ただし、この制度を適用するためには、2024年3月31日までに特例承継計画を提出し、2027年12月31日までに株式を贈与する必要があるため、時期を逃さないよう留意が必要である。

3．親族内承継の類型

（1）相続による承継

①遺言がない場合

親族内承継の中でも、相続による承継の場合、現経営者の死亡により、後継者へ自社株が承継されることになるが、いつ相続が発生するかわからないというところが最大のリスクである。相続人が複数いる場合には、遺言などで後継者に対して自社株や事業用資産を相続させる旨を定めるなどを決めておかない限り、相続人間において遺産分割協議が必要となり、後継者以外の相続人にもそれらの資産を取得する権利が生じる。

遺産分割が未分割の場合は、自社株は「準共有（民法264条）」の状態となり、この場合、議決権の行使については、株式の共有持分の過半数をもって、相続人の中から権利を行使する代表者を定めて会社に通知しなければならず、相続人間の意見が対立する場合は、議決権行使が困難になる可能性がある。

②遺言がある場合

一方、議決権が分散しないよう、遺言で自社株の取得先を後継者に指定することによって、後継者に自社株や事業用資産を承継させることが可能となる。併せて、前述した未分割や準共有の問題を回避することも可能となるため、相続による承継の場合、後継者に対して自社株や事業用資産を集中させる遺言を作成しておくことが望ましいといえる。注意点としては、後継者以外の相続人の遺留分の問題である。後継者以外の相続人に対しては、事業用以外の不動産や金融資産を分配するなど、遺留分を考慮して遺言を作成する必要がある。ただし、遺留分の計算は、相続発生時の時価で計算されるため、遺言作成時と相続発生時とでは、自社株の価額が異なる可能性がある。

③課税関係

相続による承継の場合、自社株に対して相続税が課税される。現経営者の自社株以外の資産を含めた遺産総額が相続税の基礎控除額以下であれば、税負担なく自社株を取得することができるが、業績の良い会社や自己資本の厚い会社は、通常、自社株の評価額が高く計算されるため、基礎控除額以下となることは少ないであろう。相続税の基礎控除額を超える場合、相続税の税率は、10%～55%の超過累進税率になっているため、現経営者の相続税率をきちんと認識した上で、生前贈与、売買、または相続（遺言がある場合を含む）のいずれの方法が、課税関係上、有利になるのか把握しておく必要がある。一定の要件のもと、相続税の納税が猶予・免除される事業承継制度が活用できることも認識しておきたい。

また、相続等により取得した自社株を、相続税を支払う後継者等が、相続税の申告期限の翌日から3年以内に発行会社に売却（金庫株）する場合は、みなし配当課税とはせず、譲渡益課税とする「みなし配当課税の特例」を適用することが可能である。併せて、自社株に対して課税された相続税は取得費に加算

（取得費加算の特例）することができる。これは、相続税の納税資金対策や後継者以外の相続人への分配資金の原資として活用することが可能となる。

（2）売買による承継

現経営者から後継者への承継には、売買による承継も考えられる。

売買による承継においては、後継者による資金調達が必要となり、また、自社株の対価として株式売却代金が現経営者の相続財産となることから、承継にあたってはあらかじめ株価の引下げ対策を実行することが望ましい。

売買による承継には、一般的に、①現経営者から後継者への個人間売買のケース、②後継者が出資により設立した会社（いわゆる持株会社）による買取りのケースがある。なお、例外的に、③自社株式の発行法人が自己株式として買取り（いわゆる金庫株）を行うケースがある。

売買による承継は、遺留分対策として用いる場合が多い。売買による承継の場合は、適正価額で取引している限り、自社株式は遺留分対象から外れるため、将来の相続時に遺留分をめぐるトラブルを回避できる。また、売買により、現経営者の相続財産の内容が自社株式から現金に変わることで、将来の相続税の納税資金に充てることが可能となる。

第2節　自社株承継の法務と税務

1．自社株承継の法務

（1）株式売買契約

①売買契約

株式を売買する場合には、売買の事実を明確にするために、第三者との取引に限らず、親族内の売買であっても株式譲渡契約書を締結することが一般的である。株式の売買契約を結ぶにあたり、次の点に留意が必要である。

ア．譲渡制限株式であるか

譲渡制限株式とは、株式会社がその発行する全部または一部の株式の譲渡について、当該株式会社の承認を要する旨の定めを設けている株式をいう（会社法2条17号）。株式の譲渡承認のくわしい説明については、後述する。

イ．株式の発行会社が株券発行会社であるか

株券発行会社とは、その株式に係る株券を発行する旨の定款の定めがある株式会社をいう（会社法117条7項）。株券発行会社の株式の譲渡は、株券を交付しなければ、その効力が生じないこととなっているため（会社法128条1項）、株券発行会社の株式を譲渡する際には、当事者間の意思表示と株券の交付が必要となるが、株券発行会社であっても、株券を発行していないケースもある。

譲渡制限会社（すべての株式に譲渡制限に関する規定がある会社）では、株主からの請求があるまで株券を発行する必要がなく（会社法215条4項）、また、株券発行会社の株主も、その株券発行会社に対し、株券の所持を希望しない旨を申し出ることができることとなっている（株券不所持の申出：会社法217条）。そのため、同族関係者や社内の関係者のみが株主となっているような会社では、実際に株券を発行していないケースも見受けられる。

このように株券を発行していない場合であっても、株券発行会社の株式を譲渡しようとする株主は、会社に対して株券の発行を請求して、株券の交付を受けた上で、株券の交付をしなければ譲渡の効力は生じないことに留意が必要である。一方で、株券不発行会社の株式譲渡は、当事者間の合意により譲渡が成立するため、譲渡人と譲受人間で株式譲渡契約を締結することで、有効に株式譲渡を行うことが可能である。

（2）株式譲渡スケジュール

譲渡承認請求は、譲渡人または譲受人が、譲渡しようとする株式数、譲受人の氏名等を記載して行う。会社は譲渡承認の決定後、2週間以内に譲渡承認請求者に対し通知を行う必要がある（会社法139条2項）。なお、譲渡承認請求の日から2週間以内（定款で短縮した期間を定めることができる）に通知をしなかったときは、会社は譲渡の承認の決定をしたものとみなされる（会社法145条1号）。会社は、譲渡を承認しないこともできるが、その場合、会社自身が買い取るか、もしくは別の買取人を指定する必要がある（会社法140条）。

（3）株式贈与契約

①贈与契約

贈与契約は、当事者の一方が自己の財産を無償で相手方に与える意思を表示し、相手方が受諾をすることによって、その効力が生ずる（民法549条）。つまり、贈与者の贈与したいという意思表示と、受贈者の贈与を承諾するという意思表示のみでその効力が生じ、書面によらず口約束でも有効に贈与契約が成立することになるが、書面によらない贈与は、各当事者が撤回することができる。ただし、履行が終わった部分については、この限りでない（民法550条）。

②株式贈与スケジュール

一般的な中小企業においては、自社の株主として不適切な者が株主になることを防止するために「当会社の株式を譲渡により取得するには当会社の承認を要する」旨の定款の定めを置き、譲渡制限株式を設定している。

そのため、勝手に株式を贈与することはできない。株式を贈与しようとする者は、会社に対して承認してもらうよう請求する必要がある（会社法136条）。

株式の贈与承認請求は、贈与者、受贈者いずれからも行うことができ、贈与しようとする株式数、受贈者氏名等を記載して行う。

会社は贈与承認の決定後、2週間以内に贈与承認請求者に対して通知を行う必要がある（会社法139条2項）。会社は贈与を承認しないこともでき、その場合、会社自身が買い取る、もしくは別の買取人を指定することができる（会社法140条）。

（4）株式譲渡承認

株式会社は、定款に規定することによって、会社の株式を譲渡するには、会社の承認を要する旨を定めることができる（会社法107条）。このような譲渡にあたって会社の承認を要する株式を譲渡制限株式という（会社法2条17号）。

①会社による譲渡承認

株主が譲渡制限株式を譲渡する場合には、株主またはその譲受人が会社に対し、譲渡の承認をするか否かの決定につき請求をすることが必要となる（会社法136条、137条）。請求にあたっては、譲渡する株式数および株式を譲り受ける者の氏名または名称を明らかにしなければならない（会社法138条）。

会社は、譲渡につき承認するか否かについて、株主総会の決議により決定する（会社法139条1項）。なお、取締役会設置会社においては取締役会の決議により決定し、定款において別段の定めを置いている場合には、他の機関で決定することとなる。会社により譲渡についての承認が決定されれば、株主から譲受人への株式の譲渡が可能となる。

②会社または指定買取人による買取り

会社から譲渡を承認しない旨の通知を期限内に受けた株主または譲受人は、会社に対し、会社または会社の指定する買取人が株式を買い取ることを請求することができる（会社法138条）。この請求があった場合、会社は買取り株式数および会社で買い取るかまたは指定買取人により買い取るかを株主総会（指定買取人の指定について取締役会設置会社においては取締役会）により決議しなければならない（会社法140条）。そして、買取り請求から40日以内（指定買取人による買取りの場合は10日以内）に買い取る旨と、買取り株式数を請求人へ通知しなければならならず、期限内に通知をしなかった場合、会社は譲渡を承認したものとみなされる（会社法145条）。

③売買価格の決定について（会社法144条）

買取りにあたっては売買価格をいくらとするのかが問題となるが、買取通知があった日から20日以内に、請求人と会社または指定買取人との間での協議により決定することとなる。

協議により売買価格の折り合いがつかない場合には、買取通知があった日から20日以内に、請求人もしくは会社または指定買取人は、裁判所に売買価格の決定の申立てをすることができる。

売買価格の決定の申立てがあった場合、裁判所は、会社の資産の状態その他一切の事情を考慮し価格を決定し、その価格が売買価格となる。

（5）議決権割合と株主権

①議決権割合

ア．株主総会における決議要件

会社の支配権とは、通常株主総会において決議を掌握できる状態を指す。通常は、定款変更や組織再編などの重要事項については、株主総会の特別決議が要求される。この特別決議は、原則として議決権の過半数を有する株主が出席し、その出席株主の議決権の3分の2以上の賛成が必要である。したがって、通常は、発行済株式総数の3分の2以上を保有することが、その会社の支配権を有することになる。

イ．種類株式で支配権の確保

事業承継においては、現経営者の自社株を後継者に集中させることが会社の支配権の確保につながる。ただし、諸般の事情により、後継者に現経営者の自社株のすべてを移転することが困難な場合も考えられる。このような場合においては、種類株式や属人的株式を活用することで解決を図ることができる。

ウ．無議決権株式の活用

例えば、株主が社長A1人のみの会社を想定し、Aの法定相続人は長男Bと次男Cの2人で、長男Bに会社を継がせたい場合を考えてみる。Aは遺言を作成する以前に、その自社株を無議決権株式と普通株式に変更しておき、遺言で「Bは普通株式を、Cは無議決権株式を相続する」と指定することで、Aが死亡した時には、Bは普通株式を相続して会社の支配権を確保することができ、Cは会社の経営には口を出すことはできないが自社株という財産を相続することができる。

ただ、中小企業の無議決権株式は、譲渡制限規定により売却して換金することが困難な上に、経営に口を出すこともできない死に株である。このような場合において、Cを満足させてお互いが好都合な関係を築くためには、無議決権株式に配当優先株式や取得請求権付株式を組み合わせることが考えられる。まず、Cに相続させる株式を、無議決権かつ「配当優先」の株式とすることで、Cはインカムゲインを得ることができる。

また、Cに相続させる株式を、無議決権かつ「取得請求権付」の株式とすることも考えられる。取得の対価を現金とすることで、Cは実質的には上場会社の株式と同じようにキャピタルゲインを得ることができる。また、取得の対価を社債にすることで、利息というインカムゲインと元金の保証がなされることになる。

②株主権

経営者サイド以外が株式を保有する場合、留意すべき事項として株主権がある。株主権とは、株主に認められた権利であり、1株でも株式を保有していれば認められる権利を単独株主権、一定の議決権割合を保有する株主に認められる権利を少数株主権という。

敵対的株主が議決権割合の多くを持っていなかったとしても、様々な株主権を行使して、経営の邪魔をしてくる可能性も考えられる。また、株式買取請求をされたり、敵対的株主排除のために多額の株式買取資金が必要となる場合も考えられる。

2. 自社株承継の税務

（1）非上場株式の評価方法

①同族株主の判定

非上場株式の評価方法は、①株式の取得者が、同族株主等（支配株主）であるか、同族株主等以外の株主（少数株主）であるかという株主の属性と、②株式の発行会社が、大会社、中会社、小会社のいずれであるかという会社の規模により異なる。すなわち、取得者が同族株主等と判定されれば、原則的評価方式が適用され、同族株主等以外の株主と判定されれば、特例的評価方式である配当還元方式により評価することができる。

図表 2-2　同族株主のいる会社の評価方式の判定

<table>
<tr><th colspan="4">株主の態様</th><th>評価方式</th></tr>
<tr><td rowspan="5">同族株主</td><td colspan="3">取得後の議決権割合が5%以上の株主</td><td rowspan="4">原則的評価方式</td></tr>
<tr><td rowspan="4">取得後の議決権割合が5%未満の株主</td><td colspan="2">中心的な同族株主がいない場合</td></tr>
<tr><td rowspan="3">中心的な同族株主がいる場合</td><td>中心的な同族株主</td></tr>
<tr><td>役員である株主又は役員となる株主</td></tr>
<tr><td>その他株主</td><td rowspan="2">配当還元方式</td></tr>
<tr><td colspan="4">同族株主以外の株主</td></tr>
</table>

図表 2-3　同族株主のいない会社の評価方式の判定

<table>
<tr><th colspan="4">株主の態様</th><th>評価方式</th></tr>
<tr><td rowspan="4">議決権割合の合計が15%以上の株主グループに属する株主</td><td colspan="3">取得後の議決権割合が5%以上の株主</td><td rowspan="3">原則的評価方式</td></tr>
<tr><td rowspan="3">取得後の議決権割合が5%未満の株主</td><td colspan="2">中心的な株主がいない場合</td></tr>
<tr><td rowspan="2">中心的な株主がいる場合</td><td>役員である株主又は役員となる株主</td></tr>
<tr><td>その他株主</td><td rowspan="2">配当還元方式</td></tr>
<tr><td colspan="4">議決権割合の合計が15%未満の株主グループに属する株主</td></tr>
</table>

②原則的評価方式による評価

ア．会社規模の判定

原則的評価額は、会社の規模に応じ、ア、類似業種比準価額、イ、純資産価額、ウ、類似業種比準価額と純資産価額との併用価額のいずれかとなる。

会社の規模の判定は、まず「従業員数」により判定を行い、「従業員数」が70人以上の会社は無条件に大会社とされる。「従業員数」が70人未満の会社は、①「総資産価額および従業員数（いずれか小さい区分）」と②「取引金額」のいずれか大きい区分の会社規模により判定される。

なお、比準要素が0の会社や、総資産に占める土地等または株式等の割合が一定以上の会社等は、純資産価額や特定の評価方式により評価される。

イ．特定会社の判定

特定会社は会社の規模に関係なく、該当した場合には、原則として純資産価額方式で評価する。

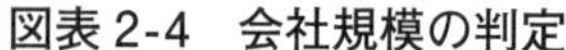

図表2-4　会社規模の判定

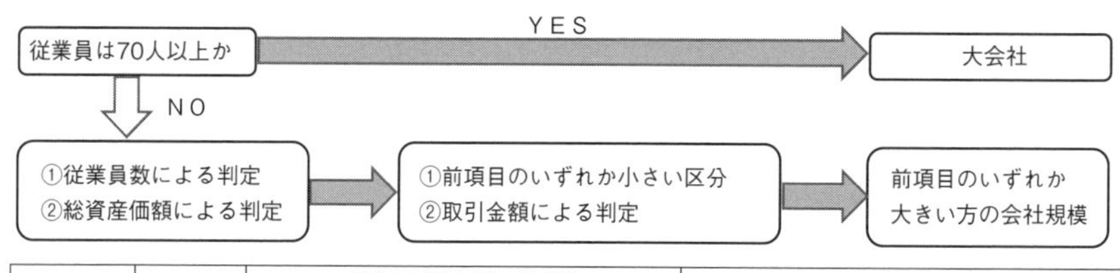

会社の規模		従業員数	総資産価額（帳簿価額）			取引金額（売上高）		
			卸売業	小売業・サービス業	左記以外	卸売業	小売業・サービス業	左記以外
大会社		70人以上						
大会社		70人未満～35人超	20億円以上	15億円以上		30億円以上	20億円以上	15億円以上
中会社	大	70人未満～35人超	4億円以上	5億円以上		7億円以上	5億円以上	4億円以上
中会社	中	35人以下～20人超	2億円以上	2.5億円以上		3.5億円以上	2.5億円以上	2億円以上
中会社	小	20人以下～5人超	7千万円以上	4千万円以上	5千万円以上	2億円以上	6千万円以上	8千万円以上
小会社		5人以下	7千万円未満	4千万円未満	5千万円未満	2億円未満	6千万円未満	8千万円未満

③純資産価額方式

純資産価額方式とは、会社の資産の額から負債の額を控除した純資産価額を自社株の価値とする方法である。つまり、会社の清算価値に着目した評価方法といえる。

純資産価額方式は、会社の資産および負債を相続税評価額に評価替えして株価を計算する方法であり、具体的には以下のように計算をする。

$$\frac{\text{純資産（帳簿価額）} + \{\text{含み益}^{※1} \times (1 - 37\%^{※2})\}}{\text{発行済株式総数}}$$

※1「含み益」は、相続税評価額による純資産価額から帳簿価額による純資産価額をマイナスすることにより計算し、含み損となる場合には、帳簿価額による純資産価額からその含み損となる金額を減額する。

※2「37%」は、会社が清算したものと仮定した場合の法人税等の税率である。

図表 2-5　特定の会社の評価方式

<table>
<tr><th>会社の区分</th><th>原則的評価方式</th><th>特例的評価方式</th></tr>
<tr><td>比準要素数１の会社</td><td>次のいずれか低い金額
①　1株あたりの純資産価額※3
②　類似業種比準価額×0.25＋純資産価額※3 ×0.75</td><td rowspan="5">次のいずれか低い金額
①　配当還元価額
②　原則的評価方式により評価した金額</td></tr>
<tr><td>株式保有特定会社</td><td>次のいずれか低い金額
①　1株あたりの純資産価額※3
②　S1の金額＋S2の金額※4</td></tr>
<tr><td>土地保有特定会社</td><td rowspan="3">１株あたりの純資産価額※3</td></tr>
<tr><td>比準要素数０の会社</td></tr>
<tr><td>開業後３年未満の会社</td></tr>
<tr><td>開業前又は休業中の会社</td><td colspan="2">１株あたりの純資産価額（100分の80の特例なし）</td></tr>
<tr><td>清算中の会社</td><td colspan="2">清算の結果分配を受ける見込みの金額 × 課税時期から分配を受けると見込まれる日までの期間（1年未満切上）に応ずる基準年利率による複利年金原価率</td></tr>
</table>

※３　その株式の取得者とその同族関係者の議決権割合の合計が50％以下である場合には、１株あたりの純資産価額に100分の80を乗じて計算した金額とされる。

※４　S1の金額…会社の規模に応じ、一定の修正をした類似業種比準価額と一定の修正をした１株あたりの純資産価額を折衷した金額

S2の金額…株式等のみを用いて計算した１株あたりの純資産価額

④類似業種比準方式

類似業種比準価額方式では、評価会社のａ「配当」、ｂ「利益」、ｃ「純資産」の３要素を基準に類似する業種の上場会社の株価に比準して、株価を計算する。

ア．計算方法

類似業種比準価額方式では、評価会社のａ「配当」、ｂ「利益」、ｃ「純資産」の３要素を基準に、類似する業種の複数の上場会社の株価の平均値を、それぞれ比準割合を乗じて株価を計算する。株価の価格形成要素としては、配当や利益、純資産価額以外にも、事業内容や将来性、経営者の手腕などがあるが、数値化することが困難なため、最も基本的な要素である評価会社の配当・利益・純資産をもとに計算をする。

$$\text{類似業種の株価} \times \frac{\dfrac{\text{評価会社の1株あたり年配当金額（注1）}}{\text{類似業種の1株あたり年配当金額}} + \dfrac{\text{評価会社の1株あたり利益金額（注1）}}{\text{類似業種の1株あたり利益金額}} + \dfrac{\text{評価会社の1株あたり簿価純資産額（注1）}}{\text{類似業種の1株あたり簿価純資産額}}}{3} \times \text{斟酌率（注2）} \times \frac{\text{1株あたりの資本金等の額}}{\text{50円}}$$

（注1）１株あたりの資本金等の額を50円とした場合の金額。
（注2）斟酌率は、大会社0.7、中会社0.6、小会社0.5となる。

※　類似業種については、国税庁が公表している『令和○○年分の類似業種比準価額計算上の業種目および業種別株価等について』から評価会社に類似する業種目を選定する。

イ．類似業種比準方式のポイント

a. 評価会社の業種目の選定は、直前期末における１年間の取引金額により判定をして業種目を決定する。業種目の区分は、原則『日本標準産業分類』に基づいて判定される。

　また、複数の業種目を兼業している場合は、いずれかの業種目の取引金額が50%を超える業種目により判定される。

b. 類似業種の株価は、a.課税時期の属する月の類似業種株価、b.その前月の株価、c.その前々月の株価、d.前年平均の株価、e.課税時期の属する月以前の２年間の平均株価のいずれか低い金額を採用する。類似業種の株価は、市場の動向により毎月変動することで株価に影響を与えることとなる。

c. 評価会社の３要素については、原則として直前期・直前々期の決算データを使用し、決算期が変わると比準要素が変わり株価も変動する。また、類似業種の３要素については、暦年ごとに金額が固定されることとなる。

⑤配当還元方式

配当還元方式とは、同族株主以外の株主や少数株主が取得した株式の評価につき適用する評価方式で、会社の規模や業績、資産内容等は考慮せず、会社から支払われる配当金額をもとに計算を行う評価方式のことをいう。

ア．計算方法

配当還元方式については、次の算式によって計算される。

$$1株あたりの配当還元価額 = \frac{その株式にかかる1株あたりの年平均配当金額（a）}{10\%} \times \frac{その株式の1株あたりの資本金等の額}{50円}$$

$$（a） = \frac{（直前期の配当金額＋直前々期の配当金額）\div 2}{直前期末の資本金等の額 \div 50円}$$

※　年平均配当金額が2円50銭未満（無配を含む）の場合は、2円50銭とする。

イ．配当還元方式のポイント

a. 特別配当や記念配当など毎期継続することが予想できない配当については除かれる。

b. 原則的評価方式による評価額（類似業種比準価額、純資産価額もしくは両者の併用方式による価額）が、配当還元価額よりも低いときは、原則的評価方式によることができる。

c. 課税時期後に配当金交付の効力が発生した場合や、新株式発行の効力が発生した場合でも配当還元価額の修正は必要ない。ただし、配当期待権、新株引受権等が、別途財産として評価される。

（2）非上場株式の評価額（適正時価）

原則として、譲渡形態によって図表2-6の方法により計算した価額をもって評価される。

図表2-6　譲渡形態による非上場株式の適正時価

譲渡形態	売主側の適正時価	買主側の適正時価
個人→個人	①相続税評価額	①相続税評価額
個人→法人	②所得税評価額	③法人税評価額
法人→個人	③法人税評価額	②所得税評価額
法人→法人	③法人税評価額	③法人税評価額

ア．相続税評価額

財産評価基本通達をベースに株価を算定する。

同族株主については原則的評価方式（会社規模に応じ、類似業種比準価額方式・純資産価額方式により算定もしくは両者の併用方式をベースに計算）により評価される。

同族株主以外の株主や少数株主については特例的評価方式である配当還元方式により計算を行い評価される。

イ．所得税評価額

財産評価基本通達をベースに下記の条件（所基通59-6）を加えて株価が算定される。

a. 同族株主の判定は、当該譲渡または贈与直前の議決権数によって判定する。

b. 中心的な同族株主に該当する場合には、「小会社」によって評価する。

c. 純資産価額方式の計算上、土地や上場有価証券は課税時期の時価で評価する。

d. 純資産価額方式の計算上、法人税額等相当額の37%控除はしない。

ウ．法人税評価額

課税上弊害がない限り、財産評価基本通達をベースに下記の条件を加えて株価が算定される。

a. 中心的な同族株主に該当する場合には、「小会社」によって評価する。

b. 純資産価額方式の計算上、土地や上場有価証券は課税時期の時価で評価する。

c. 純資産価額方式の計算上、法人税額等相当額の37%控除はしない。

(3) 自社株式にかかる相続税の計算方法

相続税の算出方法は、各人が相続などで実際に取得した財産に直接税率を乗じるというものではない。

正味の遺産額から基礎控除額を差し引いた残りの額を、民法に定める相続分により按分した額に税率を乗じる。この場合、民法に定める相続分は基礎控除額を計算する時に用いる法定相続人の数に応じた相続分（法定相続分）により計算される。

①相続財産の合計額の計算

相続財産の合計額は、被相続人の本来の相続財産に、a.みなし相続財産[※1]を加算し、b.非課税財産[※2]を控除し、c.相続時精算課税制度を選択した贈与財産を加算、d.債務・葬式費用を控除し、e.相続開始前3年[※3]以内の贈与財産を加算して計算される。

※1　みなし相続財産とは、本来は相続財産ではないが、相続税の対象となる財産をいう。例えば、死亡退職金や生命保険契約の死亡保険金などがある。
※2　非課税財産として、相続財産のうち、相続税のかからない相続財産。例えば、墓地や墓石、相続等によって取得したとみなされる死亡退職金や死亡保険金のうち500万円に法定相続人の数を掛けた金額までの部分などがある。
※3　令和5年度税制改正により、7年に延長された。詳細は105頁の備考参照。

②相続税の総額の計算

課税価格の合計額から、基礎控除額を控除し、法定相続人が民法の規定による法定相続分に基づき相続したものと仮定して各人の税額計算を行い、それらを合計して相続税の総額を計算する。

図表 2-7　相続税の総額の計算

相続財産の合計額	−	基礎控除額 3,000万円＋600万円×法定相続人

【課税財産×各法定相続分】×税率−控除額＝相続税額
各法定相続分にかかる相続税額の合計が相続税の総額となる。

③納付税額の計算

上記で算定した相続税の総額を、各相続人が取得する相続財産に基づいて、各人ごとに按分して、各相続人の相続税額を計算する。算出された各相続人の相続税額に各人に応じた各種の税額の加減算を行い、各人の納付税額が算出される。

図表 2-8　相続税の速算表

法定相続分に応ずる取得金額	税率	控除額
1,000万円以下	10%	0円
3,000万円以下	15%	50万円
5,000万円以下	20%	200万円
1億円以下	30%	700万円
2億円以下	40%	1,700万円
3億円以下	45%	2,700万円
6億円以下	50%	4,200万円
6億円超	55%	7,200万円

（4）自社株式にかかる贈与税の計算（暦年贈与）

贈与税の計算方法には原則的な課税方式である「暦年課税」と「相続時精算課税」の2種類がある。

①暦年課税

その年の1月1日から12月31日までの1年間に贈与によりもらった財産の価額の合計額から基礎控除額110万円が差し引かれる。そして、その残りの金額に税率を乗じて税額を計算する。税率は1年間に受けた受贈財産の価額に応じて累進税率（10%～55%）が適用される。

②贈与税額の計算式

贈与財産－基礎控除額（110万円）＝課税価格 課税価格×税率－控除額＝贈与税額

暦年課税の場合、贈与者が亡くなった時の相続税の計算では、原則として、相続財産の価額に贈与財産の価額は加算されない。ただ、相続または遺贈により財産を取得した者が相続開始前3年（備考参照）以内の贈与を受けた財産の価額（贈与時の価額）は加算される。その際、既に支払った贈与税相当額は相続税額から控除される（控除しきれない贈与税相当額については還付されないので注意）。

（備考）　暦年課税における相続開始前贈与の加算期間等の見直し

令和5年度税制改正により、相続開始前に贈与があった場合の相続税の課税価格への加算期間が現行の3年から7年に延長された。今回の改正により延長された期間に受けた贈与については、財産の価額の合計額から総額100万円を控除した残額を相続税の課税価格に加算することとなる。

本改正は、2024年1月1日以後に贈与により取得する財産に係る相続税について適用される。相続前贈与の加算期間は、3年後の2027年1月1日から順次延長される。

（例）

① 2026年8月1日死亡の場合、死亡前3年以内の2023年8月1日からの3年間が加算期間となる。

② 2028年1月1日死亡の場合、経過措置期間として、死亡前3年以内の

2025年1月1日からの3年間と2024年1月1日からの1年が延長され、4年間が加算期間となる。

③ 2031年8月1日死亡の場合、完全移行となり、死亡前3年以内の2028年1月1日からの3年間と2024年8月1日からの4年が延長され、7年間が加算期間となる。

図表 2-9　一般贈与財産用贈与税の速算表（暦年課税）

基礎控除後の課税価格	税率	控除額
200万円以下	10%	0円
300万円以下	15%	10万円
400万円以下	20%	25万円
600万円以下	30%	65万円
1,000万円以下	40%	125万円
1,500万円以下	45%	175万円
3,000万円以下	50%	250万円
3,000万円超	55%	400万円

※　この速算表は、「特例贈与財産用」に該当しない場合の贈与税の計算に使用する。

図表 2-10　特例贈与財産用贈与税の速算表（暦年課税）

基礎控除後の課税価格	税率	控除額
200万円以下	10%	0円
400万円以下	15%	10万円
600万円以下	20%	30万円
1,000万円以下	30%	90万円
1,500万円以下	40%	190万円
3,000万円以下	45%	265万円
4,500万円以下	50%	415万円
4,500万円超	55%	640万円

※　この速算表は、直系尊属（祖父母や父母など）から、その年の1月1日において18歳（2022年3月31日以前の贈与の場合は20歳）以上の者（子・孫など）への贈与税の計算に使用する。

（5）自社株式にかかる贈与税の計算（相続時精算課税贈与：108頁の備考参照）

①相続時精算課税制度の概要

相続時精算課税制度は、直系尊属（祖父母や父母など）から、その年の1月1日において18歳（2022年3月31日以前の贈与の場合は20歳）以上の者（子・孫など）へ財産を早期に移転することにより、経済活動の活性化を目的として創設された。

②適用対象者

本制度の適用対象者は以下のとおり。

贈与者	60歳以上の父母または祖父母
受贈者	贈与者の直系卑属（子や孫）である18歳以上（2022年3月31日以前の贈与は20歳以上）の推定相続人または孫

※1　年齢要件は、贈与年の1月1日時点で判定する。

※2　平成30年度税制改正による事業承継税制の特例制度の適用を受ける場合、受贈者（後継者）は贈与者の推定相続人以外のものでも適用の対象となる。

③適用手続

相続時精算課税制度を選択しようとする受贈者は、その選択に係る最初の贈与を受けた年の翌年2月1日から3月15日までの間に、納税地の所轄税務署長に対して「相続時精算課税選択届出書」の届出書を受贈者の戸籍の謄本などの一定の書類とともに、贈与税の申告書に添付して提出することとされる。

相続時精算課税制度の適用は、受贈者（子または孫）が贈与者（父母または祖父母）ごとに選択できるが、いったん選択すると、選択した年以後、贈与者の死亡時まで継続して適用されることになり、暦年課税に変更することはできない。

④税額の計算

ア．贈与税額

受贈額から非課税枠2,500万円を控除した後、一律20％の税率で課税される。

贈与財産－基礎控除、年110万円－特別控除額（2,500万円※）＝課税価格 課税価格×税率（20％）＝贈与税額

※　前年までに特別控除額を使用した場合には、2,500万円から既に使用した金額を控除した残額となる。

イ．相続時精算課税制度における相続税額

相続時精算課税制度を選択した場合、相続時には、本制度に係る贈与財産の累計額と相続財産の額とを合算して計算した相続税額から、既に支払ったア.の贈与税額を控除した額が、納付すべき相続税額となる。

⑤相続時精算課税制度のポイント

将来、価額の上昇が予想される財産については、相続時精算課税制度を選択することにより、贈与時の価額で課税価格を固定することができる。しかし、価額が贈与時よりも下落したときは、贈与時の価額で相続財産に合算されるため不利になる場合があり、十分に検討した上で選択する必要がある。

（備考）　令和５年度税制改正による相続時精算課税制度の見直し

令和５年度税制改正により、相続時精算課税制度が下記のとおり見直された。

①相続時精算課税制度の基礎控除

相続時精算課税で受けた適用者が特定贈与者から贈与により取得した財産に係るその年分の贈与税については、暦年課税の基礎控除とは別途、毎年、課税価格から基礎控除110万円を控除できることとなる。なお、複数の特定贈与者から贈与を受けた場合は、それぞれの贈与額で按分となる。

②相続税の課税価格に加算する財産の価額

相続税の課税価格に加算する財産の価額は、現行は贈与額であるが、改正後は贈与額から①の基礎控除を控除した残額となる。

(注)①②の改正は、2024年1月1日以後に贈与により取得する財産に係る相続税または贈与税について適用される。

③相続時の財産の評価

相続時精算課税適用者が特定贈与者から贈与により取得した一定の土地または建物が、当該贈与の日から当該特定贈与者の死亡に係る相続税の申告書の提出期限までの間に、災害によって一定の被害を受けた場合は当該相続税の課税価格への加算等の基礎となる当該土地または建物の価額は、当該贈与時の時価から当該災害によって被害を受けた部分に相当する額を控除した残額となる。

(注)③の改正は、2024年1月1日以後に生ずる災害により被害を受ける場合について適用される。

3．経営承継円滑化法の活用

経営承継円滑化法（中小企業における経営の承継の円滑化に関する法律）は、事業承継に伴う税負担の軽減や民法上の遺留分への対応をはじめとする事業承継円滑化のための総合的支援策を講じることを目的としており、下記の4つがその柱となっている。

①事業承継税制による納税猶予

②遺留分に関する民法の特例

③所在不明株主に関する会社法の特例

④金融支援の提供

①特例措置の全体像と一般措置との相違点

2008年に創設された特例措置は、2024年3月まで※に特例承継計画を都道府県に提出し、10年以内（2027年12月31日まで）に実際に承継を行う者を対象として、ア．対象株式数･猶予割合の拡大、イ．対象者の範囲の拡大、ウ．雇用要件の弾力化、エ．減免制度の拡充など、従来の制度と比べ全体として抜本的に拡充した内容となっている。

※令和6年度税制改正で、提出期限が2年延長され、2026年3年31日までとなる予定。

ア．特例措置の全体像

a. 対象株式数上限等の撤廃

一般措置では、先代経営者から贈与・相続により取得した株式等のうち、議決権株式総数の3分の2に達する部分までの株式等が対象となる（贈与・相続前から後継者が既に保有していた部分は対象外）。また、相続税の納税猶予割合は80%であるため、実際に猶予されるのは全体の約53%（＝2／3×80%）にとどまっていたが、特例措置によって、対象株式数の上限を撤廃（2／3⇒3／3）し、猶予割合を100%に拡大することで、事業承継に係る金銭負担は実質ゼロとなる。

b. 対象者の拡充

一般措置では、先代経営者の配偶者が多数の株式を持っている場合、被相続人と後継者の関係に当たらないため、制度の対象にならない。また、後継者を1人に選定しなければ制度を利用することができないなど、適用対象が極めて限定されているが（1人の先代経営者から1人の後継者へ贈与・相続される場合のみが対象）、特例制度は、贈与者は先代経営者に限定せず、親族外を含む複数の株主から、代表権を持つ後継者（最大3人まで）への承継も可能になる（複数人で承継する場合、議決権割合の10%以上を有し、かつ、議決権保有割合上位3位までの同族関係者に限る）。また、相続時精算課税の適用に関して、一般措置では、60歳以上の父母または祖父母から18歳（2022年3月31日以前の贈与の場合は20歳）以上の推定相続人または孫への贈与と限定されているが、特例措置では、60歳以上の者から18歳（同上）以上の者へと適用範囲が拡大され、親族関係が不要となっている。

c. 雇用要件の抜本的見直し

一般措置では、事業承継後5年間平均で、雇用の8割を維持することが求められており、仮に雇用8割を維持できなかった場合には、猶予された贈与税・相続税の全額を納付する必要があり、制度利用を躊躇する大きな要因にもなっていた。

特例制度は、雇用要件を実質的に撤廃し、雇用要件を満たせなかった場合でも納税猶予を継続可能とする画期的な内容となっている（雇用要件を満たせなかった場合には理由報告が必要。経営悪化が原因である場合等には、認定支援機関による指導助言の必要あり）。

d. 経営環境変化に応じた減免

一般措置では、後継者が自主廃業や売却を行う際、経営環境の変化により株価が下落した場合でも、承継時の株価を基に贈与・相続税が課税されるため、過大な税負担が生じうる。特例制度は、売却額や廃業時の評価額を基に納税額を再計算し、事業承継時の株価を基に計算された納税額との差額を減免する。

イ．一般措置と特例措置の相違点

一般措置と特例措置の相違点については、図表2-11のとおりである。

図表 2-11　一般措置と特例措置の相違点

	一般	特例
猶予対象株式	発行済議決権株式総数の最大3分の2が対象	後継者が取得した株式の全てが対象
納税猶予割合	納税猶予の対象となった株式に係る相続税の80%が猶予対象	納税猶予の対象となった株式に係る相続税の100%が猶予対象（贈与税は従前より全額が対象）
贈与者・被相続人	代表権を有していた者	代表権を有していた者以外の者も対象
後継者	後継者は1人のみ	代表権を有する最大3人まで猶予（総議決権数10%以上有する者のみ）
雇用確保要件	承継後5年間は平均8割の雇用維持が必要（下回った場合、納税猶予打切り）	承継後5年内に平均8割の雇用を下回ったとしても、雇用要件を満たせなかった理由を記載した書類を都道府県に提出すれば引き続き納税猶予は継続される（納税猶予の期限は確定しない）
譲渡（M&Aなど）・解散・合併等の納税猶予額の減免	会社を譲渡・解散・合併等をした場合は、原則、猶予税額を全額納税	会社を譲渡・解散・合併等をした場合でも、その時点での株式価値を再計算して差額を減免
特例承継計画の提出	不要	必要
相続時精算課税の適用範囲	贈与者：60歳以上の父母または祖父母 受贈者：18歳（2022年3月31日以前の贈与の場合は20歳）以上の推定相続人または孫	贈与者：60歳以上 受贈者：18歳（2022年3月31日以前の贈与の場合は20歳）以上 受贈者は贈与者の推定相続人以外の者も適用可能(親族関係不要)
特例の適用期間	なし	2018年1月1日～2027年12月31日

②非上場株式にかかる贈与税の納税猶予制度（特例措置）

ア．制度の概要

後継者である受贈者（以下「特例経営承継受贈者」という）が、贈与により、経済産業大臣の認定を受ける非上場会社の株式等を先代経営者である贈与者から一定数以上※を取得し、その会社を経営していく場合には、その特例経営承継受贈者が納付すべき贈与税のうち、その非上場株式等に対応する贈与税の納税が全額猶予されるというものである。

※特例経営承継受贈者が保有している株式と合計して3分の2に達するまでの株数

この猶予された税額は、先代経営者や特例経営承継受贈者が死亡した場合等は、その納付が免除される。

なお、免除されるときまでに制度の適用を受けた非上場株式等を譲渡するなど一定の場合には、猶予されている税額の全部または一部を利子税と併せて納付しなければならない。また、制度を適用するためには、①特例承継計画の作成・提出、②株式の贈与・相続、③認定申請、④税務申告の順で手続が必要。

イ．特例承継計画の提出

事業承継税制の特例措置を受ける場合には、中小企業者は経営承継円滑化法に基づく都道府県知事の認定を受ける必要があるが、認定を受けるためには、まず『特例承継計画』を都道府県に提出し、確認を受ける必要がある。

a. 特例承継計画における記載事項

b. 特例承継計画の提出期限

計画書の提出期限は2024年3月31日まで※とされているため、制度を利用する可能性があるのであれば、なるべく早い段階で計画書の作成を済ませておく方がよい。

※令和6年度税制改正で、提出期限が2年延長され、2026年3年31日までとなる予定。

ウ．納税猶予適用の認定要件

この特例の適用を受けるには、「経営承継円滑化法」に基づき、会社が「経済産業大臣の認定」を受ける必要がある。なお、「経済産業大臣の認定」を受けるためには、原則として、贈与の日の属する年の翌年1月15日までにその申請を行う必要がある。認定を受けるための具体的な要件は以下のとおり。

a. 会社の主な要件

次の会社のいずれにも該当しないこと。

a)上場会社

b)中小企業者に該当しない会社

c)風俗営業会社（性風俗関連特殊営業を行う会社）

d)資産管理会社（資産保有型会社または資産運用型会社）。ただし、次の要件を満たしている資産管理会社を除く

- 贈与開始の日まで商品の販売・資産の貸付等を3年以上に亘り行っていること（同族関係者などへの貸付を除く）
- 後継者と生計を一にする親族以外の常時使用従業員が5人以上いる
- 後継者と生計を一にする親族以外の常時使用従業員が勤務している事

務所、店舗、工場等を所有または賃借していること

e)総収入金額（営業外収益および特別利益以外のものに限る）がゼロの会社・従業員数がゼロの会社（特例の適用に係る会社の特別関係会社が一定の外国会社に該当する場合には、従業員数が5人未満の会社）

b.特例経営承継受贈者の主な要件

贈与時において、次の要件を満たしていること（先代経営者の親族であるかどうかは問わない）

a)会社の代表権を有していること

b)18歳（2022年3月31日以前の贈与の場合は20歳）以上であること

c)役員等の就任から3年以上経過していること

d)贈与のときから認定申請日まで引き続き贈与により取得した認定承継会社の株式のすべてを保有していること

e)経済産業大臣の確認を受けた会社に係る特例後継者であること

f)特例後継者とその同族関係者で総議決権数の50％超の議決権数を保有し、かつ、その同族関係者の中に保有株式数の上位者がいないこと（認定対象者は特例承継計画に記載された代表権を有する3人までに限る）

c.先代経営者である贈与者の主な要件

a)会社の代表権（制限が加えられた代表権を除く）を有していたこと

b)贈与時において会社の代表権を有していないこと（有給役員として残留可）

c)贈与直前において、贈与者およびその同族関係者で総議決権数の50％超の議決権数を保有し、かつ、後継者を除いたこれらの者の中で最も多くの議決権数を保有していたこと

エ．納税猶予期間中の手続

引き続きこの特例を受ける旨や、特例の対象となる非上場株式等を発行している会社の経営に関する事項等を記載した「非上場株式等についての贈与税の納税猶予の継続届出書」を贈与税の申告期限後の5年間は毎年、5年経過後は3年ごとに所轄税務署へ提出する必要がある。

オ．猶予税額の納付が免除される場合

次に掲げる場合などに該当したときには、猶予税額の全部または一部の納付が免除される。aの場合は相続税の対象となるが、相続税の特例措置の適用を

受ければ、相続税の納税が猶予される。なお、b～cは相続税の特例納税猶予についても同様の取扱いとなる。

a. 先代経営者である贈与者が死亡した場合

死亡した日から同日以後6カ月を経過する日までに「免除届出書（死亡免除）」を贈与税の納税地を所轄する税務署長に提出する必要がある。

b. 先代経営者である贈与者の死亡前に経営承継受贈者が死亡した場合

この場合、死亡した日から同日以後6カ月を経過する日までに「免除届出書(死亡免除)」を贈与税の納税地を所轄する税務署長に提出する必要がある。

c. 申告期限後5年を経過した後に、次に掲げるいずれかに該当した場合

この場合、一定の免除事由に該当することとなった日から2カ月を経過する日までに「免除申請書」を贈与税の納税地を所轄する税務署長に提出する必要がある。

a)特例経営承継受贈者が特例の適用を受けた非上場株式に係る会社の株式等の全部を譲渡または贈与（以下「譲渡等」という）した場合（その特例経営承継受贈者の同族関係者以外の一定の者に対して行う場合や民事再生法または会社更生法の規定による許可を受けた計画に基づき株式等を消却するために行う場合に限る）

b)特例の適用を受けた非上場株式等に係る会社について破産手続開始の決定または特別清算開始の命令があった場合

c)特例の適用を受けた非上場株式等に係る会社が合併により消滅した場合で一定の場合

d)特例の適用を受けた非上場株式等に係る会社が株式交換等により他の会社の株式交換完全子会社等となった場合で一定の場合

d. 特例経営承継受贈者が特例の適用を受けた株式等の贈与をし、その贈与を受けた者が、本贈与税の納税猶予の適用を受ける場合（特例後継者（二代目）から次の後継者（三代目）への贈与）

この場合、贈与税の申告期限から6カ月を経過する日までに「免除届出書(特例免除)」を贈与税の納税地を所轄する税務署長に提出する必要がある。

カ. 猶予税額を納付することとなる主な場合

猶予税額の納付が免除される前に、次に掲げる場合等に該当することとなったときは、猶予税額の全部または一部について利子税（原則として年3.6%）

と合わせて納付する必要がある。

なお、特例経営承継期間（原則として、申告期限の翌日から同日以後5年を経過する日までの期間をいう。以下同じ）経過後に納税猶予額の全部または一部を納付することとなった場合、経営承継期間中の利子税は免除される。なお、a～cは相続税の特例納税猶予についても同様の取扱いとなる。

a. 特例経営承継期間内に特例経営承継受贈者が特例の適用を受けた非上場株式等の全部又は一部を譲渡等した場合は、納税猶予額の全部。特例経営承継期間経過後に譲渡した場合は、その譲渡した部分に対応する納税猶予額。

b. 特例経営承継期間内に特例経営承継受贈者が代表権を有しないこととなった場合は、猶予税額の全部。特例経営承継期間経過後は、特例経営承継受贈者が代表権を有しないこととなった場合でも納税猶予は継続される。

c. 特例の対象となっている会社が資産管理会社で一定のものに該当することとなった場合は、経営承継期間内か経営承継期間経過後かを問わず、全部。

d. 経営承継期間内に先代経営者が再び代表権を有することとなった場合は猶予税額の全部。経営承継期間後は、納税猶予継続。

③非上場株式にかかる相続税の納税猶予制度（特例措置）

ア．制度の概要

後継者である相続人等（「特例経営承継相続人等」という）が相続等により、経済産業大臣の認定を受ける非上場会社の株式等を先代経営者である被相続人から取得し、その会社を経営していく場合には、その特例経営承継相続人等が納付すべき相続税のうち、その非上場株式等に係る課税価格の100％に対応する相続税の納税が猶予される（猶予される相続税額を「非上場株式等納税猶予税額」という）。

イ．特例を受けるための要件

この特例の適用を受けるためには、贈与税の納税猶予と同じく経営承継円滑化法に基づき、会社は「経済産業大臣の認定」を受ける必要がある。「経済産業大臣の認定」を受けるためには、原則として、相続開始後8カ月以内にその申請を行う必要がある。

なお、既にその会社の非上場株式等の一部について贈与税の納税猶予の特例を受けている場合には、相続または遺贈により新たに相続人等が取得した非上場株式等については、この相続税の納税猶予の特例の適用はないので留意する必要がある。その他この特例を受けるためには、以下のa.からc.までの要件を満たす必要がある。

a. 会社の主な要件

贈与税の納税猶予における会社の要件（②ウ. a.）に同じ

b. 後継者である相続人等の主な要件（被相続人等の親族であるかどうかは問わない）

a）相続開始の日の翌日から5カ月を経過する日までに会社の代表権を有していること

b）相続開始の時において、後継者およびその同族関係者で総議決権数の50％超の議決権数を保有し、かつ、その同族関係者の中に保有株式数の上位者がいないこと（認定対象者は特例承継計画に記載された代表権を有する3人までに限る）

c）相続開始の直前に役員であったこと（被相続人が70歳未満で死亡した場合、特例承継計画に特例後継者として記載されている場合を除く）

d）相続開始の時から認定申請日まで引き続き相続により取得した特例認定承継会社の株式のすべてを保有していること

c. 先代経営者である被相続人の主な要件

a）会社の代表権を有していたこと

b）相続の開始直前において、被相続人とその同族関係者で総議決権数の50％超の議決権数を保有し、かつ、特例後継者を除いたこれらの者の中で最も多くの議決権数を保有していたこと

ウ．猶予税額の納付が免除される場合

後継者の死亡等があった場合には、猶予税額の全部または一部の納付が免除される。

エ．猶予税額を納付することとなる主な場合

特例の適用を受けた非上場株式を譲渡等した場合には、猶予税額の全部または一部について利子税と合わせて納付する必要がある。

④贈与税の特例納税猶予から相続税の特例納税猶予への切替え

ア．相続税の納税猶予の適用

株式を贈与した先代経営者が死亡した場合には、贈与税の納税猶予税額の免除届出書を提出することによって、特例経営承継受贈者が受けていた贈与税の

猶予税額が免除される。一方、先代経営者に係る相続税については、贈与税の納税猶予の特例を受けた一定の非上場株式等を特例経営承継受贈者が相続または遺贈により取得したものとみなして、贈与時の価額を基礎として他の相続財産と合算して計算することになる。

その際、一定の要件を満たす場合には、その相続または遺贈により取得したとみなされた非上場株式等について相続税の納税猶予の特例を受けることができる。

イ．都道府県知事の確認

株式を贈与した先代経営者が死亡した場合に、相続税の納税猶予の適用を受けるには、相続税の申告期限までに都道府県知事の確認を受ける必要がある。この切替え確認を受けるには、贈与者の死亡の日の翌日から８カ月以内に、都道府県知事に切替え確認申請書を提出する必要がある。

第３節　自社株承継対策の方法

1．役員退職金を活用した承継対策

（1）役員退職金の支払と株価への影響

生前退職金の支払いは､会社利益を減少させるとともに純資産価額も減少(内部留保の取崩し）させるため、類似業種比準価額方式、純資産価額方式共に、自社株の評価を引き下げる効果がある。とりわけ会社規模の判定により大会社となりその会社の株式を類似業種比準価額方式のみにより評価することとなった場合には、その引下げ効果は大きくなる。類似業種比準価額方式については直前期の利益等の数値を基に算出することになるため、直前期に役員退職金を支給し多額の損失を計上するような場合には、役員退職金支給の翌期１年間は株式を後継者に承継する絶好のタイミングとなる。

支給額の決定にあたっては、まず定時株主総会あるいは臨時株主総会において役員退職金の決議が必要だが、その際、退職金支給額が不相当に高額な場合には、その超過部分について損金不算入になってしまい、法人税法上もその部分につき効果が上がらなくなってしまう。実務上は、次の算式によって計算された金額が目安とされる。

限度額＝最終月額報酬×役員勤続年数×功績倍率

また、安全に退職金として処理する場合には、役員退職金規定や株主総会での決定等の手続を確実に踏む必要があるため、役員退職金規定がなかったり、不十分である場合には、合わせて事前にその整備を行う必要があることに留意が必要である。

（2）役員退職金に係る課税の取扱い

役員退職金の特徴は、支給を受けるオーナーの所得税負担が軽いことから、個人の税負担を最小限にし、会社から資金を移動できる点である。所得税法上、退職所得については退職後の生活を保障するという側面を有するものであることから、他の所得と比し税負担が低く抑えられている。具体的には、退職所得にかかる税額は以下のとおり。

（収入金額－退職所得控除額※）×１／２×税率

※退職所得控除額は以下のとおり
①勤続年数20年以下
40万円×勤続年数
②勤続年数20年超
800万円＋{70万円×（勤続年数－20年)}

※役員任期が5年以下の場合には、1/2を乗じることができないことに留意する。退職金についてはこのように税負担が少ないため、オーナーの手元にも多額の現金を残すことができ、その現金を相続税の納税資金対策や遺留分対策などに充当することが可能となる。

（3）役員退職金の支払いに係るその他の留意点

①支給額の決定

役員退職金が損金として認められるためには、同業他社の事例や一般常識に照らし合わせて過大な金額ではないことが必要である。

税務上、役員退職金の適正額の目安として、一般的には功績倍率法がよく利用される。功績倍率法を採用している会社において、会社の業績や資金繰りの悪化、役員として経営責任を果たすため等、一時的に役員報酬を著しく減額またはゼロにしている場合には、退職金の金額が著しく低額となる。このようなケースでは、その役員に本来支給すべき適正役員報酬月額に基づいて退職金を計算する方法が考えられる。また、社内に比較対象者がいない場合には、1年当たり平均額法による計算も考えられる。

また、役員退職金が損金として認められるためには、前提として、支給を受けた現経営者が、事実上経営の一線から退くことが必要であることにも留意する必要がある。実務上、先代経営者である常勤役員が、会長としての非常勤役員になる際に支給する退職金が、法人の損金として認められるか否かは、給与の額や職制上の地位などの形式的な基準だけでなく、その先代経営者がその法人の経営に実質的に関与していくのか否かによって判断することとなる。

②会社の資金繰り

役員退職金については一般的に多額の資金が必要となり、多額の退職金の支払いは会社の資金面に大きな影響を与えることになる。そしてその退職金相当額が、税務上確実に損金に認められるためには、未払計上せずに一括で支給することが望まれる。そのため、退職金を支払えるだけの資金が用意してあれば問題はないが、そうでない場合、役員退職金の支給については事前の資金調達方法の検討が重要になる。具体的には、運転資金に影響を与えないよう前もって保険で外部に資金を積み立てたり、金融機関からの融資を受けることを検討しなければならないが、借入金によりまかなうことになれば金利負担の増大を招き、経営を圧迫する可能性もある点に留意が必要である。したがって、経営者保険を利用するなど早目の対策が必要となってくる。

③受給退職金の有効活用

生前退職金をそのまま預金などにしてしまうと、相続税の納税資金としては効果があるものの、新たな相続財産の増加をもたらすことになるので、この資金を活用して不動産等の購入をするなど、別の相続対策を行う必要がある。

2．金庫株を活用した承継対策

会社は自己株式を自由に取得、保有することができる。

会社の発行している株式を発行会社自らが取得することを自己株式の取得といい、自己株式は配当権、議決権がなく取得しても使い道がないため自社の金庫に入れておくという意味で、俗に金庫株という表現が使用される。

資金力のない後継者としては、金庫株の活用により自分が相続した株式の一部から納税資金が捻出することができるならば、非常に有効な手段として挙げられるであろう。また、分散していた少数株主の株式について、金庫株により集約することもできる。

ただし、この金庫株（自己株式）の取得は実務上、留意すべき点が多いので注意が必要である。

（1）金庫株活用の主な例

①納税資金の確保

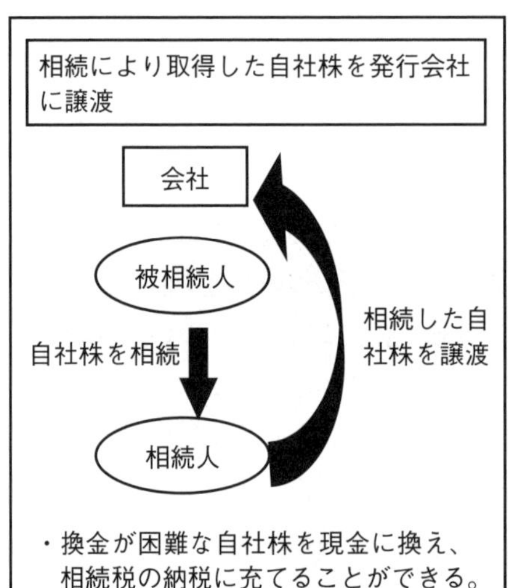

②少数株主からの買取り

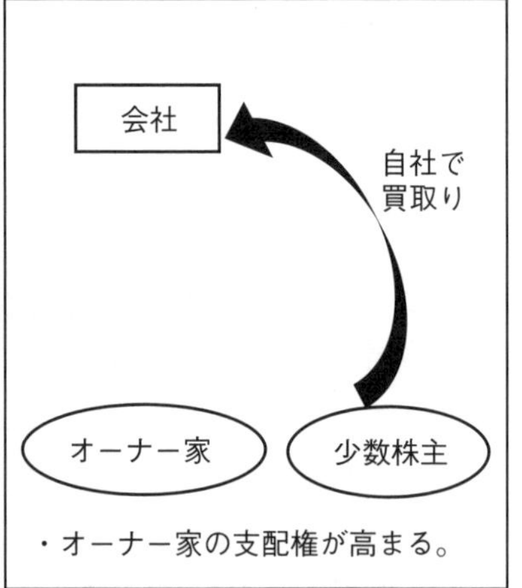

（2）会社法上の留意点

非上場会社が自社株を買い取る方法には複数のパターンがある。まず注意しないといけないことは、子会社からの取得を除いて、金庫株の取得に際しては基本的に株主総会決議が必要であるということである。本来、必要な株主総会決議を経ないで会社が金庫株を取得しても、法的には無効である。

以下では、事業承継対策においてよく用いられる手法の留意点を述べる。

①簡易公開買付け

非上場企業の金庫株取得の原則的手法は、簡易公開買付けといわれる方法である。株主総会で会社が取得する株数、価格等を普通決議により承認を得た上で、全株主に通知をして自社株の売却を募ることが必要になる。申込総数が取得総数を超過する場合には按分比例となる。

②特定の株主からの買取り

特定の株主から自社株を取得する場合には、株主総会の特別決議が必要となる。この場合、他の株主に対しても売主追加請求のための通知を出す必要がある。これは、特定の株主以外の株主にも自社株を売却する機会を平等に与えるためのものである。そのため、他の株主の売主追加請求がされた場合は、売主に加えることになる。

③相続人等からの同意による取得

特定の株主からの取得のうち、相続等により自社株を取得した相続人等から同意を得て自社株を取得する場合は、他の株主に対しての売主追加請求のための通知は原則不要となる。ただし、相続人が株主総会で議決権を行使した場合、その相続人は株主となることを選択したとみなされ、通知不要の特例は適用されなくなるので注意が必要である。

④相続人等への強制的な売渡請求

会社は、以下のような定款の定めにより、相続で株式を取得した者（相続人）に対し、会社にその株式を売り渡すよう請求することができる。

（相続人等に対する売渡しの請求）
第○条　当会社は、相続その他の一般承継により当会社の株式を取得した者に対し、当該株式を当会社に売り渡すことを請求することができる。

この定款の規定は、少数株主に相続等が生じたため会社にとって好まぬ株主が生じることを防ぐのに有効である。しかし、以下の３つの点に注意が必要である。

１つ目は、この規定による売渡請求は、会社が相続があったことを知った日から1年以内に行う必要があることである。2つ目は、この売渡請求に際しては、株主総会の特別決議が必要となることである。３つ目は、その株主総会において、売渡請求される者（相続人）は株主総会において議決権を行使することができないことである。特に、３つ目はオーナー株主に相続が発生し、オーナー株式が買取対象になるということもあり得るので、慎重な配慮が必要である。

その他の留意点として、会社法では、分配可能額を超える金庫株の取得は禁止されている。金庫株による納税資金対策を検討する場合には、事前に自社の分配可能額がいくらであるのかも検討する必要がある。

（3）税務上の留意点

①みなし配当課税

金庫株により株式を譲渡した株主は、資本金等の金額を超える部分の対価については、譲渡ではなく、配当とみなされて課税が行われる。個人株主の場合には、株式の譲渡による所得は分離課税となる一方で、配当による所得は総合課税となる。

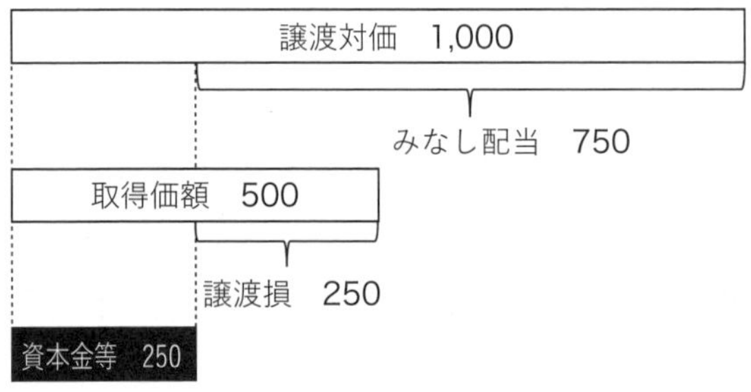

②金庫株特例

ア．みなし配当課税の適用除外

通常、株式をその発行会社に譲渡した場合には、①によるみなし配当課税が行われるが、以下の要件を満たす者が、相続により取得した自社株を発行会社へ譲渡した場合には、みなし配当課税にはならず、全額が譲渡所得として課税（分離課税・税率20.315%）される。

a. 相続または遺贈により財産を取得し、納付する相続税があること

b. 相続税の申告期限後3年以内に譲渡すること

イ．相続税の取得費加算の特例

相続財産を相続税の申告期限後3年以内に譲渡した場合には、譲渡所得の計算上控除する取得費に、譲渡した資産に対応する相続税額が加算され、譲渡所得税の負担を軽減することができる。

3．持株会社を活用した承継対策

（1）持株会社の活用

①総合的対策が必要

株式を後継者に承継する方法として、オーナーが所有する事業会社の持株を後継者に直接承継する方法以外に、オーナーの持株を受け皿会社に移転し、オーナーもしくは後継者は受け皿会社の株を所有することにより、間接的に事業会社の株を所有し、受け皿会社の株式を承継資産とする方法がある。この場合における受け皿会社は、持株会社または資産管理会社ともいわれる。

持株会社は、かつて株式評価の引下げによる相続対策として活用されたが、平成2年度の財産評価基本通達改正においてそのメリットは大幅に規制された。したがって、今日の事業承継においては、単なる株式評価引下げといった相続対策のみに着目するのではなく、資産としての自社株承継、会社の本質である経営の承継における効果や注意点、手続などを理解し、持株会社の活用を検討すべきであろう。

②持株会社のメリット

ア．承継手続の一本化

関連会社が複数ある場合、会社ごとに株式の承継が必要となる。持株会社を設立し、各社の株式を持株会社に集約することによって、承継の対象が会社ごとではなく、持株会社の株式のみになり承継のプランニングや諸手続が簡便となる。

イ．株式の譲渡によるオーナー保有株式の換金化

オーナーはその所有する株式を持株会社へ譲渡することにより、流動性の乏しい非上場株式から流動性の高い現金に換金することができ、創業者利益を確保することができる。親族内承継の場合、株式を持株会社へ譲渡することにより将来後継者が相続するのは非上場株式ではなく、オーナーが換金した現金となるため、相続税の納税資金に充てることも可能である。

ウ．相続評価の引下げ

持株会社を利用した株式評価の引下げ効果が大幅に規制されたのは既述のと

おりであるが、それでも事業会社の株式を直接保有するのに比べて評価が軽減されることは多い。持株会社の総資産に占める株式の保有割合が50％以上の場合、「株式等保有特定会社」に該当し、原則として純資産価額方式による評価となる（「S1＋S2方式」という一部類似業種比準価額を反映した方法によることも可能）。

純資産価額方式による評価の場合、移動直後ではあまりメリットはないが、業績のいい会社であれば、移動後の事業会社の株価の値上がりに相当する含み益部分に対する法人税等相当額（37％）控除による評価減を適用することができる。また、株式所有以外に事業用資産の賃貸などを行う場合は、一部類似業種比準方式を取り入れることによって、評価額を抑えることも可能である。

評価額が下がることによって、オーナーの持株を後継者に譲渡、贈与する場合にも早期に実行することができ、相続の場合の負担軽減効果も期待できる。

エ．会社の所有と経営の分離

持株会社が株式を所有し、所有と経営を分離することによって、事業承継計画を資産承継と経営承継に分けることが可能となる。例えば、持株会社の株式はオーナーが保有しつつ、事業会社の経営を後継者に任せ、段階的に株式を承継したり、複数の事業を分社化して、別の後継者に引き継がせるといった形もとりやすくなる。

また、親族内に適当な後継者がいない場合、持株会社を親族が承継し、事業会社の経営は従業員などの第三者に任せるという形態も考えられる。

③持株会社のデメリット

ア．株式購入資金の準備と借入金返済資金の確保

持株会社が株式を購入する場合、まず株式購入資金を準備する必要があり、金融機関等より新たに借り入れるときは、その返済方法を検討する必要がある。事業会社の配当金を返済原資とする場合には、法人税法の受取配当等の益金不算入の規定等の適用を受けることで、持株会社での法人税等の負担を抑制することができる。ただし、配当金は剰余金の分配可能額の範囲内に限られるため、業績によって配当金が減額となり返済額に満たなくなる、あるいは無配になると、返済資金の確保が難しくなるという懸念が生じる。そのため実施にあたっては十二分な計画・注意が必要となる。そして事業会社の持続的な成長と利益創出の実現が強く求められる。

イ．設立、運営についてのコストや事務負担

持株会社の設立に関しては登録免許税等の設立費用が発生する。設立後においては、毎期法人税等の申告等も必要となり、申告所得が発生する場合には法人税等の負担が発生し、仮に申告所得が発生しない場合であっても、資本金等の額等に応じた法人住民税均等割等の負担が発生する。

ウ．株式の譲渡益に対する税金負担

オーナーが持株会社へ株式を譲渡した場合において、譲渡代金から取得費用を差し引いて譲渡益が生じたときは、譲渡益に対して20.315％（所得税および復興特別所得税15.315％、住民税5％）の納税が発生する。

エ．時価取引以外による譲渡

オーナーが持株会社へ株式を譲渡した場合において、時価以外の金額で取引が行われた場合、時価との差額について追加的な税負担が発生するケースがある。また、非上場株式の時価については、個人間売買に比べて個人法人間売買の方が高くなるケースが多い。

（2）持株会社の設立形態

①現金出資

持株会社の基本的な形は、オーナーおよび後継者の現金出資により新会社を設立し、新会社は資本および一部借入金によってオーナーから事業会社の株式を買い取る方法である。

オーナーから新会社への譲渡は原則として、その時点での適正な時価でなければならない。時価の2分の1未満で売却した場合には、時価で譲渡したものとみなして課税されることになるので、譲渡価額の決定には注意しなければならない。

②株式交換・株式移転

株式交換・株式移転制度は、持株会社の設立などの企業グループ再編を容易に行うための制度であり、既に設立済みの会社を持株会社にする場合には株式交換が利用され、新たな持株会社を設立する場合には株式移転が利用される。いずれも持株会社の株式を対価として事業会社の株式を取得するため、取得資金は不要であり、税制適格要件を満たせば譲渡益課税が繰り延べられるため、個人の譲渡益課税対策としても有効である。

③株式交付

株式交付制度とは、買収会社（親会社）が対象会社を子会社とするために、対象会社の株主よりその株式を譲り受け、譲渡した株主にその株式の対価として買収会社（親会社）株式を交付する制度である。

ここでいう子会社とは、子会社となる会社の議決権の50％超を保有するものに限られる。

株式交付により、保有する株式を譲渡し、買収会社（親会社）の株式等の交付を受けた場合には、その譲渡した株式の譲渡損益は繰り延べとなる。ただし、対価の80％以上が買収会社（親会社）株式である場合に限る。

株式交付制度は、同族で経営しているオーナー企業での活用は考えにくいが、オーナー以外に外部株主がいる会社においては利用を検討することができる。株式交付であれば、外部株主はそのままにしてオーナーの持株会社化できるのがメリットであり、例えば、オーナー個人（家族を含む）で保有していた事業会社の株式（50％超）について、新たに設立した持株会社との間で株式交付制度を利用することにより、その持株会社が、事業会社の株式を50％超保有することになる。オーナー個人ではなく持株会社が株式を間接保有することによって、将来の株価対策を検討する際の選択肢が広がり、また事業会社からの配当を受けた場合の受取配当等の益金不算入のメリットを受けることができる。

④会社分割

株式のみではなく、不動産や借入金などの資産負債を保有する持株会社という形態をとり、事業会社との間で所有と経営の分離を図る場合には、会社分割を利用することも考えられる。この場合、既存会社から事業に関する資産・負債のみを新会社に分割した上で、新会社を事業会社として後継者に経営を担わせて経営承継を進め、既存会社は持株会社として資産と負債を保有し、賃料収入と株式配当を受け取ることになる。

4．種類株式等を活用した承継対策

（1）種類株式

会社は、定款に規定することによって、異なる内容の株式を発行することが認められている。具体的には、①剰余金の配当、②残余財産の分配、③議決権の制限、④譲渡制限、⑤取得請求権付、⑥取得条項付、⑦全部取得条項付、⑧拒否権付、⑨取締役と監査役についての選任・解任権付の９種類の種類株式がある。

そこで、本稿では、上記の種類株式の中から事業承継に活用できるものをいくつか挙げて記述する。

①配当優先・無議決権株式

一般に剰余金の配当に関して、他の種類の株式より優先する株式を配当優先株式、劣後する株式を配当劣後株式という。優先の態様としては、定額が優先されるものや、定率が優先されるものが多く、その他にも「普通株式に先立ち、出資額に5%を乗じて算出した額の剰余金の配当を受けるものとする」など、その定め方は様々である。

しかし、配当優先株式のみでは企業にとってメリットがないので、通常は無議決権株式との抱合わせで実施することが多い。

例えば、株価が高額で買い取ることが難しいが、後継者に議決権を集約したい場合、経営に参画意思のない親族や従業員持株会が所有する株式を「配当優先・無議決権株式」とすることで、後継者の経営支配を可能にすることもできる。つまり株主としての議決権を返上する代わりに、利益の少ないときは普通株主に対しては無配であっても、配当優先株主には配当するというものである。

②拒否権付株式（黄金株）

拒否権付株式とは、一般に「黄金株」と呼ばれ、株主総会や取締役会などの決議事項の一部について、普通株式による決議とは別に、黄金株を持つ株主だけの種類株主総会の承認を必要とするものである。黄金株主は拒否権を持つため、これによりオーナーの持株のうち１株を黄金株とし、残りのすべてを後継者に生前贈与（譲渡）しても、後継者をコントロールすることが可能である。

つまり、持株のほとんどを後継者に譲渡し、更に代表取締役の地位までも後継者に譲った場合、会社の経営路線が全く違う方向に走り出したとしても、1株の黄金株によって後継者が決めた決議を却下できるから、現経営者は安心して後継者に会社を任せることができる。

なお、黄金株はこのように強力な効力を有する株式であるため、後継者以外の第三者が取得すると、会社経営に重大な影響を与えるおそれがある。そのため、現経営者が遺言や株式譲渡契約により、あらかじめ黄金株の承継人を定めておくこと、または後継者が一人前になった段階やオーナーの相続の発生時に、会社が黄金株を回収できるように取得条項付株式にしておくことなどの対策は必要となる。

ところで、黄金株はその内容が登記されるため、会社の登記事項証明書を確認したステークホルダーに、頼りない後継者だと思われてしまう懸念がある。また、経営者の経営意欲の低下を招くおそれもあることから、黄金株の導入に際しては、拒否権を有する事項をできる限り限定するなどの配慮が必要である。

なお、強力な効力を有する黄金株だが、相続税評価額においては、普通株式と同様に評価されることが、国税庁の文章回答事例により明示されている。

(2) 属人的株式

種類株式とは異なるが、非公開会社（譲渡制限会社）においては、①剰余金の配当、②残余財産の分配、③株主総会の議決権に関して株主ごとに異なる取扱いを行う旨を定款で定めることができる。いわゆる属人的な定め（属人的株式）である。

属人的な定めによって、「株主Ａの有する株式は、他の株主が有する株式に比して、剰余金の配当が10倍となる」、「株主が代表取締役である場合において、当該株主の株主総会における議決権は10倍となる」などの規定を置くことができる。しかも、属人的な定めは登記する必要がない。

このように、属人的な定めを使うことによって非常に柔軟な設計が可能となるため、円滑な事業承継に資することが期待されるが、一方で、安易に使用するとトラブルの原因になることが考えられるので、その扱いは慎重にすべきであろう。

属人的な定めを規定する定款変更は、株主総会において、総株主の過半数であって、総株主の議決権の4分の3以上の多数をもって決議（特殊決議）しなければならないとされている。しかし、他の株主に不利益を被る内容となることから、実務的には全株主の同意で行うべきである。

後継者が仮に総議決権株式100株のうち6株を所有していた場合、経営者としての支配力は皆無に等しい。この6株の株式を「後継者が代表取締役である間は、その所有する株式は株主総会において20倍の議決権を持つ」旨定款に規定しておけば、56%の議決権を持つことになり過半数を制することができる。

一方、この決議に反対する株主がいた場合、他の株式の2倍の配当を行う旨の提案をし、決議に賛同してもらうことも有効である。要は親族のすべてが経営参加の意思を持っているわけではないので、経済的に支援することによって後継者の支配力を高めることが肝要である。

5．従業員持株会を活用した承継対策

オーナーが自社の株式を大量に保有している場合、相続人である後継者に多額の相続税がかかることが多く、納税資金確保のために株式の一部を売却せざるを得ないケースがある。株式の発行会社において自社株買いができないような場合には、株式が社外に流出し、会社経営に支障を来たす可能性がでてくる。その対策の1つとして、従業員持株会を活用した承継対策がある。

この対策では、従業員が株式を持つことで、会社の結束力の強化につながるとともに、オーナーが保有している株式を従業員持株会に売却することによって、オーナーの所有株数が減少し、後継者の課税負担の軽減が期待できる。

（1）従業員持株会

従業員持株会制度とは、福利厚生目的として、従業員が自社株式を取得・保有する制度をいう。一般的に、従業員持株会は安定株主に該当するため、経営権の社外流出を防止することができる。また、従業員としても会社経営参加への意識向上につながるとともに、自身の財産形成にもなる。

従業員持株会が所有する株式の名義は、従業員持株会の理事長名義となり、議決権行使も理事長が一括行使することになる（理事長の議決権行使に先だって、従業員持株会の各会員は、理事長に対して、自身の持分に応じた議決権行

使をすることができる)。

(2) 持株会の設立形態

従業員持株会は、法的性質から見て、以下の3つの設立形態がある。非上場会社の従業員持株会は、運用上のコスト、税務上の理由から、民法上の組合を採用している場合がほとんどである。

①民法上の組合

民法667条の組合契約規定に基づき設立された団体。財産・収益は、持分に応じて各組合員に帰属する。法人税の課税がなく、会員個人が受ける配当金は配当所得となる（配当控除可)。

②任意団体

信託銀行と株式の信託等の信託契約を結ぶ方式で、配当は従業員個人に帰属する。民法上の組合と同様、法人税の課税がなく、受ける配当金は配当所得扱いとなる。主に信託銀行で採用されているが、この方式は、コスト面からいっても非上場株式の場合には不向きといえる。

③人格なき社団

法人格はないが、法人税法上は法人とみなされ、収益事業に対して、法人税が課税される。また、会員個人が受ける配当金は、配当所得ではなく、雑所得とされる（配当控除不可)。

(3) 株式の取得方法

非上場会社における従業員持株会が株式を取得する方法としては、主に次の方法が考えられる。

①オーナーからの買取り

オーナーが保有する株式を持株会が買い取る方法。従業員持株会は、通常「少数株主」に該当するため、オーナーが保有する株式について、「配当還元価額」で買い取ることができる。少数株主にとっての株式の税務上の適正価格は配当還元価額となるため、配当還元価額での買取りであれば贈与税の心配もなく、仮に配当還元価額より低い価格になってしまう場合であっても、譲渡価格と配当還元価額との差額が贈与税の基礎控除額（年間110万円）の範囲内に収まれば贈与税はかからない。一般的に、オーナーの持ち株を持株会に配当還元価額で売却することでオーナーの評価額は低くなる。

②第三者割当増資

会社が第三者割当増資を行い、株式を取得する方法。

③自己株式の処分

会社が保有する株式（自己株式）を持株会に譲渡する方法。

（4）種類株式の活用

従業員持株会の活用にあたっては、オーナーの経営権に影響を及ぼさないように考慮する必要がある。その対策として種類株式を活用する方法が考えられる（種類株式の解説については、「種類株式を活用した承継対策」参照）。

従業員持株会制度により、株式を取得した従業員が保有する株式も当然に議決権の行使が可能である。会社経営において、従業員株主は通常、安定株主として期待されるが、議案に必ずしも賛成するとは限らない。そのため、従業員持株会が取得する株式については、経営権に影響を与えないよう、株主総会等において議決権を行使できない無議決権株式とすることが多い。ただし、従業員持株会のメリットは安定株主の確保以外に従業員の福利厚生も目的としていることから、議決権を制限する代わりに、配当金について優先して受けとることのできる配当優先条項を付す（配当優先無議決権株式）ことで株主間の権利のバランスを図っているケースが多くみられる。

（5）退職時等の株式の買取り

退職や死亡等で従業員でなくなった場合、退職した従業員が引き続き株式を保有したり、相続人に株式が移転するなど、株式が社外へ流出するのを防止するために、持株会の退会等の時期および退会等の時の持分の買取価額について、持株会の規約に定める必要がある。退会の時期を退職時・死亡時とし、買取価額を、「配当還元価額」または「発行価額」（持株会に加入した際に拠出した価額）によることが一般的である。

6．生命保険を活用した承継対策

（1）生命保険の活用方法

次のような場合には、事業承継を目的とした生命保険の活用が考えられる。

① 会社の非後継者から遺留分侵害額請求を受ける可能性がある。

② 相続税の納税資金の確保に心配がある。

③ オーナーへの将来の退職金支給に備えたい。

④ 自社株の評価額を下げたい。

（2）個人契約の場合

①遺留分対策

ア．代償分割

自社株は会社の後継者に集中させるのが鉄則であるが、オーナーの財産のうち自社株の占める割合が大きい場合、自社株を後継者に集中的に承継すると、非後継者へ残す財産が著しく少なくなり、遺留分をめぐるトラブルの原因となる。そこで、相続人間の相続財産のバランスをとる方法として、他の相続人には自社株を取得した相続人が代わりに現預金で精算する「代償分割」がある。

オーナーを被保険者、後継者を受取人とする生命保険を活用すれば、オーナーの死亡時に後継者に保険金が入り、代償分割資金として利用することができる。また、万が一、非後継者から遺留分侵害額請求をされた場合の原資としても利用することができる。

イ．遺留分とは

遺留分とは、相続人に最低限認められている財産を相続する「権利」で、原則、法定相続分の２分の１相当である。なお、兄弟姉妹の相続人には遺留分がない。また、遺留分は相続財産だけではなく、過去に受けた贈与財産も合算して計算する。

遺留分を侵害された相続人には遺留分侵害額請求権が認められるため、遺言や生前贈与で後継者に自社株を集中した場合には、非後継者から遺留分侵害額請求を受けることにより、遺留分相当の金銭を請求される可能性がある。

ウ．民法改正による遺留分制度の見直し

民法改正により遺留分制度の見直しが行われ、2019年7月から新法が施行されている。

なお、民法は、非後継者から遺留分侵害額請求を受けた場合には、非後継者は遺留分相当を金銭でしか請求することができないとしている。したがって、遺留分対策としての生命保険は、より多く活用されることが見込まれる。

②納税資金の確保

相続税は金銭一時納付が原則である。オーナーの財産の大部分が、自宅や会社の不動産、自社株などの換金性のない資産である場合、金銭での相続税の納付が非常に困難である。

そこで、オーナーを被保険者、後継者を受取人とする生命保険を活用すれば、相続税の納税資金として利用することができる。

③メリット

ア.オーナーが保険料を負担し、死亡保険金を相続人である後継者が受け取った場合には、相続税の計算に際して「500万円×法定相続人の数」の金額まで非課税枠がある（死亡保険金は相続税計算上、相続財産とみなされて相続税が課税される）。

イ．生命保険金は民法上、相続財産でなく、保険金受取人の固有の財産とされるため、原則として遺留分の対象とはならない。したがって、保険金額を確実に後継者に残し、非相続人への代償分割としての原資または非後継者から遺留分侵害額請求を受けた際の原資として利用できる。

ウ．被保険者をオーナー、保険料負担者・保険金受取人を後継者とする保険契約により、後継者自らも遺留分対策を行うことが可能である。

エ．支払った保険料は、支払った者の毎年の所得税の申告において生命保険料控除を受けることができる。

④留意点

ア．生命保険金は民法上、相続財産でなく、保険金受取人の固有の財産とされるため、非後継者を受取人とする契約では遺留分の解決にはならない。

イ．事前に株価算定を含めた相続財産評価を行い、遺留分を想定した上で保険金額を決定する必要がある。

（3）法人契約の場合

①退職金等の準備

将来の役員退職金の支出に備え、保険を活用することにより、前もって準備することができる。また、オーナーが突然亡くなった場合でも、会社を立て直す資金として使える。

②オーナーの相続人の納税資金確保

オーナーが亡くなり、その相続人が納税資金の確保のために、オーナーから相続した自社株をその法人が買い取る場合や、オーナーの死亡退職金や弔慰金を支給する場合の財源として保険金を活用することができる。

③株価対策（株価評価の引下げ効果）

保険料の損金算入割合が高い保険契約を締結することにより、自社株の評価上、類似業種比準価額や純資産価額を引き下げる効果がある。

④留意点

退職金の原資とするための保険に加入しているときは、保険金や解約返戻金の一部が収益として計上されることもあるため、株価対策としての効果を得るためには、退職金の支給額や支給時期などを十分検討する必要がある。

第４節　戦略的承継の方法

1．組織再編を活用した承継対策

（1）株式交換・株式移転を活用した承継対策

①持株会社の活用

ア．承継手続の一本化

関連会社が複数ある場合、会社ごとに株式の承継が必要となる。持株会社を設立し、各社の株式を持株会社に集約することによって、承継の対象が会社ごとではなく持株会社の株式のみになり、承継のプランニングや諸手続が簡便になる。

イ．株価の引下げ

持株会社を活用した場合、事業会社の株式を直接保有するのに比べて評価が軽減されることが多い。持株会社の総資産に占める株式保有割合が50%以上の場合、「株式保有特定会社」に該当し、原則として純資産価額方式による評価となる（「S1＋S2方式」という一部類似業種比準価額を反映した方法によることも可能）。

純資産価額方式による評価の場合、移動直後ではあまりメリットがないが、業績のいい会社であれば、移動後の事業会社の株価の値上がりに相当する含み益部分に対する法人税等相当額（37%）控除による評価減が適用できる。また、株式所有以外に事業用資産の賃貸などを行う場合は、一部類似業種比準方式を取り入れることによって、評価額を抑えることも可能である。

評価額が下がることによって、社長の持株を後継者に譲渡、贈与する場合にも早期に実行することができ、相続の場合の負担軽減効果も期待できる。

②事業承継のメリット

持株会社が株式を所有し、所有と経営を分離することによって、事業承継計画を資産承継と経営承継に分けることが可能となる。例えば、持株会社の株式は社長が保有しつつ、事業会社の経営を後継者に任せ、段階的に経営を承継したり、複数の事業を分社化して、別の後継者に引き継がせるといった形もとりやすくなる。

また、親族内に適当な後継者がいない場合、持株会社を親族が承継し、事業会社の経営は従業員などの第三者に任せるという形態も考えられる。

③持株会社の設立スキーム

株式交換・株式移転制度は、持株会社の設立などの企業グループ再編を容易に行うための制度であり、既に設立済みの会社を持株会社にする場合には株式交換が利用され、新たな持株会社を設立する場合には株式移転が利用される。いずれも持株会社の株式を対価として事業会社の株式を取得するため、取得資金が不要であり、税制適格要件を満たせば譲渡益課税が繰り延べられるため、個人の譲渡益課税対策としても有効である。

（2）株式交換による持株会社化

①基本的な株式交換スキーム

社長が事業会社Ａ社、後継者が持株会社となるべき会社Ｂ社の株式を保有している。Ａ社を子会社、Ｂ社を親会社とする株式交換を行う場合、社長が保有しているＡ社株式をＢ社へ渡し、その対価としてＢ社が社長へ新株を発行する。株式交換後は、持株会社であるＢ社がＡ社株式の全てを保有し、社長と後継者がＢ社株式を保有することとなる。

②会社法上の手続の留意点

株式交換においては、反対株主に対して株式買取請求権があるため、効力発生日の20日前までに株主に対して通知が必要である。また、新株予約権付社債の承継がなく、親会社株式のみを対価とする場合には、債権者保護手続は不要であることから、会社合併や会社分割よりも行いやすい組織再編といえる。

③税務上の留意点

子会社となるＡ社においては、株主が社長からＢ社へと変更になるのみであり、資産や負債に変動はない。親会社となるＢ社においては、Ａ社株式を受け入れて、新株式を発行するため、会計処理と税務処理が必要となる。

税制適格株式交換において親会社が取得した子会社株式の税務上の取得価額および親会社の増加資本金等の額は、株式交換直前の子会社の株主数が50人未満である場合には、子会社の株主が有していた子会社株式の適格株式交換直前の帳簿価額となり、子会社の株主数が50人以上である場合には、子会社の簿価純資産額となる。

株式交換直前の株主数が50人未満であるか50人以上であるかによって税務上の処理が異なるため留意されたい。

（3）株式移転による持株会社化

①基本的な株式移転スキーム

社長が事業会社Ａ社の株式を保有している。株式移転を行う場合、社長が保有しているＡ社株式を新設会社であるＰ社へ渡し、その対価としてＰ社が社長へ株式を割り当てる。株式移転後は、新設持株会社であるＰ社がＡ社株式の全てを保有し、社長がＰ社株式を保有することとなる。

１社単独で持株会社を設立するケースを単独株式移転というのに対し、複数の会社が共同持株会社を設立する手続を共同株式移転という。

②会社法上の手続の留意点

株式移転においても、反対株主に対して、株式買取請求権があるため、株式移転承認決議の日から２週間以内に株主に対して通知が必要である。また、新株予約権付社債の承継がない場合には、債権者保護手続は不要である。

③税務上の留意点

子会社となるＡ社においては、株主が社長から新設持株会社へと変更になるのみであり、資産や負債に変動はない。

新設持株会社においては、子会社株式を受け入れて、新株を発行するため、会計処理と税務処理が必要となる。

税制適格株式移転において新設持株会社が取得した子会社株式の税務上の取得価額および新設持株会社の増加資本金等の額は、株式移転直前の子会社の株主数が50人未満である場合には、子会社の株主が有していた子会社株式の適格株式移転直前の帳簿価額となり、子会社の株主数が50人以上である場合には、子会社の簿価純資産額となる。

株式交換と同様、株式移転直前の株主数が50人未満であるか50人以上であるかによって税務上の処理が異なるため留意されたい。

2．合併を活用した承継対策

オーナーが２社以上の非上場株式を保有しており、以下のような事例においては、合併を活用することによりオーナーの株式評価額の総額が下がることが考えられる。

①　各会社の会社規模がそれほど大きくない。

②　債務超過会社がある。

（1）株式評価の考え方と合併による効果

一般的に、類似業種比準方式による評価額は、純資産価額方式による評価額よりも低くなることが多いため、評価額に占める類似業種比準方式の評価額の割合を高めれば、評価額が減少することが見込まれる。

例えば、オーナーが2社以上の株式を保有しており各会社の規模がそれほど大きくない場合には、これらの会社を合併することで会社規模が大きくなり、評価額に占める類似業種比準方式の評価額の割合を高めることができる。

また、2社以上の会社のうちに債務超過会社がある場合、債務超過の会社の株式の評価額はゼロ円にしかならない（マイナスとはならない)。しかし、合併して債務超過会社のマイナス財産を取り込むことで、合併存続会社の純資産価額方式による評価額は下がり、かつ比準要素としての純資産価額が下がることで類似業種比準方式による評価額も下がることが期待できる。

（2）留意事項

類似業種比準方式による評価にあたっては、類似業種の株価、過去3年間の配当実績、年利益金額等の要素を基礎とする。しかし、合併後3年間は、合併による存続会社と消滅会社の2社の実績が併存し、類似業種株価の選定、1株当たり配当実績や、年利益金額等の要素の算定が困難となり、類似業種比準方式により算定される株価が合理性をもたないこととなる場合がある。その場合、合併後3年間は純資産方式による評価によらざるを得ず、結果として評価額が増加してしまうこともあり得る。したがって、承継対策に合併を活用するのは、合併から承継までに比較的時間の余裕がある場合に限られる。

また、合併が単に株価の引下げ等の承継対策の観点から行われ、それ以外の目的がない場合、承継を行う株式の評価にあたっては、合併がなかったものとして各社の株式評価を行い、各社の評価額総額を財産評価額とすべきとする認定を課税庁より受けるリスクも考えられる(相続税法64条1項)。したがって、承継対策に活用できる合併は、承継対策以外の経済合理性のある目的をもって行われる合併に限られることとなる。

3．会社分割を活用した承継対策

（1）対策による効果

①経営上の観点

組織の活性化、経営管理の高度化、柔軟な事業展開、リスクマネジメント。

②資本政策上の観点

複数の後継者への事業承継、株価上昇抑制。

（2）会社分割の活用

①会社分割のパターン

会社分割には分社と同時に新会社を設立する「新設分割」と既存の会社に事業を吸収させる「吸収分割」の２種類に加え、現行の会社の兄弟会社とする「分割型分割」と現行の会社の子会社とする分社型分割の２種類があり、それぞれの組合せにより、４つのパターンに分けることができる。

②事業承継のスキーム

ア．後継者が複数存在するケース

兄弟など後継者が複数存在する場合には、会社分割することによって後継者が承継する事業を切り分けることができる。

a. 反りの合わない複数の後継者に会社を承継させるケース

反りの合わない長男と次男の両者に会社を承継したい場合には、分社化が有効な手段である。１つの会社を両者に承継させた場合、将来的に兄弟間で紛争が生じてしまうと、会社経営のタイムリーな意思決定ができなくなってしまい、円滑な事業活動が妨げられてしまうおそれがある。

そこで分割型分割により事業を分社化し、既存の会社の株式は長男、分割により新設もしくは吸収した会社の株式は次男に引き継がせることにより、相続人間（株主間）の紛争を防ぐことができる。

b. 後継者と非後継者がいるケース

長男が後継者、次男が非後継者のような場合に、後継者の長男のみに株式を承継させると、次男の遺留分を侵害するおそれがある。

また、非後継者の次男にも相応の財産を残したいとオーナーが考えることもある。このような場合にも分社化は有効な手段である。

分割型分割により分社化し、事業会社の株式は長男、不動産管理会社などの株式は次男に承継することにより、長男は事業に専念し、次男は不動産の賃貸料や管理料により安定収入を得ることができる。長男、次男とも相応の財産を引き継ぐので遺留分の問題は軽減されることとなる。

イ．株価が高額なケース

会社分割により株価対策を行う場合は、高収益事業を分社型分割によって子会社化することが多い。分社型分割により、税務上の株価算定ルールに則って、株価が大きく変動する可能性がある。

例えば、大会社区分に該当し、類似業種比準価額が高い会社の高収益事業を、分社型分割により子会社に分割することで、分割会社の類似業種比準価額を大きく引き下げることができるというのが典型的なケースである。

このスキームで株価対策を行う場合のポイントは、「分割会社が株式保有特定会社に該当しない」こと、「分割会社の会社区分をできるだけ大きくする」ことの2点である。

分割会社が株式保有特定会社に該当しないためには、総資産に占める株式等の割合を50％未満とすることが必要である。そのため、分割会社に不動産を集約して保有させることが多いが、不動産だけで足りない場合は、その他の資産についても、事業上の必要性など合理的な理由のもとに分割会社に集約できないかを検討することとなる。

また、分割会社の会社区分を大きくするには、分割会社の総資産、売上高と従業員数をできるだけ残しておくことが必要となる。

分割により分割会社の事業内容が変わる場合、株価低減効果が発現するのは基本的に分割から約3年経過後である。なぜなら株価計算上、分割後2事業年度を経過するまでは類似業種比準価額方式が適用できないと解されているためである。

（3）会社分割の法務手続

①新設分割の手続

分割計画書等を作成してこれを備え置き、労働者と事前協議して株主総会を開き、分割計画書を承認した上で、分割の公告、異議申述の公告・催告をし、分割登記をする。新設会社においては、登記および株主などに対する告知を行う。他方、分割会社の債権者は、異議があれば異議の申述をするが、分割会社はこれに対して、弁済または担保提供か財産の信託を行う。また、株主から所定の反対手続として、株式買収請求権の行使があれば、これに対応する。

なお、一定の条件に該当する場合には、株主総会決議や債権者保護手続を省略することができる。

②吸収分割の手続

分割契約書等を作成してこれを備え置き、労働者と事前協議して株主総会を開き、分割契約書を承認した上で、分割の公告、異議申述の公告・催告をし、分割登記をするなど新設分割と同様の手続となるが、分割会社、承継会社の双方で行われる点が異なっている。

（4）会社分割と税務

①分社型の課税関係

ア．適格要件を満たす場合

税務上の簿価ですべての資産・負債の引継ぎが行われるので、分割法人、承継法人共に課税は生じない。

イ．非適格の場合

移転資産・負債を承継法人の交付新株の時価で譲渡したとされる。したがって、分割法人は譲渡益課税がなされる。一方、承継法人は、各資産を時価で受け入れるが、資本取引なので課税は生じない。

②分割型の課税関係

分割法人は移転した事業に係る資産・負債を承継法人に移転し、その対価として承継法人株式を受け取るが、その株式を即、分割法人の株主に配当として分配したとして処理することになる。

ア．適格分割型分割の場合

すべて税務簿価取引となるので、分割法人、承継法人、分割法人の株主のいずれも課税されない。

イ．非適格分割型分割の場合

分割法人は時価譲渡、承継法人は時価受入れという処理となる。分割法人は利益積立金より株主に分割するので、みなし配当の源泉徴収（20.42%）を要する。分割法人の株主は、非適格の場合、分割法人の利益積立金の減少分に対応する金額につき、みなし配当課税が生じる。交付金銭等の支払いがなければ株式譲渡損益の認識は非適格の場合でも生じない。交付金銭等の支払いがあると原則非適格となるが、株式譲渡損益の認識がされ、課税対象となる。

③不動産移転コスト

不動産を多く保有している事業を分割により切り出す場合は、多額の不動産移転コストがかかる場合があるので留意が必要である。分割により不動産を移転した場合には分割先法人において不動産取得税と登録免許税を納める必要が生じる。

なお、不動産取得税については、一定要件を満たした場合には課されないこととなっている。一定要件とは、次の3つの要件を満たす分割で、かつ分割交付金等の支払いがないこと、非按分型分割でないこと、という要件を備えた分割をいう。

ア．分割移転事業に係る主要資産・負債が分割承継法人に移転するものであること

イ．分割移転に係る事業が分割承継法人において分割後も引き続き営まれる見込みであること

ウ．分割直前の分割移転事業に係る従業者のうち、その総数のおおむね80%以上に相当する数の者が分割後に分割承継法人の業務に従事することが見込まれること

(5) 会社分割と雇用関係

会社分割は、分割をする事業に帰属するすべての権利義務を包括的に新設会社または承継会社に承継する制度である。当該事業に従事する労働者は、当然に、新設会社または承継会社に承継され、その労働契約も承継される。つまり、会社分割では、分割する部分について、包括的に移転するので、個別の労働者の承諾は不要である。

なお、会社の労働者は、移転する事業にのみ労務を提供している労働者だけでなく、他の部門にも労務を提供している者がいる。それらの労働者については、分割計画書または分割契約書に記載をすることにより、その帰属が決定される。

このように承継される場合、労働者は諾否の権利を持たないので、「会社分割に伴う労働契約の承継等に関する法律」により、労働者の権利を不当に阻害しないように配慮されている。

4．不採算事業の切離しを伴う承継対策

（1）不採算部門の切離し

①目的

不採算部門を切離す理由としては以下の項目が考えられる。

・採算部門と不採算部門を切離すことにより、採算部門の活性化を図る。

・不採算部門を独立させることにより、不採算となっている原因を解明し、対策を練りやすくなる。

・事業の効率化が図れる（間接部門のスリム化等）

②手法

不採算部門を切離す手法としては、主に次の方法がある。

・新設分割

・吸収分割

・事業譲渡

・部門清算

（2）対策実行にあたり検討・決定すべき事項

本項では、不採算部門の切離しの手法のうち、よく使われている新設分割の手法につき、対策を実行した場合の各種論点につき、説明することとする。

①メリット・デメリット

ア．メリット

・現金を準備する必要がないため、長期間を要さず対策が実行できる。

・主要な事業ごとに分割をすることができる。

イ．デメリット

・会社分割を実行することにつき、株主総会の特別決議が必要となる。

・新設分割子会社に既存の従業員が出向・転籍することとなるため、従業員の理解が必要となる。

②新設分割子会社の事前検討事項

新設分割は会社を新規に設立する行為となるため、新設分割子会社の以下の

事項につき、事前に検討が必要となる。

ア．新設分割子会社の所在地・商号・事業目的

イ．新設分割子会社の役員構成

ウ．従業員待遇の決定（出向または転籍、給与規定、退職金の取決め）

エ．許認可の確認

オ．承継資産および負債の範囲の決定

カ．新設分割子会社（分割親会社）の損益予想

キ．業務委託料や家賃等の親子会社間取引

③許認可の確認

新設分割においては、分割対象となる事業が許認可を要する事業であるかどうか、またその場合には、許認可を引き継げるかどうかの確認が非常に重要となる。

許認可が承継できない場合には、新設分割子会社が設立後、許認可を得られるまで、事業を行うことができない可能性があるためである。

④承継資産および負債の範囲の決定

(最低限)……商品、使用する備品等のみ

(本来)………上記＋売掛債権、買掛債務

(理想)………上記＋新設分割子会社の事業に関する特有の資産など

⑤親子会社間の取引について

ア．不動産賃貸借契約

新設分割子会社の事務所については、分割親会社の所有する物件を賃借することがある。賃借にあたり分割親会社の所有する物件近隣の賃料相場を把握することが困難である場合には賃料鑑定を実施し、賃料を設定する必要がある。

イ．業務委託契約

新設分割子会社における総務経理業務や、管理統括業務において、分割親会社在籍の従業員が業務を兼業するものがある場合には、業務委託契約の締結が必要となる。

5．その他の戦略的承継方法

（1）事業承継ファンドを活用した承継対策

後継者の株式承継資金が不足している、同業へのM&Aは避けたい、今の経営体制でそのまま継続して会社を成長させてもらいたい。こういったケースにおいて、事業承継を目的としたファンドを活用する方法がある。

①ファンド活用の流れ

ア．株式取得目的会社の設立

後継者は、対象会社の株式を取得するための会社を設立。金融機関からの融資とあわせて、ファンドから出資を受け、資金調達をし、株式取得資金の確保をする。

イ．対象会社株式の譲渡

現オーナーは、保有する対象会社の株式を、後継者設立の会社（株式取得目的会社）へ譲渡。これにより、現オーナーは、保有株式を換金できるため、創業者利潤を実現することができる。なお、株価は後継者が中心となり作成する事業計画を基に算定される。

ウ．後継者による会社運営

株式譲渡後は、後継者主導の会社運営を行う。ファンドの目的は、対象会社の価値を高め、キャピタル・ゲインを得ることであるので、ファンド運営者は、後継者の策定する事業計画をモニタリングしながら、経営支援を行う。また、オーナーは、株式を譲渡した後すぐには引退せずに、顧問等の立場で一定の期間、後継者にアドバイスをすることも可能である。

エ．投資ファンドの終了

後継者の策定した事業計画が達成されたのち、ファンドの終了に伴い、株式取得目的会社または後継者は、ファンドが出資している持分の買戻しを行う。

(2) メリット・デメリット

①メリット

ア. 換金性の乏しい非上場株式を換金することで、オーナーの将来における自由資金となり、また、相続税等の納税資金への活用も可能となる。

イ. 株式取得目的会社を設立する際の出資額は少額でも可能であることから、将来を担う人材を中心に株式保有者を再構成することもできる。

ウ. ファンドに株式を譲渡しても、実際に経営にあたるのは引き続き現オーナーが育んだ社内の人間が中心であり、社風や企業文化は維持される。

エ. 同業のM&Aは、いわば身売りのイメージがあり、系列色を嫌って取引先から離散される可能性があるが、そうしたおそれはなくなる。

②デメリット

ア. 事業計画の達成状況についてファンド運営者によるモニタリング(事業計画の実行状況を定期的に確認すること)が行われる。モニタリングの内容は会社の状況によって異なるが、モニタリングを通して経営管理面が強化され、成長企業への脱皮を図ることが求められる。

イ. 事業計画を下回る状況が継続するような場合には、経営上、一定の制限がかかる場合がある。そのため、事前に作成する事業計画は、後継者が確実に遂行できる内容となっている必要がある。

ウ. ファンドのEXIT戦略(投資後のバトンタッチ)として、再び株式を他に売却するかもしれない不安が周囲に付きまとう。

(3) ファンド活用における留意点

一口に「ファンド」といっても、事業承継をサポートするファンドは世の中に数多く存在する。しかし、これらファンドの性格は、ファンドマネージャーやファンドの出資者の属性によって大きく異なっており、どのようなファンドと付き合うかは重要なポイントとなる。

入口の段階で、高い価格で株を買い取ってもらったとしても、その後、不本意に経営権を取られてしまったということがないようにするためにも、ファンドの方針や運営者の能力をしっかりと見極める必要がある。

6．分散株式の集約を伴う承継対策

会社経営における意思決定は取締役会で決議される。その取締役の選任は、株主総会で決議されることから、結果として議決権を多く持つ株主により、会社経営における意思決定がなされる構図となっている。

そのため、オーナーは、円滑な意思決定により会社経営を行うために、最低でも議決権の過半数（目指すは3分の2超）を確保すべきとされている。株主総会で決議を通すためには、それで問題ないが、その一方で「少数株主」が持つ権利についても、留意する必要がある。

そこで、本項では、少数株主に分散されている株式の集約について記述する。

（1）少数株主の権利と潜在リスク

少数株主の意見が会社に影響を与えるケースは少ないと考えられるが、会社法上は、少数株主に対して強い権利が与えられている。

例えば、遠い親戚の少数株主に相続が発生し、その息子に株式が相続された場合に、その息子が同業他社の役員であったとすると、「帳簿等の閲覧権」を行使することにより、会社の損益の内容をつかまれ、大きな弊害となる可能性がある。このような事態を避けるために、定款に「相続人等に対する売渡し請求」の定めをおくことも検討すべきである。

一方で、株主に相続が生じた場合に、相続人から高値で株式を買い取ってほしいと要求されることもあり得る。そもそも、少数株主が株式を保有した経緯としては、以下のようなケースが多くみられる。

① 90年の商法改正前は、発起人が7名必要であったことから、会社設立時に発起人として名義を借りたケース

② 相続税対策として、取引先や従業員に株式の一部を保有してもらっているケース

株式を保有した当時は、オーナーや少数株主の間で、経緯を把握し、友好的な関係かもしれない。しかし、どちらかに相続が発生し、世代交代が起きると、過去の経緯もわからなくなり、少数株主において、会社から何かしらの恩恵を受けていたとしても、相続人が会社に対して友好的とは限らないといえる。

このような、潜在的なリスクを放置せず、オーナーは後継者に承継する前に、これらの少数株主に対して何らかの対策を行うことが望まれる。

（2）対策方法と適正時価

少数株主が保有する株式に対する対策方法としては、主に次のような方法が考えられる。

まずは、オーナー（個人）が少数株主から買い取る手法であるが、原則的評価方式による評価よりも低額で買取りをすると、少数株主からオーナーに対する贈与があったものとして、差額に対してオーナーに贈与税が課税される。

次に、持株会社（法人）により買い取る手法であるが、売主においては、所得税法基本通達59-6に基づく時価が適用される。少数株主の場合は、配当還元価額が時価となり、仮に、時価の2分の1未満の価額で売却をした場合は、時価で売買が行われたものとして、売主に対して譲渡税が課税される。

一方、買手である法人においては、法人税法基本通達9-1-14に基づく時価が適用される。一般に持株会社は中心的な同族株主に該当することから、財産評価基本通達の原則的評価額をベースにして下記の調整を加えた価額が時価となる。

ア．発行会社の会社規模を小会社として、純資産価額の50％と類似業種比準価額の50％の合計または純資産価額のいずれか低い価額で評価する

イ．土地や上場有価証券を保有している場合は、譲渡時の時価で評価する

ウ．純資産価額の計算において、相続税評価額と帳簿価額の差額に対する法人税等に相当する金額は控除しない

そのため、配当還元価額での売買を行う場合は、売主である少数株主においては、取得価額と売却価額の差額に対して譲渡税が課税され、買主である法人においては、時価と配当還元価額の差額に対して、受贈益課税が生じることになる。

自己株式による買取りの場合は、資本金等の額を超える部分について、利益の払戻しとみなして配当課税が行われる。

つまり、取得価額と資本金等の額の差額に対して、譲渡税が課税され、資本金等の額と売却価額との差額に対して配当課税がされることになる。譲渡税は、分離課税となる一方で、配当は、総合課税のため、売主における税負担が多く

なることが想定される。

また、買主である発行会社においては、資本取引として受贈益課税がされないことが大きく異なる部分である。

従業員持株会による買取りの場合は、持株会は同族株主ではないため、売主・買主いずれも配当還元価額が時価となる。

名義株の処理による場合は、そもそも名義株であることを少数株主に確認し、本来の所有者であるオーナーの名義に変更するという方法である。確認にあたっては、確認書を交わすことが望ましく、友好的な株主に対しては、一考の余地があるといえる。

第２章の出題

※出題・解説は原則、出題当時の内容で掲載されています。
※回号表示については、４頁の注意書きをご参照ください。

第1問　（第78回）

親族内承継に関する次の記述のうち、正しいものを一つ選びなさい。

① 近年、経営者の高齢化が進んでいることから、事業承継全体に占める親族内承継の割合は顕著に増加傾向を示している。
② 現経営者が後継者に承継すべき経営資源は多岐にわたるが、その中の一つ、「人（経営）」を承継するとは、事業を支える従業員を承継するということである。
③ 現経営者が後継者に承継すべき経営資源の一つ、「知的資産」とは、財務諸表に表れない経営資源の総称であり、それは特許やブランドなどの知的財産よりも広い概念である。
④ 親族内承継で、後継者候補を選定し、経営に必要な能力を身につけさせ、知的資産を含めて受け継いでいくためには、一般に１～２年程度の準備期間で足りるとされる。
⑤ 現経営者が高齢である場合には、取引先や金融機関に対して企業側から事業承継の話題を持ち出すことは、信用問題を惹起するおそれがあるため回避すべきである。

解答：P.180

第2問　（第81回）

事業承継の構成要素に関する次の記述のうち、最も適切なものを一つ選びなさい。

① 親族内承継においては、単に「株式の承継」＋「代表者の交代」と考えればよい。

② 事業承継後に後継者が安定した経営を行うためには、現経営者が培ってきたあらゆる経営資源を承継する必要がある。後継者に承継すべき経営資源は多岐にわたるが、「人（経営）」「資産」「知的資産」に大別される。

③ 人（経営）の承継とは、事業を支える従業員を承継するということである。

④ 資産の承継とは、事業を行うために必要な資産（設備や不動産などの事業用資産）の承継を指し、債権・債務は含まれない。

⑤ 知的資産とは、貸借対照表に記載されている無形固定資産を指す。

解答：P.180

第3問　（第81回）

遺留分に関する次の記述のうち、最も不適切なものを一つ選びなさい。

① 民法上、遺族の生活の安定や最低限度の相続人間の平等を確保するために、相続人（兄弟姉妹およびその子を除く）に最低限の相続の権利を保障しており、これを遺留分という。

② 遺留分の計算は相続開始時点での価額を使用するため、生前に贈与された株式の価値が上昇している場合には、遺留分の算定の基礎となる財産の金額が少なくなる。

③ 経営承継円滑化法に基づく遺留分に関する民法の特例を活用すると、後継者を含めた先代経営者の推定相続人全員の合意のうえで、先代経営者から後継者に贈与等された非上場株式等について、一定の要件を満たしていることを条件に、除外合意または固定合意をすることができる。

④ 除外合意とは、後継者が贈与等された株式等や事業用資産について、その価額を遺留分を算定するための財産の価額から除外する旨の合意である。

⑤ 固定合意とは、後継者が贈与等された株式等について、遺留分を算定するための財産の価額に算入する価額を合意時の時価に固定する旨の合意である。

解答：P.181

第4問

（第 81 回）

親族内承継のメリットに関する次の記述のうち、最も不適切なものを一つ選びなさい。

① オーナーの身近な親族に事業を承継することができる。

② 従業員や取引先に受け入れられやすい。

③ 早いうちから事業承継の準備をすることができる。

④ さまざまな優遇措置により、後継者への株式の移動について税負担が生じることはない。

⑤ 資本と経営を一致させやすい。

解答：P.181

第5問

（第 78 回）

相続による承継に関する次の記述のうち、正しいものを一つ選びなさい。

① 自社株式の相続先を後継者に指定する遺言書を作成したとしても、相続発生時に会社の業績が好調で、会社所有資産の価値が上昇している場合には、自社株式の評価額も高くなり、後継者以外の相続人の遺留分価額も上昇するため、後継者が遺言通り自社株式を相続できないこともあり得る。

② 遺言もなく、遺産分割も未分割の場合には、自社株式は「準共有」とされるため、遺産分割が終わるまで、当該自社株式の議決権を行使する方法はない。

③ 遺言が作成された場合には、遺留分の計算は、遺言作成時の時価で計算される。

④ 相続等によって取得した自社株式を、後継者等が相続税の申告期限の翌日から5年以内に発行会社に売却すれば、「みなし配当課税の特例」の適用を受けることができる。

⑤ 業績のよい会社や自己資本の厚い会社の場合、後継者が相続する自社株式の相続税評価額が基礎控除の額以下になることは少なく、相続税が課税されることになるが、その相続税の税率は10～75%の超過累進税率となってい

る。

解答：P.181

第6問

（第78回）

自社株式を売買によって譲渡する場合に関する次の記述のうち、誤っているものを一つ選びなさい。

① 株券発行会社であっても、すべての株式に譲渡制限に関する規定がある譲渡制限会社では、株主から請求があるまで株券を発行する必要はない。
② 株券発行会社の株主が株券の所持を希望しない場合は、当該会社に対して株券不所持の申出を行えば、株券は発行されない。
③ 株主が譲渡制限株式を第三者に譲渡しようとする場合には、譲渡しようとする株式の発行会社の承認を得なければならないが、その承認の請求は、譲渡人、譲受人のいずれも行うことができる。
④ 株券不発行会社の株式を株主が第三者に譲渡する場合は、譲渡人と譲受人との間で株式譲渡契約を締結すれば、有効に株式を譲渡することができる。
⑤ 株券を発行していない株券発行会社の株式を株主が第三者に譲渡する場合は、譲渡人と譲受人との間で株式譲渡契約を締結すれば、株券の引き渡しがなくても株式の譲渡を行うことができる。

解答：P.182

第7問

（第81回）

譲渡制限株式の贈与契約に関する次の記述のうち、最も適切なものを一つ選びなさい。

① 株主は、当該会社以外の第三者に譲渡制限株式を贈与する場合、当該会社に対して譲渡承認請求をすることができるが、贈与を受けた者も当該会社に対して譲渡承認請求をすることができる。
② 会社は株式譲渡承認の決定後、2カ月以内に譲渡承認請求者に対して当該決定内容の通知を行う必要がある。

③　会社が株式譲渡承認請求を受けた場合でも、取締役会の決議により譲渡を承認しないこともできるが、その場合、当該譲渡承認請求に係る対象株式を自社で買い取る方法しか認められない。

④　株式贈与は、当事者間で贈与契約を締結した段階で有効に成立するので、贈与当事者は株主名簿の名義書換を行わずとも、当該会社および第三者に対して権利の行使等をすることができる。

⑤　暦年課税の場合、贈与税の基礎控除額 110 万円以下の株式の贈与が行われた場合には、贈与税の申告は不要だが、相続時精算課税を選択した場合は、非課税枠 2,500 万円を超える場合に限り、申告が必要である。

解答：P.182

第8問　　(模擬問題)

会社経営者の相続・贈与についての留意点に関する次の記述のうち、最も不適切なものを一つ選びなさい。

①　同族会社で特定の株主のみが新株を引き受ける増資をした場合、その際の割当価格によっては、株主間でみなし贈与の問題が起こる可能性があるので、注意が必要である。

②　贈与税は、個人が個人から財産をもらったときにかかるものであり、例えば同族会社の役員が会社から利益の供与を受けた際には贈与税ではなく、所得税の課税対象となる。

③　自社の株式を生前贈与する場合、原則として贈与時点の評価額によって贈与税が計算されるので、事前に株式評価の引下げ対策をした上で贈与を行うことは効果的である。

④　被相続人が経営する会社の連帯保証人となっていた場合、後継者である相続人が引き続き会社の連帯保証をする場合には、相続税法上、保証債務は全て相続財産から控除される。

⑤　被相続人が自ら経営する会社に貸付をしていた場合、実際の回収見込みは低くても、その貸付金は相続財産となり、原則として額面で評価されるので、回収見込みの低い貸付金は、生前に株式への振替え、または損失処理等の対

応を検討しておくことが有用な場合もある。

解答：P.183

第9問　（模擬問題）

会社法と株式に関する次の記述のうち、最も不適切なものを一つ選びなさい。

① 定款自治とは、法令や公序良俗に反しない限り、会社の定款で自主的にルール作りができることであり、種類株式制度や株主ごとに異なる取扱い（属人的株式）などといった相対的記載事項や、経営理念やコンプライアンス条項といった任意的記載事項として具現化される。

② 黄金株は、株主総会や取締役会などの決議事項の一部または全部について、黄金株を持つ株主の種類株主総会の承認を必要とするというものとして注目されている。

③ 株主が死亡した場合、その株主が所有していた自社株は、死亡した株主の遺言が存在せず、かつ遺産分割協議が調わないうちは、その共同相続人全員の準共有となる。

④ 累積投票とは、取締役を１名以上選任する株主総会において、総会の３日前までに株主が会社に請求することで、取締役の選任において、１株について選任する取締役の数と同数の議決権があるものとして、複数議決権の行使を認めるものである。

⑤ 社歴の長い会社では、度重なる法律の変遷による規制や諸事情等により、株主名簿が実態と異なっているケースも見受けられるため、事業承継に際しては、経営権および財産権を有する者を正確に把握するために、改めて株主名簿をチェックし現状の株主構成と突合せをする必要がある。

解答：P.183

第10問

（第 77 回）

株式の贈与契約に関する次の記述のうち、正しいものを一つ選びなさい。

① 贈与契約は、贈与者がその意思を表示すれば効力を生ずる。

② 贈与契約に関する意思表示は、書面によらなければ契約は成立しない。

③ 譲渡制限株式を贈与する場合には、あらかじめ会社に対して譲渡承認請求を行い、会社の承認を得る必要があるが、会社は、譲渡を承認したあと 1 カ月以内に譲渡承認請求者に対してその旨の通知を行わなければならない。

④ 会社は、譲渡制限株式の贈与を承認しないこともできるが、その場合、買取人指定請求があるときは、会社自身が買い取るか、または別の買取人を指定しなければならない。

⑤ 株式の贈与に関して相続時精算課税を選択している場合、贈与金額が、贈与税の基礎控除額である 110 万円を超えないときは、税務署に申告する必要はない。

解答：P.184

第11問

（第 81 回）

株主総会における普通決議と特別決議に関する次の記述のうち、特別決議事項とされるものを一つ選びなさい（いずれも、定款に特段の定めを設けている場合を除く）。

① 取締役の選任・解任

② 役員報酬の決定

③ 剰余金の配当・処分

④ 現物配当

⑤ 自己株式の取得（特定の株主からの取得以外の場合）

解答：P.184

第12問

（第 80 回）

議決権割合と株主権に関する次の記述のうち、正しいものを一つ選びなさい。

① 会社の支配権とは、通常株主総会において決議を掌握できる状態を指し、通常は、定款変更や組織再編などの重要事項については、株主総会の普通決議が要求される。この普通決議は、原則として議決権の過半数を有する株主が出席し、その出席株主の議決権の過半数の賛成が必要である。

② 株主総会における議決権は、原則として1株1議決権であるため、支配権を確保するためには、通常、発行済株式総数の25％以上を経営者サイドで保有しておく必要がある。事業承継の場面においても、現経営者の保有する株式を後継者に移転して会社の支配権を確保させ、経営の安定を図ることが必要である。

③ 発行する株式のすべてを譲渡制限株式へと変更する定款変更を行う場合には、株主総会の特殊決議が要求される。この特殊決議は、議決権を行使することができる株主の半数以上であって、当該株主の議決権の3分の2以上の賛成が必要である。

④ 発行する株式の一部を取得条項付株式に変更する場合には、株主総会の特別決議が要求される。この特別決議は、議決権を行使することができる株主の議決権の過半数を有する株主が出席し、出席した当該株主の議決権の3分の2以上の賛成が必要である。

⑤ 株主権とは、株主に認められた権利であり、1株でも株式を保有していれば認められる権利を少数株主権、一定の議決権割合を保有する株主に認められる権利を単独株主権という。

解答：P.184

第13問

（第 77 回）

原則的評価方式あるいは配当還元方式のいずれを適用するかの判断に関する次の記述のうち、誤っているものを一つ選びなさい。

① 同族株主のいる会社において、その同族株主が相続や贈与により譲り受け

た当該会社の株式を評価するにあたり、どのような場合でも原則的評価方式が適用されるとは限らず、配当還元方式が適用される場合もある。

② 「中心的な同族株主」とは、同族会社の株主1名と、その配偶者、直系血族、兄弟姉妹、一親等の姻族（これらの者の同族関係者である会社のうち、これらの者が有する議決権割合が25%以上である会社も含む）の有する議決権割合の合計が25%以上である場合の、その株主をいう。

③ 「中心的な同族株主」は、同族株主のいる会社の評価方法の判定にあたり用いられる考え方であり、「中心的な株主」は同族株主のいない会社の評価方法の判定にあたり用いられる考え方である。

④ 同族株主のいる会社において、中心的な同族株主がいない場合には、その同族株主が相続や贈与により譲り受けたその会社の株式を評価するにあたり、すべての同族株主には原則的評価方式が適用される。

⑤ 課税時期において、第一順位の株主グループ（株主の一人とその同族関係者の議決権割合が45%）と第二順位の株主グループ（株主の一人とその同族関係者の議決権割合が40%）がある会社の場合、議決権割合が50%超の株主グループが存在しないため、この会社は同族株主のいない会社として判定することになる。

解答：P.185

第14問　　（第78回）

非上場株式の評価方法について、会社規模の判定に関する次の記述のうち、最も適切なものを一つ選びなさい。

① 従業員数60人、総資産価額15億円、取引金額20億円の卸売業は大会社とされる。

② 従業員数50人、総資産価額5億円、取引金額20億円のサービス業は中会社の大とされる。

③ 従業員数30人、総資産価額3億円、取引金額3億円の小売業は中会社の中とされる。

④ 従業員数20人、総資産価額2億円、取引金額2億円の製造業は中会社の小とされる。

⑤　従業員数５人、総資産価額7,000万円、取引金額２億円の卸売業は小会社とされる。

〈参考〉

会社の規模		従業員数	総資産価額（帳簿価額）			取引金額（売上高）		
			卸売業	小売業・サービス業	左記以外	卸売業	小売業・サービス業	左記以外
大会社		70人以上						
		70人未満～35人超	20億円以上	15億円以上		30億円以上	20億円以上	15億円以上
中会社	大		4億円以上	5億円以上		7億円以上	5億円以上	4億円以上
	中	35人以下～20人超	2億円以上	2.5億円以上		3.5億円以上	2.5億円以上	2億円以上
	小	20人以下～5人超	7千万円以上	4千万円以上	5千万円以上	2億円以上	6千万円以上	8千万円以上
小会社		5人以下	7千万円未満	4千万円未満	5千万円未満	2億円未満	6千万円未満	8千万円未満

解答：P.185

第15問　（第78回）

非上場株式を純資産価額方式で評価する際の注意点に関する次の記述のうち、最も適切なものを一つ選びなさい。

①　土地を相続税評価額で評価した際に評価益が出た場合、今後の動向により当該利益は実現しない可能性があるため、対象から外して評価しなければならない。

②　資産のうち繰延資産等､財産性のないものは評価から外して考える。一方、負債については、確実と認められるものに限られ、賞与引当金、貸倒引当金等は負債から除いて評価する。

③　貸借対照表において、繰延資産等、財産性のないものは評価を０として計算することとされているので、耐用年数が経過して帳簿価額が１円となっている建物は、相続税評価額によらず例外的に１円として評価できる。また、未払いの税金・配当は負債として扱わない。

④　建物･土地、有価証券等の含み益（相続税評価額と帳簿価額との差額）は、その80%をカットする。

⑤　純資産価額方式は、課税時期の評価会社の時価を適正に把握することが必要なので、評価する際は必ず仮決算を行わなければならない。

解答：P.186

第16問　（第 81 回）

類似業種比準方式に関する次の記述のうち、誤っているものを一つ選びなさい。

① 類似業種比準方式は、一般に、大会社に該当する会社株式の原則的評価方法である。

② 類似業種比準価額計算上の類似業種の株価は、課税時期（相続開始の日、贈与の日等）の属する月以前3カ月間の各月の平均株価のうち最も低い価額によるが、納税者の選択により、類似業種の前年（1 ～ 12月）平均株価または課税時期の属する月以前2年間の平均株価によることも認められている。

③ 類似業種比準価額計算上の評価会社の1株当たりの配当金額は、直前期末以前3年間における評価会社の利益の配当金額（特別配当、記念配当等の名称による配当金額のうち、将来毎期継続することが予想できない金額は除かれる）の平均値を、直前期末における発行済株式総数で割った金額である。

④ 類似業種比準方式における3つの比準要素（年配当金額・年利益金額・純資産価額）については、1：1：1の割合（同じ割合）で計算することとなる。

⑤ 利益積立金額とは、具体的には、法人税申告書別表五（一）の『利益積立金額の計算に関する明細書』の差引翌期首現在利益積立金額の差引合計額をいう。

解答：P.186

第17問
（第77回）

以下の会社において、原則的評価方式の一つである類似業種比準方式により1株あたりの株価を、次のデータに基づき計算し、正しいものを一つ選びなさい。

<対象会社の概要>

業種	製造業
会社規模	大会社
発行済株式数	100株
1株あたりの資本金等の額	50,000円

<計算用データ>

要素	対象会社	類似業種
1株あたりの年配当金額	15円	5円
1株あたりの年利益金額	80円	20円
1株あたりの純資産価額	700円	350円
業種目別株価		450円

① 472,500円
② 675,000円
③ 810,000円
④ 945,000円
⑤ 1,350,000円

解答：P.187

第18問
（第81回）

非上場株式の評価額に関する次の記述のうち、最も適切なものを一つ選びなさい。

① 同族株主については配当還元方式により評価される。
② 同族株主以外の株主や少数株主については原則的評価方式により評価される。

③ 同族株主の判定は、当該譲渡または贈与直前の議決権数によって判定する。
④ 法人税法上・所得税法上の評価額を算定する際に、課税上弊害がない一定の場合には、財産評価基本通達に基づき評価を行うこともできるが、その場合、株主が中心的な同族株主に該当する場合には、「大会社」によって評価する。
⑤ 法人税法上・所得税法上の純資産価額方式の計算上、土地や上場有価証券は相続税評価額で評価する。

解答：P.187

第19問 （第77回）

配当還元方式に関する次の記述のうち、正しいものを一つ選びなさい。

① 配当還元価額は、直前期および直前々期の2期における配当金の支払実績に基づき計算するため、この2期がいずれも無配当の場合には、0円として算定されることになる。
② 直前期および直前々期において、非経常的な配当金の支払いがある場合には、それを除いて計算することになるが、これら除外される非経常的な配当は、名目が周年記念配当に限定されている。
③ 配当還元価額は、原則として同族株主以外の株主に適用されるが、この配当還元価額よりも原則的評価方式（純資産価額、類似業種比準価額、またはその折衷価額）の価額の方が低い場合には、原則的評価方式の価額により評価することとなる。
④ 配当還元価額を計算する際、1株あたりの配当金額を還元する率は、年7.3%である。
⑤ 同族会社のオーナー（筆頭株主）から、非同族の役員が株式を買い取る際の税務上の適正価額は、売り手側である同族株主の売却前の状況を基準として判断するため、配当還元価額ではなく、原則的評価方式による価額となる。

解答：P.187

第20問　（模擬問題）

自社株にかかる相続税に関する次の記述のうち、誤っているものを一つ選びなさい。

① 相続税は、各相続人が相続によって実際に取得した財産に所定の税率を乗じて算出するというものではない。

② 相続財産の合計額は、被相続人の本来の相続財産に、みなし相続財産を加算し、非課税財産を控除し、相続時精算課税制度を選択した贈与財産を加算し、債務・葬式費用を控除し、相続開始前3年以内の贈与財産を加算して算出される。

③ 相続税を計算する際の基礎控除額は、(3,000万円＋600万円×法定相続人の数）により計算する。

④ みなし相続財産とは、相続財産のうち、相続税のかからない相続財産のことで、墓地や墓石、相続等によって取得した死亡退職金、死亡保険金のうち500万円に法定相続人数を乗じた金額までの部分などがこれにあたる。

⑤ 相続税の2割加算とは、財産を取得した人が被相続人の一親等の血族および配偶者以外の場合に、その人の相続税額の20％相当額が加算されることをいう。

解答：P.188

第21問　（第81回）

令和5年度の税制改正適用後の暦年贈与制度に関する次の記述のうち、最も不適切なものを一つ選びなさい。

① 改正後の制度は、令和6年1月1日以降の贈与より適用される。

② 暦年贈与制度は、改正前は贈与者の死亡日以前3年以内に贈与した財産について相続財産に持ち戻すことになっていたが、改正後は、その持ち戻し期間が7年以内に延長される。よって、たとえば、令和8年7月に相続が発生した場合、令和元年7月以降の生前贈与が相続財産に持ち戻されることになる。

③　改正により持ち戻しの期間が延長されたことに伴い、従来の制度と比べて延長された期間内の贈与については、総額で100万円までは相続財産に加算しないこととされている。

④　暦年贈与制度においては、持ち戻し期間内に贈与を受けた財産が非課税枠である年間110万円以下である場合であっても、持ち戻しを行うこととされている。

⑤　今後、長期にわたり財産を次世代に贈与する予定であり、また贈与する財産は値上りを期待するような財産ではない場合（現金預金）には、相続時精算課税制度より暦年贈与制度の方が一般に有利であるといえる。

解答：P.188

第22問　（第80回）

自社株にかかる贈与税に関する次の記述のうち、誤っているものを一つ選びなさい。

①　暦年課税による税額は、その年の1月1日から12月31日までの1年間に贈与によって取得した財産価額の合計額から基礎控除額110万円を差し引き、その残額に税率を乗じて計算される。

②　暦年課税の場合、贈与者が亡くなったときの相続税の計算では、原則として、相続財産の価額に贈与財産の価額は加算されないが、相続または贈与により財産を取得した人が相続開始前3年以内（令和5年度の税制改正において、順次7年以内までに伸長）に贈与を受けた財産の贈与時価額は加算される。

③　相続時精算課税制度は、直系尊属からその年の1月1日において18歳以上の者へ財産を贈与する場合に、受贈額から非課税枠（累計）2,500万円を控除した額に一律20%の税率で課税するものである（令和5年度の税制改正において、相続時精算課税制度において、別途、年間あたり非課税枠110万円が設けられることとなった）。

④　将来、価額の上昇が予想される財産については、相続時精算課税制度を利用することによって、贈与時の価額で課税価格を固定することができるが、予想に反して価額が贈与時よりも下落したときは、贈与時の価額で相続財産

に合算されるため不利になることもある。

⑤　相続時精算課税制度を選択しようとする受贈者は、その選択に係る最初の贈与を受けた年の翌年2月15日から3月15日までの間に、税務署長に「相続時精算課税選択届出書」など所定の書類を提出しなければならないが、その後3年以内であれば、その届出を撤回して暦年贈与課税に戻ることができる。

解答：P.189

第23問　（第81回）

令和5年度の税制改正適用後の相続時精算課税制度に関する次の記述のうち、最も不適切なものを一つ選びなさい。

①　改正後の制度は、令和6年1月1日以降の贈与より適用される。また、すでに同制度を選択している納税者についても、同日の贈与から新制度の適用となる。

②　相続時精算課税制度では、その制度が選択された年度以降の贈与については、すべて贈与者の相続時に相続財産として持ち戻され、かつ持ち戻しの期間制限はない。

③　相続時精算課税制度では、当初の非課税枠2,500万円を超える贈与を行った場合、そのすべてが税率20％での贈与税課税対象となり、かつ、将来の相続時においては、非課税枠2,500万円を含む贈与総額が持ち戻しの対象となる。

④　相続時精算課税制度を選択する場合には、暦年贈与とは異なり、贈与税の申告期限までに、税務署に相続時精算課税選択届出書を提出しなければならない。

⑤　将来的に財産価値が上昇する見込みの自社株式等を後継者に贈与する場合には、将来の相続時における持ち戻しの価額を贈与時のものに固定化できる相続時精算課税制度が優れているといえるが、逆に価値が下落した場合には、結果的により高い税負担になってしまうこともあるので、注意が必要である。

解答：P.189

第24問

(第 77 回)

自社株式にかかる譲渡所得税等の計算に関する次の記述のうち、正しいものを一つ選びなさい。

① 株式等の譲渡による事業所得の金額、譲渡所得の金額および雑所得の金額は、「上場株式等に係る譲渡所得等の金額」と「一般株式等に係る譲渡所得等の金額」に区分し、他の所得の金額と区分して税金を計算する「申告分離課税」となる。

② 上場株式等に係る譲渡損失の金額を、一般株式等に係る譲渡所得等の金額から控除することはできる。

③ 一般株式等に係る譲渡損失の金額を、上場株式等に係る譲渡所得等の金額から控除することはできる。

④ 一般株式等内の譲渡損益については、一般公社債等の譲渡益・償還益と損益通算をすることができない。

⑤ 相続や遺贈により財産を取得して、相続税を課税された人が一定期間内に、相続税の課税対象となった非上場株式をその発行会社に譲渡した場合は、みなし配当課税のみが適用される。

解答：P.189

第25問

(第 78 回)

非上場株式にかかる納税猶予制度の一般措置と特例措置の相違点に関する次の記述のうち、最も適切なものを一つ選びなさい。

① 猶予対象株式は、一般措置では発行済株式総数の最大４分の３が対象となるが、特例措置では後継者が取得した株式のすべてが対象となる。

② 納税猶予割合は、一般措置では納税猶予の対象となった株式に係る相続税（贈与税）の 80％が猶予対象となるが、特例措置では納税猶予の対象となった株式に係る相続税（贈与税）の 100％が猶予対象となる。

③ 一般措置では後継者を１人に選定しなければ制度利用できないが、特例措

置では代表権を持つ後継者（最大３人まで）であれば、各人の議決権割合等に関係なく誰でも制度が利用できる。

④　相続時精算課税の適用に関しては、一般措置では、60 歳以上の父母または祖父母から 18 歳以上（2022 年４月１日以後の贈与の場合）の推定相続人または孫への贈与と限定されているが、特例措置では、60 歳以上の者から 18 歳以上(2022 年４月１日以後の贈与の場合)の者へと適用範囲が拡大され、親族関係が不要となっている。

⑤　会社を譲渡・解散・合併等をした場合、一般措置ではその時点での株式価値を再計算して差額を減免されるが、特例措置では原則全額猶予される。

解答：P.189

第26問　（第 77 回）

自社株式にかかる納税猶予制度に関する次の記述のうち、誤っているものを一つ選びなさい。

①　2018 年度税制改正において大きく改正された納税猶予の特例措置の適用を受けるためには、原則として、2024 年３月 31 日（2022 年度税制改正により 2023 年３月 31 日から１年間延長）までに、都道府県に対して特例承継計画を提出しなければならない。

②　納税猶予の特例措置の適用期限は 2028 年 12 月 31 日までとなっており、この期限までに、自社株式の承継が行われなければ、納税猶予の特例措置の適用を受けることができない。

③　贈与税の納税猶予の適用を受ける場合、贈与年の 10 月 15 日から翌年１月 15 日までの間に円滑化法の認定申請を受けなければならず、さらに、贈与税の申告期限までに、一定の担保提供も必要となる。

④　納税猶予の適用を受けた後において、当初５年間は毎年、都道府県に年次報告書を提出し、また税務署には継続届出書を提出しなければならない。さらに、５年間の経過後も、３年に一度、税務署に継続届出書を提出しなければならない。これらが期限内に提出されない場合には、納税の猶予は取消となる。

⑤　株式を贈与した先代経営者が死亡した場合には、贈与税の納税猶予は免除となるが、その先代経営者の相続税については、贈与税の納税猶予の対象となった非上場株式を相続により取得したものとみなして、改めて相続税の課税対象となる。その際、一定の要件を満たす場合には、改めて相続税の納税猶予の申請を行うことができる。

解答：P.190

第27問　（第 77 回）

役員退職金の支払による自社株対策に関する次の記述のうち、最も不適切なものを一つ選びなさい。

①　役員への退職金の支払は、会社利益を減少させるとともに純資産価額も減少させるため、自社株の評価が下がることが多い。

②　退職所得の金額は、その年中に支払を受ける退職手当等の収入金額から、その者の勤続年数に応じて計算した退職所得控除額を控除した残額の２分の１に相当する金額とされているが、役員等としての勤続年数が５年以下の者が、その役員等勤続年数に対応する退職手当等として支払を受けるものについては、この残額の２分の１とする措置はない。

③　役員退職金の支払は、会社の資金面に大きな影響を与えることがあるため、事前に経営者保険に加入するなど早めの対策を行っておくことも重要である。

④　役員退職金の支給額がその役員の功績や勤続年数からみて不相当に高額な場合には、その不相当に高額な部分の金額は、法人税法上、損金に算入できない。

⑤　実務上、役員退職金の支給額の目安を決定するための一般的な方法として、功績倍率法（当該役員の最終月額報酬×役員勤続年数×役位ごとに法令で定められた功績倍率）という方法がある。

解答：P.190

第28問

（第 78 回）

非上場会社における自社株の買取りに関する次の記述のうち、正しいものを一つ選びなさい。

① 非上場会社における自社株買いの一般的な方法には、簡易公開買付けと特定の株主からの買取りがあるが、いずれも自己株式の取得行為に該当するため、株主総会の特別決議が必要となる。

② 特定の株主からの自社株買取りの場合、会社が指定した特定の株主からのみ取得することができるため、その株主以外から買取り希望があった場合には、会社の判断でその買取りの可否を決定することができる。

③ 相続により自社株を取得した相続人からの希望により自社株を取得する場合は、その相続から５年以内に行われる場合に限り、他の株主に対して売主追加請求のための通知は不要である。

④ 会社の定款において、「相続等により当社の株式を取得した者に対し、その株式を当社に強制的に売り渡すことを請求できる」と定められている場合には、その相続人の意向に関わらず、会社は、相続人が相続した株式を自己株として取得することができる。ただし、この売渡請求は、たとえばオーナー株主に相続があった場合、その相続人に対して会社から売渡請求が行われることもあるなど、慎重な対応が必要となる。

⑤ 特定の株主から自社株を買い取る場合、通常の配当金とは異なり、分配可能額の範囲に限定されるものではなく、資本準備金・利益準備金もその範囲に加えて実行することができる。

解答：P.190

第29問

（第 78 回）

持株会社を活用した承継対策に関する次の記述のうち、最も適切なものを一つ選びなさい。

① 親族である後継者（子など）が持株会社を設立し、オーナーが保有する自

社株をその持株会社に売却する場合、税務上、その適正な譲渡価額は、相続税評価額（原則的評価方式）となる。ただし、そのうち純資産価額を計算する場合における含み益に対する37%の控除は行わないこととして計算する。

② 持株会社を設立し同社が自社株を取得する場合、金融機関から資金調達を行うことが一般的だが、その返済原資は、その持株会社において行う事業から生じるキャッシュフローがメインとなることが多い。よって、本体の会社から収益性の高い事業の譲渡を受ける、収益性の高い不動産を取得する、といった方法を必ずセットで検討しなければならない。

③ 持株会社は、単に本体会社株式の受け皿としての機能だけではなく、その持株会社をホールディングカンパニーとして活用することも可能である。その場合、株式交換・株式移転や会社分割といった方法によることも考えられる。これらの会社法上の組織再編行為は、税務上、保有する株式の譲渡、移転する資産の譲渡等と見なされ税負担が生じるため、納税資金の許容範囲内での実行に限定される。

④ 持株会社に本体株式を譲渡することにより、オーナーは株式を現金に換えることができ、その現金を、たとえば経営を承継しない子ども等に承継させることが可能となる。また、その確実な実現のためには生前贈与による以外に方法はなく、贈与時の税金負担を考慮すると、暦年贈与より相続時精算課税贈与によった方が良いといえる。

⑤ たとえば株式交換・株式移転の方法により持株会社を設立し、その後、保有する不動産について会社分割等の方法により持株会社に集約する方法が考えられるが、このような方法により、将来的に所有と経営の分離を行いやすい体制を築くことが可能となるケースが多い。

解答：P.191

第30問　（第77回）

種類株式を活用した承継対策に関する次の記述のうち、最も不適切なものを一つ選びなさい。

① 配当優先・無議決権株式は、他の株式に比して配当金を優先的に受け取る

ことができる一方で、議決権を行使することができない（または行使できる議決権が制限される）という種類株式で、経営に関与するより配当金を受け取ることを重視する株主において有用である。また､経営サイドにおいても、この種類株式を活用することにより、議決権の集約を行いやすくなる、というメリットがある。

② 拒否権付株式は、株主総会や取締役会の決議事項の全部または一部について拒否権を持ち、通常の決議とは別に、この拒否権付株式を保有する株主だけの総会決議も別途必要になるというものである。さらに、必要に応じて、この拒否権付株式を保有する株主だけの株主総会において、別途の議案を上程し承認可決し、それを正式な承認事項とすることも可能であることから、絶対的な権限のある種類株式といわれている。

③ 拒否権付株式は、非常に権限の強い種類株式であるため、その株主に相続があった場合などを想定し、たとえば「拒否権付株式を保有する株主に相続があった場合には、会社があらかじめ定めた価格（@×××円）で買い取ることができる」といった取得条項を付しておく対応も必要である。

④ 拒否権付株式は、普通株式と比べて強い権利を持つ株式であるが、税務上の評価については、現行税制では、普通株式と同様の評価を行うこととされている。

⑤ 属人的株式は、種類株式とは異なり登記をする必要はなく、株主総会の特殊決議（総株主の過半数であって、総株主の議決権の4分の3以上の賛成）により成立する。属人的株式は、特定の株主の議決権割合を増やすことができるなど、円滑な事業承継のための手段として非常に有効であるが、極端な設計によりトラブルが生じているケースもあり、実際に導入する際には、十分に注意する必要がある。

解答：P.192

第31問　（第78回）

信託を活用した承継対策に関する次の記述のうち、最も適切なものを一つ選びなさい。

① 信託契約が締結されると、財産の所有権は委託者から受益者へ移転することになるが、信託財産の経済的価値は受託者に帰属することになる。そのため、税務上は、委託者から受託者へ贈与があったものとみなし、受託者が贈与税を納めることとなる。

② 一度締結した信託契約を見直したい場合には、委託者と受益者の同意があれば変更が可能だが、信託の目的に反しない場合には、委託者・受託者・受益者の三者の合意で変更することができる。

③ 株価対策を行った後に自己信託を行うことで、オーナーは、財産権（株式の受益権）を後継者へ渡しながらも、依然として経営権（株式の議決権）を維持することができる。

④ 遺言代用型信託とは、オーナーが生前に自身を受託者とし、自身に相続があった場合に後継者が委託権を取得する旨を定めた信託をいう。これにより、オーナーは生前のうちに、自身が亡くなった後の経営権を後継者に確実に取得させることができる。

⑤ 遺言代用型信託の応用である受益者連続型信託は、オーナーが後継者として定めている委託者が亡くなった場合に、さらにその次の後継者を委託者として定めておくことができる信託である。

解答：P.192

第32問　（第81回）

従業員持株会に関する次の記述のうち、最も不適切なものを一つ選びなさい。

① 従業員持株会は、同族経営企業の相続対策として、大株主たる経営者が所有する当会社の株式の一部を従業員持株会に譲渡することで、経営者の相続財産を減らす効果がある。

② 従業員持株会は、一般的には民法667条1項の組合として設立されること

が多く、この場合の従業員持株会という組織は、法律上一つの法人として扱われるため、株主権（自益権、共益権）のすべては従業員持株会に帰属し、議決権行使にあたっては理事長が組合を代表し行使することになる。

③　従業員持株会設立のメリットとしては、従業員の福利厚生の増進と経営参画への意識の向上を図ることができること、さらに従業員がそれぞれに株式を所有する場合と比較して、一般的には会社側の株主管理が容易となること、などがあげられる。

④　従業員持株会設立のデメリットとしては、剰余金の配当を維持することができなくなると従業員の不信感や不満が表面化してしまうこと、さらに少数株主権を行使されるおそれがあること、などがあげられる。

⑤　従業員持株会が保有する当会社の株式を、「当該種類の株式の種類株主を構成員とする種類株主総会において取締役または監査役を選任することができる種類の株式（役員選任権付株式）」とすることで、従業員の意見を会社経営に反映させることができる。

解答：P.193

第33問　（模擬問題）

株主と従業員持株会に関する次の記述のうち、最も不適切なものを一つ選びなさい。

①　非公開会社である中小企業の経営者の相続対策として、経営者が所有する自社株式の一部を従業員持株会に譲渡することによって、経営者の相続財産を減らす効果が期待できる。

②　中小企業の従業員持株会の法的性質は、一般的に民法上の組合であるとされ、その所有する自社株式については、法人とみなされた従業員持株会が固有の株主として存在し、税務上もみなし法人として従業員持株会には配当所得について法人税が課せられる。

③　従業員持株会を設立するメリットとしては、従業員に経営参画の意識を持たせることができ、さらに従業員株主として自社株式を直接的に保有させることと比較して、会社側の管理が容易となることなどがあげられる。

④　従業員持株会を設立するデメリットとしては、剰余金の配当を維持することができない場合に従業員の不信感や不満が表面化してしまう、少数株主権の行使をされるおそれがあることなどがあげられる。

⑤　従業員持株会が保有する自社株式を、当該種類の株式の種類株主を構成員とする種類株主総会において取締役を選任することができる種類株式にすることで、従業員の意見を会社経営に反映させることができる。

解答：P.194

第34問　（模擬問題）

事業承継を目的とした生命保険の活用に関する次の記述のうち、誤っているものを一つ選びなさい。

①　一般に、会社の後継者に自社株を承継することに起因して、非後継者から遺留分侵害額請求を受ける可能性があるが、たとえば後継者を受取人とする生命保険に加入することにより、そのリスクへの対応を図ることができる場合がある。

②　一般に、相続税の納税資金の確保に心配があるが、生命保険を活用することによりそのリスクを排除（軽減）することができる。

③　生命保険を活用することにより、オーナーへの将来の退職金支給に備えることができる。

④　生命保険の活用により、自社株の評価額を下げる効果を得られる場合がある。

⑤　生命保険金は民法上、相続財産であり、保険金受取人の固有の財産とされることはない。

解答：P.195

第35問　（模擬問題）

設備投資の実施と自社株の株価への影響等に関する次の記述のうち、最も不適切なものを一つ選びなさい。

①　小会社の原則的評価方法である純資産価額方式による株価は、財産評価基本通達に基づいて評価されることになる。

②　路線価方式は、路線価が定められている地域の評価方法である。路線価とは、路線に面する標準的な宅地の1平方メートル当たりの価額のことで、千円単位で表示している。倍率方式は、路線価が定められていない地域の評価方法である。倍率方式における土地の価額は、その土地の固定資産税評価額に一定の倍率を乗じて計算する。

③　不動産市況等が極端に悪い場合には、時価が相続税評価額を下回る可能性も稀ではあるが考えられるため、設備投資による株価対策が100％有効であるとは限らないので注意が必要である。

④　会社の資金調達力に余裕があり、設備投資が実現できるならば、設備投資の一環として土地や建物を取得することにより、株式の評価額を下げることができる。ただし、将来の資金繰り等をも考慮して意思決定することが必要となる。

⑤　不動産市況が極めて良い時期に土地・建物を取得した場合には、取得価額（帳簿価額）が相続税評価額より低いケースが多いため、土地・建物への設備投資は自社株の評価を低減させる方法として検討される。

解答：P.195

第36問　（第78回）

組織再編を活用した承継対策に関する次の記述のうち、最も適切なものを一つ選びなさい。

①　税制適格株式交換において親会社が取得した子会社株式の税務上の取得価額および親会社の増加資本金等の額は、株式交換直前の子会社の株主数が

50人未満である場合には、子会社の簿価純資産額を基準として算定し、子会社の株主数が50人以上である場合には、子会社の株主が有していた子会社株式の適格株式交換直前の帳簿価額（取得価額）を基準として算定する。

② 税制適格株式移転において新設持株会社が取得した子会社株式の税務上の取得価額および新設持株会社の増加資本金等の額は、株式移転直前の子会社の株主数が50人未満である場合には、子会社の簿価純資産額となり、子会社の株主数が50人以上である場合には、子会社の株主が有していた子会社株式の適格株式移転直前の帳簿価額（取得価額）となる。

③ 合併が単に株価の引下げ等の承継対策の観点から行われ、それ以外の目的がない場合、承継を行う株式の評価にあたっては、合併がなかったものとして各社の株式評価を行い、各社の評価額総額を財産評価額とすべきとする認定を課税庁より受けるリスクも考えられる。

④ 分社型会社分割の場合、分割法人は移転した事業に係る資産・負債を承継法人に移転し、その対価として承継法人株式を受け取るが、その株式を即、分割法人の株主に配当として分配したとして処理することになる。

⑤ 分割型会社分割の場合、必ず税務上の簿価ですべての資産・負債の引継ぎが行われるので、分割法人、承継法人ともに課税は生じない。

解答：P.195

第37問　（第75回）

株式交換に関する次の記述のうち、最も不適切なものを一つ選びなさい。

① 株式交換は、対象会社を完全子会社とすることにより会社の支配権を得るＭ＆Ａの手法であり、対象会社が譲渡できない権利や許認可・登録等を持っている場合に有効に活用できる。

② 株式交換完全親会社は、その効力発生日に、株式交換完全子会社の発行済株式の全部を取得するが、この場合には、株式交換完全親会社が株式交換完全子会社の株式を取得したことについて、株式交換完全子会社が株式譲渡に係る承認をしたとみなされる。

③ 上場会社Ａ社と中小企業Ｂ社における株式交換完全親会社をＡ社、株式交

換完全子会社をＢ社とする株式交換により、Ｂ社の経営者株主には流動性のあるＡ社の株式が交付されるので、経営者株主は取得した株式の売却により換金することが期待できる。

④　株式会社と合同会社は、株式会社がその発行済株式の全部を合同会社に取得させる株式交換をすることができる。

⑤　株式会社と特例有限会社の株式交換は、株式会社側を株式交換完全親会社とする場合でのみ行うことができる。

解答：P.195

第38問　（第 75 回）

合併に関する次の記述のうち、最も不適切なものを一つ選びなさい。

①　Ａ株式会社、Ｂ株式会社、Ｃ有限会社は、吸収合併効力発生日にＡ株式会社を吸収合併存続会社、Ｂ株式会社およびＣ有限会社を吸収合併消滅会社とする吸収合併契約を締結することができる。この場合、吸収合併の効力発生日には、Ａ株式会社は、Ｂ株式会社およびＣ有限会社の権利義務の一切を承継し、Ｂ株式会社およびＣ有限会社は消滅することになる。

②　組織が完全に融合する合併においては、特に経営統合後は、制度やシステムについても統合した方が効果を発揮しやすいものの、組織・文化面の統合と同様、摩擦や抵抗は避けられず、大きな課題となる。

③　Ｍ＆Ａのスキームにおいて、組織の軋轢が大きい複数の企業が統合するような場合には、まず株式移転を利用して、緩やかな企業統合や完全支配関係を構築したのちに吸収合併をする方法が行われる。

④　Ａ株式会社を存続会社、Ｂ有限会社を消滅会社とする吸収合併について、Ａ株式会社とＢ有限会社の債権者は、当該合併に関して異議を述べることができるため、債権者異議申述手続として、各会社が定款で定める会社の公告する方法に従い公告し、かつ知れたる債権者には格別に催告しなければならない。

⑤　特例有限会社については、吸収合併存続会社になることができない。

解答：P.196

第39問

(第 80 回)

会社分割に関する次の記述のうち、最も適切なものを一つ選びなさい。

① 会社分割には、分社と同時に新会社を設立する「新設分割」と既存の会社に事業を吸収させる「吸収分割」の2種類に加え、一般的に現行の会社の子会社とする「分割型分割」と現行の会社の兄弟会社とする「分社型分割」の2種類がある。

② 反りの合わない長男と次男の両者に会社を承継したい場合には、分社型分割により親子会社を設け、それぞれを所管させる方法が有効である。

③ 分割会社が株式保有特定会社に該当しないためには、総資産に占める株式等の割合を50%以上とすることが必要である。

④ 新設分割の場合には、分割計画書等を作成してこれを備え置き、労働者と事前協議して株主総会を開き、分割計画書を承認したうえで、分割の公告、異議申述の公告・催告をし、分割登記をする。新設会社においては、登記および株主などに対し告知を行う。

⑤ 税制適格要件を満たす分社型分割の場合、移転資産・負債を承継法人の交付新株の時価で譲渡したとされるので、分割法人においては譲渡益課税がなされる。一方、承継法人は、各資産を時価で受け入れるが、資本等取引なので課税は生じない。

解答：P.197

第40問

(第 78 回)

次の記述のうち、不採算事業を切り離す手法といえないものを一つ選びなさい。

① 新設分割

② 吸収分割

③ 事業譲渡

④ 株式移転

⑤ 部門清算

解答：P.197

第41問

（第78回）

少数株主が保有する株式に対する対策手法に関する次の記述のうち、最も適切なものを一つ選びなさい。

① 個人間売買は、オーナー（個人）が少数株主から買い取る手法であるが、原則的評価方式による評価よりも低額で買取りをすると、少数株主からオーナーに対する贈与があったものとして、差額に対してオーナーに贈与税が課税される。

② 持株会社による買取りは、持株会社（法人）により買い取る手法であるが、売主が少数株主の場合は、原則的評価額が時価となり、仮に、時価の２分の１未満の価額で売却をした場合は、時価で売買が行われたものとして、売主に対して譲渡税が課税される。

③ 自己株式による買取りは、発行している会社自身により買い取る手法であるが、売手における取得価額と対応する資本金等の額の差額に対して配当課税が行われ、対応する資本金等の額と売却価額との差額に対して譲渡税が課税されることになる。

④ 従業員持株会（民法上の組合）を組成して買い取る手法については、従業員持株会で保有する議決権割合の全体で同族株主か否かの判定を行うことになる。

⑤ 名義株の処理として、そもそも名義株であることを少数株主に対して確認し、本来の所有者であるオーナーの名義に変更するという方法が考えられる。その場合、たとえ敵対的な株主に対しても、単なる名義株であれば、強制的に確認書を交わすことが可能である。

解答：P.197

第２章の解答・解説

【第1問】

正　解：③　　正答率：65.9%

① 事業の将来性や経営の安定性等に対する不安の高まりや家業にとらわれない職業の選択、リスクの少ない生活の追求等、子ども側の価値観の多様化の影響などもあり、事業承継全体に占める親族内承継の割合は減少傾向にある。よって、誤り。

② 「人」を承継するとは、(経営層を含めた) 従業員を承継するということではなく、後継者への経営権を承継するということである。よって、誤り。

③ 知的資産とは、人材、技術、技能、知的財産、組織力、経営理念、顧客とのネットワークなど財務諸表に表われない、目では見えにくい経営資源の総称であり、知的財産よりも広い概念である。よって、正しい。

④ 親族内承継のための準備期間は、一般には、1、2年程度ではなく、5年から10年以上必要とされている。よって、誤り。

⑤ 取引先や金融機関にとっては、経営者が高齢であるにもかかわらず、事業承継の計画が明示されないよりは、後継者候補が紹介され、事業承継に向けた計画が明示された方が、将来にわたって取引関係を継続していくうえでも有益である。よって、誤り。

【第2問】

正　解：②　　正答率：86.7%

① 株式の承継は、事業承継にあたっての重要な事項ではあるが、事業承継の取組み全体の中では資産の承継の一部にすぎず、事業承継に向けた取組みにおいて検討すべき事項は、人（経営）・資産・知的資産と多面的にわたる。よって、不適切。

② 記述のとおり。よって、最も適切である。

③ 人（経営）の承継とは、後継者への経営権の承継を指す。よって、不適切。

④ 資産の承継とは、事業を行うために必要な資産（設備や不動産などの事業用資産、債権、債務であり、株式会社であれば会社所有の事業用資産を包含

する自社株式である）の承継を指す。よって、不適切。

⑤　知的資産とは、「貸借対照表に記載されている資産以外の無形の資産であり、企業における競争力の源泉である、人材、技術、技能、知的財産（特許・ブランドなど）、組織力、経営理念、顧客とのネットワークなど、財務諸表には表れない目に見えにくい経営資源の総称」である。よって、不適切。

【第3問】

正　解：②　　**正答率：85.5%**

①③④⑤　記述のとおり。よって、適切である。

②　生前に贈与された株式の価値が上昇している場合には、遺留分の算定の基礎となる財産の金額が多くなる。よって、最も不適切。

【第4問】

正　解：④　　**正答率：98.5%**

①②③⑤　記述のとおり。よって、適切である。

④　株式の移動に多額の税金が生じる可能性がある。よって、最も不適切。

【第5問】

正　解：①　　**正答率：83.5%**

①　記述のとおり。よって、正しい。

②　遺言もなく、遺産分割も未分割の場合の議決権の行使については、自社株の共有持分の過半数をもって、相続人の中から権利を行使する代表者を決めれば、会社に通知したうえで議決権を行使することができる。よって、誤り。

③　遺言の有無にかかわらず、遺留分の計算は、相続発生時の時価で計算される。よって、誤り。

④「みなし配当課税の特例」の適用を受けることができるのは、相続税の申告期限の翌日から5年以内ではなく、3年以内である。よって、誤り。

⑤　相続税の最高税率は、75%ではなく55%である。よって、誤り。

【第6問】

正　解：⑤　　　　**正答率：52.5%**

①　会社法215条4項のとおり。よって、正しい。

②　会社法217条のとおり。よって、正しい。

③　会社法136条・137条のとおり。よって、正しい。

④　会社法214条のとおり。よって、正しい。

⑤　株券を発行していない株券発行会社の株式を第三者に譲渡する場合は、譲渡契約だけでなく、当該会社に対して株券の発行を請求し、株券の交付を受けたうえで、株券の交付をしなければ譲渡の効力は生じない（会社法128条1項）。よって、誤り。

【第7問】

正　解：①　　　　**正答率：73.7%**

①　譲渡制限株式の株主は、その有する譲渡制限株式を他人（当該譲渡制限株式を発行した株式会社を除く）に譲り渡そうとするときは、当該株式会社に対し、当該他人が当該譲渡制限株式を取得することについて承認をするか否かの決定をすることを請求することができる（会社法136条）。譲渡制限株式を取得した株式取得者は、株式会社に対し、当該譲渡制限株式を取得したことについて承認をするか否かの決定をすることを請求することができる（会社法137条）。よって、最も適切である。

②　会社は譲渡承認の決定後、2週間以内に譲渡承認請求者に対して通知を行う必要がある（会社法139条2項）。よって、不適切。

③　会社は譲渡（贈与）を承認しないこともできるが、その場合、会社自身が買い取る、もしくは別の買取人を指定することができる（会社法140条）。よって、不適切。

④　株式贈与は、当事者間で贈与契約を締結した段階で有効に成立するが、贈与を第三者に対抗（主張）するためには、株主名簿の名義書換が必要となる（会社法130条）。よって、不適切。

⑤　暦年課税の場合、贈与税の基礎控除額である110万円を超える株式の贈与が行われた場合には、贈与税の申告が必要となる。相続時精算課税を選択している場合は、2,500万円の非課税枠を使用する場合であっても、贈与の都度、

原則として申告が必要である。よって、不適切。

【第8問】

正　解：④　**（模擬問題）**

① 同族会社の増資に当たり、特定の同族株主に対して時価よりも有利な価額で新株の割当が行われた場合には、他の既存株主からその割当を受けた株主への贈与が生じたと認定されるケースがある。よって、適切である。

② 贈与税は個人から財産を贈与により取得した場合にかかる税金であり、法人から財産を贈与により取得した場合には贈与税ではなく所得税がかかる。よって、適切である。

③ 記述のとおり。よって、適切である。

④ 相続税法13条参照。保証債務は原則として相続財産から控除することができない。主債務者が弁済不能のため保証履行しなければならない金額のうち、主債務者に求償権の行使ができない部分のみ、債務控除の対象となる。よって、最も不適切。

⑤ 回収不能なものは相続財産とならない。会社への貸付金については、資本（株式）への振替え、または債権放棄等、何らかの方法で処理を行っておく方が良いケースが多い。よって、適切である。

【第9問】

正　解：④　**（模擬問題）**

① 会社の規模や経営の特色を出すために、会社法等の法律の規定や公序良俗に明らかに反しない限り、会社の定款で自主的にルール作りができる。定款上に具現化されるのは相対的記載事項及び任意的記載事項で、相対的記載事項は、種類株式制度、属人的株式、相続人等に対する株式売渡請求があげられ、任意的記載事項は、経営理念、コンプライアンス条項、情報公開規定などを指す。よって、適切である。

② 黄金株とは拒否権付株式のことで、株主総会や取締役会などの決議事項の一部または全部について、黄金株を持つ株主の種類株主総会の承認を必要とするというものである。よって、適切である。

③ 遺言が存在せず、遺産分割協議も調わない場合、共同相続人の準共有にな

る。よって、適切である。

④　累積投票とは、取締役を2名以上選任する株主総会において、総会の5日前までに株主が会社に請求することである。よって、最も不適切。

⑤　社歴の長い会社は、株式名簿と実態が異なり、株主数が実態以上に多くなっていることもあるため、事業承継に際しては、改めて株主名簿をチェックし、現状の株主構成と突合せをする必要がある。よって、適切である。

【第10問】

正　解：④　　　　**正答率：89.7%**

①　贈与契約が成り立つためには、贈与者の意思表示だけでなく、受贈者の贈与を承諾するという意思表示も必要である（民法549条）。よって、誤り。

②　わが国の民法典は、諾成主義を採用しているため、口約束でも法的に有効に契約は成立する。よって、誤り。ただし、書面によらない贈与の未履行部分は、贈与者、受贈者のいずれも取り消すことができる（民法550条）ため、実務上は、書面により表すことが重要であるといえる。

③　譲渡承認通知は、承認決定後1カ月以内ではなく、2週間以内である（会社法145条）。よって、誤り。

④　会社法138条、140条、142条のとおり。よって、正しい。

⑤　110万円を超える場合に申告が必要なのは暦年課税の場合であり、相続時精算課税を選択している場合は、金額に関係なく、贈与の都度、申告しなければならない。よって、誤り。

【第11問】

正　解：④　　　　**正答率：23.0%**

①②③⑤　普通決議事項である。

④　現物配当は、特別決議事項である。よって、本問の正解。

【第12問】

正　解：③　　　　**正答率：30.7%**

①　定款変更や組織再編などの重要事項については、株主総会の特別決議が要求される。この特別決議は、原則として議決権の過半数を有する株主が出席

し、その出席株主の議決権の3分の2以上の賛成が必要である。したがって、通常は、発行済株式総数の3分の2以上を保有することが、その会社の支配権を有することになる。よって、誤り。

② 支配権を確保するためには、通常、発行済株式総数の3分の2以上を経営者サイドで保有しておく必要がある。よって、誤り。

③ 記述のとおり。よって、正しい。

④ 発行する株式の一部を取得条項付株式に変更する場合には、株主総会の特別決議にもとづく定款変更を踏まえたうえで、さらに全株主の同意（100%）が必要である。よって、誤り。

⑤ 1株でも株式を保有していれば認められる権利を単独株主権、一定の議決権割合を保有する株主に認められる権利を少数株主権という。よって、誤り。

【第13問】

正　解：⑤　　**正答率：25.1%**

① 同族株主が取得した株式であっても、中心的な同族株主がいる会社における中心的な同族株式以外に該当する等の要件に当てはまる場合には、同族株式であっても配当還元方式が適用されることもある。よって、正しい。

② 記述のとおり。よって、正しい。

③ 記述のとおり。よって、正しい。

④ 中心的な同族株主がいない同族株主のいる会社においては、株式を受けた同族株主にはすべて原則的評価方式が適用される。よって、正しい。

⑤ 議決権割合が筆頭の株主グループのその割合が50%超の場合には、その筆頭株主グループのみが同族株主となるが、筆頭の株主グループの議決権割合が50%以下の場合には、議決権割合30%以上のすべての株主グループが同族株主となる。よって、誤り。

【第14問】

正　解：③　　**正答率：89.7%**

会社規模の判定は、まず「従業員数」により判定を行い、「従業員数」が70人以上の会社は無条件に大会社とされる。「従業員数」が70人未満の会社は、「総資産価額および従業員数（いずれか小さい区分）」と「取引金額」のいずれか大きい区分の会社規模により判定を行う。

① 中会社の大と判定される。よって、不適切。

② 大会社と判定される。よって、不適切。

③ 中会社の中と判定される。よって、最も適切である。

④ 中会社の中と判定される。よって、不適切。

⑤ 中会社の小と判定される。よって、不適切。

【第15問】

正　解：②　　**正答率：62.0%**

① 土地は相続税評価額で評価するため、評価益が出れば当然評価に組み込まれる。よって、不適切。

② 記述のとおり。よって、最も適切である。

③ 建物は原則として固定資産税評価額で評価するため、評価額があるときはその評価で行う。未払いの税金・配当は負債として扱う。よって、不適切。

④ 建物･土地、有価証券等の含み益（相続税評価額と帳簿価額との差額）は、37%をカットする。よって、不適切。

⑤ 一定の場合には、直前期末等の金額を用いることもできる。よって、不適切。

【第16問】

正　解：③　　**正答率：32.0%**

① 原則的評価額は、会社の規模に応じ、①類似業種比準価額、②純資産価額、③類似業種比準価額と純資産価額との併用価額、のいずれかとなる。よって、正しい。

② 財産評価基本通達182による。よって、正しい。

③ 評価会社の1株当たりの配当金額は、直前期末以前2年間における評価会社の利益の配当金額の平均値を、直前期末における発行済株式総数で割った金額。3年間ではなく2年間。よって、誤り。

④ 財産評価基本通達180による。よって、正しい。

⑤ 国税庁「法人税申告書の記載の手引」参照。よって、正しい。

【第17問】

正　解：④　　　　**正答率：32.7%**

（算式）

$$450\text{円} \times \frac{\frac{15\text{円}}{5\text{円}} + \frac{80\text{円}}{20\text{円}} + \frac{700\text{円}}{350\text{円}}}{3} \times 0.7 \times \frac{50{,}000\text{円}}{50\text{円}} = 945{,}000\text{円}$$

よって、④が本問の正解。

【第18問】

正　解：③　　　　**正答率：36.0%**

① 同族株主については、原則として原則的評価方式（会社規模に応じ、類似業種比準価額方式・純資産価額方式により算定もしくは両者の併用方式をベースに計算）により評価される。よって、不適切。

② 同族株主以外の株主や少数株主については、一般に特例的評価方式である配当還元方式により計算を行い評価される。よって、不適切。

③ 記述のとおり。よって、最も適切である。

④ 中心的な同族株主に該当する場合には、「小会社」によって評価する。よって、不適切。

⑤ 法人税法上・所得税法上の純資産価額方式の計算上、土地や上場有価証券は課税時期の時価で評価する。よって、不適切。

【第19問】

正　解：③　　　　**正答率：71.4%**

① 過去2期の年平均配当金額が@2.5円未満（1株あたり資本金等@50円換算）の場合には、2.5円として計算する。よって、無配当であっても配当還元価額が0円になることはない。よって、誤り。

② 非経常的な配当は、周年記念配当に限定されるものではなく、特別配当・記念配当として株主総会等において決議される臨時的なものが含まれる。よって、誤り。

③ 記述のとおり。よって、正しい。

④ 配当還元価額を計算する際の還元率は、年10%である。よって、誤り。

⑤ 非上場株式の売買等があった場合の税務上の適正株価は、株式の取得者の

取得後の状況により判断することになる。よって、非同族の役員が株式を譲り受けた後の、その非同族役員の議決権保有状況により判断する。よって、誤り。

【第20問】

正　解：④　　**（模擬問題）**

① 財産に所定の税率を乗じるのではなく、正味の遺産額から基礎控除額を差し引いた残額を民法に定める相続分に按分した額に税率を乗じて算出する。よって、正しい。

④ みなし相続財産とは、本来は相続財産ではないが、相続税の対象となる財産のことで、死亡退職金や死亡保険金などがある。なお、相続財産のうち、相続税のかからない相続財産は、みなし相続財産ではなく、非課税財産である。よって、誤り。

【第21問】

正　解：②　　**正答率：34.4%**

① 記述のとおり。よって、適切である。

② 持ち戻し期間が3年より延長されるのは、その贈与が行われるのが令和6年1月1日以降のものからとなる。よって、たとえば、令和10年1月1日に相続があった場合には、令和6年1月1日の贈与まで持ち戻し（過去4年間）、令和12年1月1日に相続があった場合にも令和6年1月1日の贈与まで持ち戻し（過去6年間）となるため、7年間の持ち戻しが行われるのは、令和13年1月1日以降の相続からとなる。よって、最も不適切。

③ 改正に伴い、過去3年を超えて持ち戻しされる期間内の贈与額については、その総額から100万円を控除した残額となる。よって、適切である。

④ 記述のとおり。よって、適切である。

⑤ 暦年贈与制度における持ち戻し期間を大きく超える長期にわたり継続して贈与を行っていく場合であって、さらに対象財産が自社株のように将来の価値上昇が見込まれないようなものであるときは、相続税の適用税率とのバランスを考えながら実施する点において、一般に有利な対策が行えるといえる。よって、適切である。

【第22問】

正　解：⑤　　**正答率：88.8%**

①②③④　記述のとおり。よって、正しい。

⑤　相続時精算課税選択届出書を提出すると、暦年課税に戻ることはできない。よって、誤り。

【第23問】

正　解：③　　**正答率：28.7%**

①②④⑤　記述のとおり。よって、適切である。

③　改正後の相続時精算課税制度においては、従来からの累計2,500万円の非課税枠とは別に、年間110万円の基礎控除枠が設けられており、その基礎控除枠の金額は、将来の相続時における持ち戻しの対象とはならない。また、年間110万円以下の贈与の場合、申告も不要である。よって、最も不適切。

【第24問】

正　解：①　　**正答率：42.2%**

①　記述のとおり。よって、正しい。

②　上場株式等に係る譲渡損失の金額を一般株式等に係る譲渡所得等の金額から控除することはできない。よって、誤り。

③　一般株式等に係る譲渡損失の金額を上場株式等に係る譲渡所得等の金額から控除することはできない。よって、誤り。

④　一般株式等内の譲渡損益については、一般公社債等の譲渡益・償還益と損益通算をすることができる。よって、誤り。

⑤　みなし配当課税の適用ではなく譲渡所得課税の適用を受けることができる。よって、誤り。

【第25問】

正　解：④　　**正答率：18.3%**

①　一般措置では発行済株式総数の最大３分の２が対象となる。よって、不適切。

②　贈与税は一般措置でも全額が対象。よって、不適切。

③　特例措置では代表権を有する最大３人までの後継者に対して猶予されるが、複数人で承継する場合、議決権割合の10％以上を有し、かつ議決権保有割合３位までの同族関係者に限られる。よって、不適切。

④　記述のとおり。よって、最も適切である。

⑤　会社を譲渡・解散・合併等をした場合、一般措置では原則猶予税額を全額納税しなければならないが、特例措置では、その時点での株式価値を再計算して差額を減免される。よって、不適切。

【第26問】

正　解：②　　**正答率：37.2％**

①　記述のとおり。よって、正しい。なお、提出期限は令和６年度税制改正でさらに延長され、2026年３月31日までとなる予定。

②　特例承継計画の提出期限は2022年度の税制改正において１年間延長となったが、特例措置の適用期限自体の延長は行われず、その期限は2027年12月31日までのままである。よって、誤り。

③　記述のとおり。よって、正しい。

④　記述のとおり。よって、正しい。

⑤　記述のとおり。よって、正しい。

【第27問】

正　解：⑤　　**正答率：40.1％**

①②③④　記述のとおり。よって、適切である。

⑤　功績倍率は、法令で定められたものではなく、同業他社事例等をもとに一般的な水準として示されたものを用いることになる。よって、最も不適切。

【第28問】

正　解：④　　**正答率：75.5％**

①　自己株買いの手続きのうち簡易公開買付けによる場合には、株主総会での普通決議によれば良いこととされている。よって、誤り。

②　特定の株主からの自社株買いの際には、他の株主に対しても売主追加請求のための通知を出す必要がある。その結果、追加請求があった場合には売主

に加える必要があり、会社の判断でその可否を決定することはできない。よって、誤り。

③　自社株を相続した相続人と会社との合意により自社株を取得する場合でも、その相続人が一度でも株主総会において議決権を行使してしまうと、相続人は株主になることを選択したとみなされ、通常の特定の株主からの自社株買いの手続きを行うことになる。相続からの期間の長短によるものではない。よって、誤り。

④　記述のとおり。よって、正しい。なお、この売渡請求は相続から1年以内に行う必要があり、株主総会の特別決議が必要となる。また、売渡請求される者（相続人）は、株主総会においてその決議に関する議決権を行使できない。そのことがリスクとなり得るため、注意が必要である。

⑤　自己株の取得も、通常の配当金と同様に、分配可能額の範囲で行わなければならない。よって、誤り。

【第29問】

正　解：⑤　　**正答率：63.0%**

①　同族個人・法人間における非上場株式の譲渡の際の適正価額は、所得税評価額・法人税評価額になる。一般に、類似業種比準価額と時価純資産価額（法人税等相当額の37%控除はしない）の折衷により計算することが多い。よって、不適切。

②　持株会社が株式を取得する際の借入金返済の原資としては、その株式を保有する本体会社からの配当金を宛てることができる。同族関係者で100%の株式を保有している完全支配関係の場合には、持株会社が受け取る配当金の全額が非課税（益金不算入）になるため、その際の税負担も発生しない。よって、不適切。

③　株式交換・株式移転、会社分割等の会社法上の組織再編行為については、税務上、一定の要件を満たすことにより、所得税、法人税等が非課税（課税の繰延べ）になる（税制適格）。よって、このような組織再編を行う場合には、税制適格になるような再編を行うことが賢明である。よって、不適切。

④　持株会社に株式を譲渡して得た現金について、非承継者に承継するような場合、贈与以外にも、遺言により指定する方法も考えられる。また、仮に生

前贈与を行う場合であっても、現金の場合は将来的な価値の上昇が見込めるものではないので、相続時精算課税によるメリットはないと思われる。よって、不適切。

⑤　持株会社に、本体株式以外にも不動産等の財産を集約し、一方、本体会社は身軽な会社となり事業に直接必要な資産・負債のみを有する会社としてホールディングカンパニー制を採る方法である。この場合、オーナー家は持株会社の経営に注力し、非同族関係者に本体会社（事業会社）の経営を任せるという方法も考えられる。よって、最も適切である。

【第30問】

正　解：②　　**正答率：48.7%**

①　記述のとおり。よって、適切である。

②　拒否権付株式は、株主総会等の決議事項について、別途の種類株主総会で否決をすることはできるが、自ら新たな議案を上程してそこで承認可決しそれを承認事項とすることはできない。よって、最も不適切。

③　記述のとおり。よって、適切である。

④　記述のとおり。よって、適切である。

⑤　記述のとおり。よって、適切である。

【第31問】

正　解：③　　**正答率：45.2%**

①　信託契約が締結されると、財産の所有権は委託者から受託者へ移転することになるが、信託財産の経済的価値は受益者に帰属することになる。そのため、税務上は、委託者から受益者へ贈与があったものとみなし、受益者が贈与税を納めることとなる。よって、不適切。

②　一度締結した信託契約を見直したい場合には、委託者・受託者・受益者の三者の同意があれば変更が可能だが、信託の目的に反しない場合には、委託者と受益者との合意で変更することができる。よって、不適切。

③　記述のとおり。よって、最も適切である。

④　遺言代用型信託とは、オーナーが生前に自身を受益者とし、自身に相続があった場合に後継者が受益権を取得する旨を定めた信託をいう。これにより、

オーナーは生前のうちに、自身が亡くなった後の経営権を後継者に確実に取得させることができる。よって、不適切。

⑤　遺言代用型信託の応用である受益者連続型信託は、オーナーが後継者として定めている受益者が亡くなった場合に、さらにその次の後継者を受益者として定めておくことができる信託である。仮に後継者を長男とした場合でも長男一家に子供がいないケースや長男の配偶者の実家が別の事業を行っているケースなどについては、第二受益者を次男に設定しておくことで、経営権の分散を防ぐことも可能となる。よって、不適切。

【第32問】

正　解：②　　**正答率：74.0%**

①　オーナー企業の相続対策としては自社株が最大のネックになっているので、その一部を従業員持株会に移転してオーナーの相続財産を減らす効果がある。よって、適切である。

株価引下対策…株主が持株会に株式を売却する場合、増資による新株を持株会が保有する場合、どちらのケースにおいても、持株会は同族関係者ではないので、対象株式の株価は特例的評価方法である「配当還元方式」により計算することができる。よって、少ないコストでオーナーの持株数を減らすことが可能である。

②　従業員持株会は一般に民法上の組合として設立されるため、単なる個人の集合体に過ぎない。このことは従業員持株会で株式を取得したとしても、あくまで各個人の共有となる。また、持株会が一人株主となるため、議決権行使は原則として理事長によって行われるが、不統一行使は妨げないこととされている〈「持株制度に関するガイドライン」（日本証券業協会）17. 一人株主〉。よって、最も不適切。

③　従業員持株会設立のメリットとして「従業員に経営参加意識を持たせることができる」ことや「個別の従業員株主に比べ管理が容易となる」ことがあげられる。よって、適切である。

④　従業員持株会設立のデメリットとして「配当を維持できないと社員の不信感、不満が表面化してしまう」ことや「少数株主権の行使により株主からさまざまな要望が出る可能性がある」ことがあげられる。よって、適切である。

⑤　役員選任権付株式について「従業員の持株は、取締役を１名選任できる役員選任権付株式とすれば、会社側から見ると従業員の視点での意見を経営に取り込むことができ、従業員の側からは株主として会社の経営状況を把握し、取締役を介して会社に対して自分たちの意見を反映させることができる」。よって、適切である。

株式会社は、「当該種類の株式の種類株主を構成員とする種類株主総会において取締役又は監査役を選任すること」を内容とする種類株式（ここでは役員選任権付種類株式という）を発行することができる（会社法108条１項９号）。

【第33問】

正　解：②　　**（模擬問題）**

①　オーナー企業の相続対策としては自社株が最大のネックになっているので、その一部を従業員持株会に移転して相続財産を減らす効果がある。よって、適切である。

②　従業員持株会は一般に民法上の組合として設立されるため、単なる個人の集合体に過ぎない。このことは従業員持株会で株式を取得したとしても、あくまで各個人の共有となる。また、組合として性質をもつ従業員持株会が保有する株式に対する配当金は、構成員である会員に帰属するとみなされるため、会員個人の配当所得になるものと考えられる（パススルー課税）。よって、最も不適切。

③　従業員持株会設立のメリットとして「従業員に経営参加意識を持たせることができる」ことや「個別の従業員株主に比べ管理が容易となる」ことがあげられる。よって、適切である。

④　従業員持株会設立のデメリットとして「配当を維持できないと社員の不信感、不満が表面化してしまう」ことや「少数株主権の行使により株主から様々な要望が出る可能性がある」ことがあるとしている。よって、適切である。

⑤　従業員の持株は、取締役を１名選任できる取締役等選解任権付株式とすれば、会社側から見ると従業員の視点での意見を経営に取り込むことができ、従業員の側からは株主として会社の経営状況を把握し、取締役を介して会社に対して自分たちの意見を反映させることができる。よって、適切である。

【第34問】

正　解：⑤　**(模擬問題)**

⑤　保険金受取人の固有の財産とされる。よって、誤り。

【第35問】

正　解：⑤　**(模擬問題)**

⑤　不動産市況が良い時期に土地・建物を取得した場合には、自社株の評価を低減させる効果はあるが、取得価額（帳簿価額）は相続税評価額より高くなる。よって、最も不適切。

【第36問】

正　解：③　**正答率：65.9%**

①　株式交換直前の子会社の株主数が50人未満である場合には、子会社の株主が有していた子会社株式の適格株式交換直前の帳簿価額（取得価額）を基準に算定し、子会社の株主数が50人以上である場合には、子会社の簿価純資産額を基準に算定する。よって、不適切。

②　株式移転直前の子会社の株主数が50人未満である場合には、子会社の株主が有していた子会社株式の適格株式移転直前の帳簿価額（取得価額）となり、子会社の株主数が50人以上である場合には、子会社の簿価純資産額となる。よって、不適切。

③　記述のとおり（相続税法64条1項参照)。よって、最も適切である。

④　これは分割型会社分割の説明である。よって、不適切。

⑤　税務上の簿価で資産・負債の引継ぎが行われ、分割法人、分割承継法人、株主のいずれにも課税が生じないのは、税制適格要件を満たす場合に限られる。よって、不適切。

【第37問】

正　解：⑤　**正答率：34.6%**

①　株式交換は、株式交換完全子会社となる会社の簿外債務や潜在的な負債を引き受けたくない場合、業務内容、給与体系が大きく異なる場合、また、完全子会社となる会社が第三者に譲渡できない権利や許認可・登録等を持って

いる場合に有効である。合併と異なり、会社が消滅しないので、子会社の許認可等も継続できる。よって、適切である。

② 会社法第769条第1項2項参照。株式交換完全親会社は、その効力発生日に、株式交換完全子会社の発行済株式の全部を取得するが、この場合には、株式交換完全親会社が株式交換完全子会社の株式を取得したことについて、株式交換完全子会社が株式譲渡に係る承認をしたとみなされる。よって、適切である。

③ 記述のとおり。よって、適切である。

④ 会社法第2条第31号参照。株式会社がその発行済株式の全部を他の株式会社または合同会社に取得させる株式交換をすることができる。よって、適切である。

⑤「会社法の施行に伴う関係法律の整備等に関する法律」により、特例有限会社については、株式交換の規定は適用しないとしている（第38条）。すなわち、特例有限会社を当事者とする株式交換はすることができない。よって、最も不適切。

【第38問】

正　解：④　　**正答率：37.4%**

① 会社は、他の会社と合併をすることができる。この場合においては、合併をする会社は、合併契約を締結しなければならない（会社法748条）。よって、適切である。なお、2006年（平成18年）5月1日の会社法施行に伴い根拠法の有限会社法が廃止され、それ以降、有限会社の新設はできなくなった。会社法施行の際に存在していた有限会社は、以後は株式会社として存続するが、従来の有限会社に類似した経過措置・特則が適用される。

② 記述のとおり。よって、適切である。

③ 記述のとおり。よって、適切である。

④ 会社法789条、799条参照。債権者の異議の合併公告は、官報にしなければならない。よって、最も不適切。

⑤ 特例有限会社は、会社法749条第一項に規定する吸収合併存続会社または同法757条に規定する吸収分割承継会社となることができない（会社法の施行に伴う関係法律の整備に関する法律37条）。よって、適切である。

【第39問】

正　解：④　　**正答率：38.6%**

①　「分割型分割」は現行の会社の兄弟会社となり、「分社型分割」は、現行の会社の子会社となるケースが一般的である。よって、不適切。

②　反りの合わない長男と次男の両者に会社を承継したい場合には、一例として分割型分割により２社に分社化して、それぞれ長男と次男に承継させる方法がある。よって、不適切。

③　分割会社が株式保有特定会社に該当しないためには、総資産に占める株式等の割合を50％未満とすることが必要である。よって、不適切。

④　記述のとおり。よって、最も適切である。

⑤　税制適格要件を満たす分社型分割の場合、税務上の簿価ですべての資産・負債の引継ぎが行われるので、分割法人、承継法人共に課税は生じない。よって、不適切。

【第40問】

正　解：④　　**正答率：77.8%**

④　株式移転は企業の組織再編や事業拡大の際に検討される手法の１つであるが､単独または２社以上の会社がその発行済株式のすべてを会社（株式会社）に取得させる手法であり､不採算部門を切り離す手法とはいえない。よって、本問の正解。

【第41問】

正　解：①　　**正答率：47.5%**

①　記述のとおり。よって、最も適切である。

②　持株会社による買取りは､持株会社（法人）により買い取る手法であるが、売主においては、所得税法基本通達59-6に基づく時価が適用される。少数株主の場合は、配当還元価額が時価となるが、仮に、その時価の２分の１未満の価額で売却をした場合は、時価で売買が行われたものとして、売主に対して譲渡税が課税される。よって、不適切。

③　自己株式による買取りは、資本金等の額を超える部分について、利益の払戻しとみなして配当課税が行われる。つまり、対応する資本金等の額と売手

における取得価額の差額に対しては譲渡税が課税され、売却価額と対応する資本金等の額の差額に対しては配当課税が行われる。よって、不適切。

④　民法上の組合である従業員持株会は、個々の構成員の議決権割合で同族株主か否かの判定を行うため、通常は、売主・買主のいずれも配当還元価額を時価として判定することになる。よって、不適切。

⑤　名義株といっても、名義人の同意がなければ、本来の所有者の名義に変更することはできない。敵対的株主については、一定の代金による株式買取り等の対応が必要となるケースもある。よって、不適切。

第3章

役員・従業員・外部への承継とM&A

第3章　学習の手引

テーマ	80回	81回
1．事業承継M&Aの概要	○	○
2．事業承継M&Aの基本的な手順	○	○
3．役員・従業員への承継	○	○
4．事業承継M&Aへの金融機関の取組み	○	○
5．事業承継M&Aニーズへの対応		○
6．契約書・基本合意書のポイント	○	
7．M＆A後の経営支援	○	○

1．事業承継M&Aの概要

事業承継の類型は7通りに分けることができるが、そのうち、事業承継M&Aは、自社の内部人材に承継するMBO・EBOと、外部の第三者に承継する株式譲渡・事業譲渡に分けられる。それぞれの特徴とその概要について学習する。本分野からの出題は増加傾向にあるため、内容を押さえておきたい。

2．事業承継M&Aの基本的な手順

株式譲渡と事業譲渡に関する手順と手続について学習する。事前検討段階、相手探し・調査段階、基本合意段階、本契約段階と、段階を経て契約を締結するが、それぞれのプロセスで何を行うのか、適切な方法をアドバイスできるよう学習したい。本分野からの出題も増加傾向にあり、具体的な手続などについて学習してほしい。

3．役員・従業員への承継

事業承継におけるMBOは、自己所有の株式を信頼のおけるマネジメントに譲渡し、事業の存続を期待する解決策となる。MBOの類型や取引概要をしっかり学習しておこう。本分野からも2～3問出題されているため、概要から手続き、必要書類まで一通り理解しておく必要がある。

４．事業承継M&Aへの金融機関の取組み

近年、事業承継M&Aに取り組む金融機関は確実に増加しており、その役割の重要性についても理解され始めた。金融機関の事業承継M&A支援担当者がどのような役割を担い、相手とどのような折衝を行うかについて学習する。本分野からは、毎回１問出題されており、しっかり学習しておきたい。

５．事業承継M&Aニーズへの対応

経営者から事業承継の相談があった場合、相手が何を求め、どのようなアドバイスを欲しているのか、アドバイザリー契約を締結した後、どのような対応をすればよいのか等について学習する。

６．契約書・基本合意書のポイント

金融機関がM＆Ａ支援業務を手がける際には、基本合意書や本契約書のドラフティング（草案の作成）は非常に重要な役目である。アドバイザーである金融機関の主な役割は、まず、売買当事者が合意した事項を確認し、整理することである。本分野からは契約書の記載内容を問う出題が75回以降連続で出題されており、81回の出題はなかったものの、契約書類の記載事項についても押さえておきたい。

７．Ｍ＆Ａ後の経営支援

Ｍ＆Ａが成約すれば、買い手企業は成長戦略の実現に向けて、通常は売り手企業を子会社として経営していくことになる。そのためには内部や外部の関係者がよく理解できるように、経営の指針となる事業計画や経営計画を立案することが必須となってくる。本分野からの出題は従前はなかったものの、80回81回と連続で出題されており、一通り目を通しておきたい。

この他、75回以降、時価純資額、超過収益力、株式譲渡した場合の手取額を求める事例形式が連続で出題されており、しっかりと理解しておきたい。

第１節　事業承継M＆Aの概要

１．親族外への承継の意義

（1）事業承継目的M＆Aへの対応力を高める必要性

①後継者不在とM＆A

日本国内のM＆Aで、上場企業が関係するM＆Aを除けば、件数的には95％弱は未上場企業同士のM＆Aであり、売り手だけに限れば99％弱は未上場企業になる。また、企業や事業の売却の理由のうち、ごくわずかな事業の再生や再編の目的を除けば、売却理由のほとんどが後継者不在の理由による。

後継者が不在の企業を含め、全ての企業は、必ず金融機関との取引関係があり、日常の取引を通じて金融機関への信頼感も厚い。金融機関は、証券市場が介在する上場企業が売り手のM＆Aに関わることはないので、金融機関が関わるM＆A業務のほとんどは、後継者不在の企業が売り手となる事業承継M＆Aであると言える。

②地域金融機関の使命

金融機関が事業承継M＆Aから得られる業務機会は、買収資金の融資、売却代わり金の預金や運用、アドバイザリーフィーと幅広いが、それ以前に金融機関は、M＆A支援業務を通じて地域社会から日本経済に貢献していくという、大きな社会的な使命を担っている。

この観点からすれば、後継者不在企業がM＆Aで売却を決断した場合に、単にM＆Aの体制が未整備ということを理由に、その企業を外部のM＆A専門会社に売り案件として委託することは、使命を放棄しているのに等しい。したがって、金融機関としては、取引先企業が後継者不在となる背景をよく理解した上で、その有効な解決策として事業承継目的のM＆Aに積極的に取り組む必要がある。

（2）M＆Aの活用による地方創生

政府主導で、2015年度を初年度として始まった5年間の地方創生総合戦略への取組みでは、“人口減少と地域経済縮小の克服”を基本的な考えとして、“まち・ひと・しごとの創生と好循環の確立”が標榜された。

後継者不在企業の事業承継の問題については、当該企業を中心とした視点で対策や方策が説明されることがほとんどである。しかしながら、前述のように金融機関の社会的使命という、より広い視野に立てば、後継者不在企業の課題や問題を解決するだけではなく、当該企業の事業を承継させ、かつ活性化することで、地域経済を活性化させていくという考えに立つことも重要である。

ア．雇用の増加、創出

就労機会の増加については、地域での企業や事業所数を増やすことで、ほぼ自動的に雇用の増加につながっていく。方策としては、他地域から企業誘致することや起業を促すことが挙げられる。また、既存企業が成長することで、規模が拡大していけば、その企業の雇用増と周辺にある企業の雇用増につながる。

イ．雇用の減少を防ぐ

雇用の減少を防ぐ（廃業の回避）は、政府主導の地方創生フレームワークの中では触れられていない。東京に一極集中している人口の流れを地方へと向かわせることで、地方経済を活性化させ、同時に東京への一極集中を是正することが主眼になっているからであろう。

中小企業の数は減少の一途を辿っているが、この傾向に歯止めがかかる目途や見通しは、今のところ立っていない。減少の要因や背景は様々あろうが、廃業数が起業数を上回っていることが原因だからである。

雇用を増やすために、上記のような方策を取っていくことは重要であるが、雇用を減らす要因になっている廃業をできるだけ減らしていくことも、地域の雇用の安定化には同じく重要である。

廃業を減らすといっても、事業性が見られないとか事業の先行きが見えない企業を、補助金等で延命させるということではない。

対象会社の経営状況に応じたＭ＆Ａの手法を活用すれば、事業性が認められる企業の事業を継続させることができ、雇用の継続にもつながる。

各種Ｍ＆Ａ手法を活用すれば、企業の廃業によって失われるはずの雇用をかなりの程度まで確保することが可能となる。

このように地域に根差した事業承継目的のＭ＆Ａは、一手間、一工夫が必要で時間もかかることから、Ｍ＆Ａ専業会社の業務の範囲には入らない。この点から地方創生を考えた場合、地域金融機関が、M＆Aの手法を駆使して果たすべき役割は重要である。

2．事業承継M＆Aの体系

（1）狭義のM＆Aの体系

①M＆A全体の体系

M＆Aと聞くと合併や買収が頭に浮かびがちだが、実際にM＆Aと呼ばれる取引はかなり広範な概念であり、主として業務提携等の企業間の提携契約の締結に係る広義のM＆Aから構成されている。

一般的に言われているM＆Aは、ほとんどの場合、狭義のM＆Aを意味している。経営権の取得や事業を買収する目的で、買収側が資本や資金の投下を行う売買取引のM＆Aであり、事業承継目的のM＆Aは正にこの狭義のM＆Aに該当する。そして、事業承継M＆Aの取引としては、未上場株の既存株式の株式取得が95%以上を占めている。

②目的別の形態の選択

狭義のM＆Aを実行する際には、買い手側の目的別に応じて、以下に述べるいずれかの形態を選択することになる。売り手の経営権を取得するのか、法人格を引き継ぐのか、あるいは事業のみを引き継ぐのかということが、重要なポイントになる。

ア．株式の取得

株式取得の場合は、発行済みの株式を取得するか、新しく発行される株式を引き受ける（新株の引受け）かの2通りがある。新株の引受けも、新たに発行される株を取得する場合と、将来発行される新株を取得する権利を取得する場合の2通りがある。

この形態では、未上場株式の取得（買収）が、M＆A取引のほとんどを占めている。上場株式を50%以上取得する場合には、株式市場でTOB（株式公開買付け）の手続を採るように定められている。また、新株の引受けでは、増資で新たに発行される株式を取得するのが一般的で、新株引受権や新株予約権の取得はほとんど実施されていない。

イ．合併

合併は、1つの企業が他の企業を吸収する吸収合併と、新たに会社を設立し、合併当事者企業の全てがその新会社に吸収される新設合併の2通りがある。実際には、ほとんどの合併は吸収合併となっており、新設合併が利用されることはほとんどないが、その理由として、新設合併の場合、新設会社の資本金に登録免許税が課せられること、合併当事者の会社が消滅するので、それまで持っていた営業許可等が無効となること、また、当事者の会社が上場されていても新設会社が改めて上場手続を採る必要があることなど、経済的な不利益や、手続面での煩雑さが伴うことが挙げられる。

ウ．事業の買収、譲渡

売り手企業の経営権を取得する必要はないが、対象会社の事業のみを買収する場合、手続的には、事業譲渡か吸収分割を選択する。

吸収分割は、元々は企業の事業再編を目的として制定された制度で、第三者間でのＭ＆Ａの取引については、事業譲渡の手続を取るのが一般的となっている。

事業譲渡の活用法は後述するが、事業の再編と事業部門の譲渡が主な目的となっており、事業の存続や共同事業の創出にも有効な手法となっている。

③狭義のＭ＆Ａ取引の概要

Ｍ＆Ａの報道等では、企業名しか出てこないので、あたかも企業間での売買取引のような印象を受けるが、実際には、個人を含む株主が持っている株式の売買であったり、株主の了承を得て、新株を発行したり、事業を売買する取引である。Ｍ＆Ａ取引は、企業＝経営陣が実行するが、あくまでも株主からの事前の同意や了承が前提となっている。

以下、買収側をＡ社、買収される側をＢ社として解説する。

ア．株式取得の場合

買収側のＡ社はＢ社の“株主”が持っている既発行済の株式を取得するのが通常である。対価の支払方法としては、現金で支払うか、自社の株式と交換するかのどちらかとなる。増資で株式を取得するケースもあるが、この場合は、Ｂ社が発行する第三者割当の新規株式を、代金をＢ社に支払って取得する。この新株の発行による買収の場合、Ｂ社が事前に株主から合意を取得することが必要で、既存株主の意思を無視してＭ＆Ａは成立しない。上記のとおり、事業承継M＆Aの取引は、そのほとんどが経営者や経営者一族が所有する株式を、買い手が現金を支払って買い取るという取引形態となっている。

イ．吸収合併の場合

B社の株主は、契約書で取り決める比率（合併比率）によって、B社株式とA社株式を交換して受け取る。B社は、事業実態の全てをA社に移転、引き継ぎ、合併の実行後は消滅することになる。

中小企業が対象の事業承継M＆Aの場合、破綻企業の再生目的のような、特殊な事情でもない限り、合併は皆無に等しい。買い手が売り手の同業種や、関連業種で、業務的には類似点や重なる点が多い場合でも、社風や従業員の処遇と待遇が違う場合がほとんどであり、いきなり同一化することは、経営的に不可能に近い。合併を実行するとしても、買い手が売り手の全株式を取得して、まず売り手を子会社化し、時間をかけて経営的な融和が図れた段階になってからとなる。したがって、中小企業の事業承継M＆Aに携わる場合は、方法論として、まず合併は念頭から外しても差し支えない。

ウ．事業譲渡

事業譲渡の場合、株式を介在したM＆Aとは異なり、双方の株主は、取引には直接に関係しない。M＆Aの対象となる資産の譲渡や対価の受払いは、M＆Aの当事者である、A社とB社の間で行われる。ただし、事業譲渡について、簡易な事業譲渡の場合を除き、B社（譲渡会社）の経営陣は、事前に株主の同意を取得する必要がある。

（2）金融機関としての主な留意点

狭義のM&Aの体系と取引の概要は上記のとおりである。金融機関がM&Aにより第三者への事業承継を支援する際には、以下の3点に留意することが肝要である。

①売り手の事業内容をよく見る

中小M＆Aにおいては、売り手側の株主と買い手とでは、関心事が違うこと、また、それぞれの関心度が大きく違うことをよく理解する必要がある。

つまり、M＆Aの成約は、売り手側の株主にとってはゴールであるが、買い手側にとってはスタートとなるという、大きな違いが根本にある。

金融機関は、M＆A成約後も買い手と取引を継続し、買収した売り手企業と併せ、事業を発展させていくことが大きな使命である。このためには、M＆A支援業務の推進中も、M＆A後の経営を見据えて、買い手が売り手の事業内容を適正に評価・分析を支援するための的確なデータや情報を提供していくことを心掛ける必要がある。

②重要事項の確認と意思確認

M＆A取引の進捗の都度、各段階での重要事項の確認と当事者の意思決定は必須である。重要事項とは、当事者の経営の現況、依頼した作業の進捗、公的な必要手続き等であり､M＆Aの手続きを進めていく上で不可欠な事項である。これらの確認を怠った場合には、最悪の場合、M＆A自体が破談となってしまう可能性もある。また、当事者の意思決定も、これらの重要事項が確認されることが前提となっているので、取引をさらに進めていく意思確認をする上でも重要である。

③文書主義・記録主義

ア．文書による記録主義と報告書類の保管

事業承継M＆Aは、企業の規模や取引金額の大小にかかわらず、法務、税務が複雑に絡んだ取引で、まったくの赤の他人だった同士の間で、株式や事業を売買することになるので、相互の利益保護を図るためには、どうしても複雑にならざるを得ない。

この利益保護のために、各種のやり取りや折衝の結果について文書による記録を徹底することと、これらの文書や進めていく過程での専門家の報告書、鑑定書類を保管していくことが必須となっている。

この2点については、アドバイザーの役目として重要なのはもちろん、売り手・買い手双方にとっても取引の透明性を確保する上でも重要な点であり、M＆Aのアドバイスを求められた際には、趣旨を十分に説明し、M＆Aの進行中にも徹底しておくことが肝要である。

イ．記憶違いや思い違いの排除

M＆Aの進行の過程では、照会事項や折衝する事項が多岐にわたるために、口頭だけでの回答や話し合いのみで済ませていると、記憶相違や思い違いによる行き違いが生じる可能性が高くなる。

軽微なことであれば修正できるが、重要な事項で誤解が生じた場合は、以降の折衝に支障を来したり、悪い方向に流れるとM＆Aそのものが破談となることもある。このような不測の事態を防ぎ、M＆Aを円滑に進めるためには、重要な節目では必ず要点を箇条書きし、両当事者の確認を取るとか、話し合いの直後に議事録を作成して双方に保管してもらうことを励行すべきである。

具体的には、折衝の内容は必ず記録して、相手方にも内容を確認してもらう、また照会事項は必ず文書でやり取りをすること、電話照会や口頭での照会でも後で必ずメールや文書で確認を取ることを徹底する。

また、折衝や交渉ではないが、依頼を受けて調査した事項があれば、日付を明確にして文書で回答することを徹底することが肝要である。

以上は根気のいることではあるが、1つずつこれらを励行していくことが、中小M＆Aに関する知識、知見を増やすことにもつながり、結果的には、中小M＆Aにおける、担当者個人の能力と組織の力の向上に繋がることに間違いはない。

第２節　事業承継M＆Aの基本的な手順

1．事業承継M＆Aのプロセス

（1）事業承継M＆Aプロセスの全体像

前述のとおり、事業承継M＆Aは株式譲渡がほとんどであり、事業譲渡を加えれば、取引形態の100％近くとなる。図表3-1は、株式取得と事業譲渡の形態でのM＆Aの標準的な実務の手順を表している。

事業承継M＆Aのプロセスは、図表3-1の左側の縦欄に示しているとおり、4段階に大別される。

①　事前検討段階

②　相手先の探索・調査段階

③　基本合意段階

④　本契約段階

案件ごとに、各段階の期間の長短や細かい手続は違うが、かなり例外的な案件でもない限り、②から③の段階を飛ばして成約することはない。

図表3-1は、一見して煩雑で、他の商取引、例えば不動産の売買等に比べ複雑な印象となっているが、事業承継Ｍ＆Ａを進める際には、拙速な対応や処理は禁物で、進行中に課題や懸案が出てくれば、売買当事者双方が得心できるまで、相応の時間を掛けて解決していくことが肝要である。

図表3-1　事業承継M&Aのプロセス

	内　容
事前検討段階	売手：取引金融機関に相談 → 売却決定 買手：M&A戦略立案 → 買収計画の策定
相手先探し調査段階	買手候補を選定 必要書類準備 書面で調査検討 企業価値を概算 ネット上のサイトで選定（図表3-2）
基本合意段階	基本合意書締結 買収調査の実施 会社内容の確認 買収価格の算定 条件を折衝
本契約段階	売買価格の決定 最終条件の決定 本契約調印 クロージング
M&A後の経営支援	

（2）各プロセスでのポイント

事業承継Ｍ＆Ａの各段階で必要とされる手続・作業や留意点は概ね以下のとおりとなっている。

①事前検討段階

ア．売り手

a. アドバイザーを決める

Ｍ＆Ａで事業を外部に承継するための準備段階で、Ｍ＆Ａのアドバイザーや専門家との意思疎通を図るためにも重要な期間となっている。

後継者が不在の企業が、Ｍ＆Ａで会社を外部へ承継する場合には、アドバイザーを決めることが不可欠で、第一歩は、アドバイザーへの事前相談から始まる。事前相談では、Ｍ＆Ａの基本的な考え方や進め方を知りたいとか、具体的に検討したいとか､相談内容は様々である。いずれにしても､アドバイザーに簡単な会社資料を持参するとか、相手先が決まっているのであれば、相手先の概要が分かる資料も持参して説明することになる。

b. 会社の内容の検証と評価

事前相談の結果、売り手がアドバイザーにＭ＆Ａのアドバイスの依頼を決めれば、アドバイザリー契約と秘密保持契約を締結し、アドバイザーからは、会社の基本情報や財務諸表関連の資料等の提供依頼がある。業種や会社によっては、追加の必要が生じたり、逆に不要な資料が出てくる場合があるが、この段階では、アドバイザーは資料を使って会社や事業の内容の検証、また、企業価値や事業価値の概算を評価することになる。主な作業としては、株価の概算の算定、譲渡資産の範囲や価額の試算、資料に基づいて会社や事業内容の精査と検証を行う。

c. 基本条件を決める

以上のような作業により、まず株価や事業の価値の概算が算定され、また、売り手企業の長所や問題点、課題もかなり明らかになる。それらに基づいて、売り手とアドバイザーは､譲渡の希望価額や各種の条件を決めることとなるが､これらの条件は、買い手候補が現れた後の話し合いや折衝の過程で変わることが通常であり、この段階では売り手は譲渡希望価額に相当程度の含みや幅を持たせておくことが肝要である。

以上の作業の期間は、事業承継M＆Aの成否にも係わる重要な期間であり、売り手の規模や業種にも依るが、1カ月以上を要することも珍しいことではない。

イ．買い手

事業承継M＆Aでは、金融機関は、主として、売り手の立場に立ってアドバイスすることを期待されるが、事業を承継する買い手側に立ったアドバイスを期待されることも多い。

また、売り手側に立ってアドバイスする場合であっても、相手方である買い手のM＆Aに対する基本的な姿勢や考え方を理解しておくことは、案件を円滑に進めるためには重要である。

a. M＆A戦略の決定

M＆Aは経営の目標を実現する手段であり、M＆Aを事業拡大の手段に採り入れるかどうかには､極めて経営的な意思決定が必要である。経営の目標が、業容の拡大であれ、新規事業の展開であれ、このような経営目標の方向をはっきりさせてからでなければ、目標実現の手段としてM＆Aを選択することが適切かどうかを判断するのは難しい。今や、大企業だけでなく中堅企業の多くが、M＆Aを成長戦略の手段として打ち出し、積極的な買収を展開するようになったが、M＆A成長戦略を実現していくには、経営陣が自社の将来像を描く能力を高めることと、M＆A実行への積極果敢な決断が不可欠となっている。

b. 体制の整備・買収計画の策定

M＆A成長戦略を決定したら､次に案件推進のための施策を採る必要がある。まず、M＆Aの担当者の任命や担当部門の設置等、体制整備のための組織的・人的な措置が必要になる。

体制ができれば、実務グループは、成長戦略に基づいた経営目標を実現するために、M＆Aによって進出する事業分野を明確にする必要がある。M＆A戦略を展開するのは、周辺や関連の事業なのか、異業種や新規の事業なのか、をよく検討し、成長戦略を実現するために最適な分野を決めることが重要である。

M＆Aの分野が決まれば、各種の情報を収集して、最適な時期（いつ)、地域（どこで)、投資額（いくらで）等を十分検討し、ある程度具体性のあるM

＆Ａ基本計画（スケジュール）を策定する必要がある。

このような体制整備ができ、基本計画を策定していれば、事業承継を目的にした売り案件が持ち込まれた場合、買い手としての迅速な対応と的確な判断が可能となる。

この点は、案件を進めるスピードや成否にも関わってくることなので、売り手側のアドバイザーとしては、買い手側と対峙する際に、できれば買い手に聴取するか、買い手側の言動から推し量る必要がある。

②相手先探し・調査段階

売り手は、準備ができれば、いよいよ売却を打診する候補先を探すことになる。また、相手が決まっていれば、下記イ.のステップで必要資料を提供することから始まる。この段階は、相手先探しから始まる場合は、半年ぐらいかかるのが普通で、初めての候補先と成約に至るとは限らないので、売り手側には忍耐力が必要な期間が続くことになる。

ア．売却の打診

アドバイザーは、売り手と打ち合わせて、買い手と目される会社に打診を行い、その結果、買い手が興味を示し、具体的に検討したいとの回答があれば、売り手の了承を得て、準備した資料を提供することになる。

イ．必要資料を提供－買い手候補が内容を検討、調査、分析

買い手側は、資料に基づいて、企業や事業の検証と評価を実施する。資料以外に事業の説明書や内容を補足する説明書も提供するが、通常は買い手側から様々な質問や追加資料の要請があり、売り手側がそれに答える形でＭ＆Ａが進んでいくことになる。

ウ．基本的な買収の条件を提示

以上の書面での企業や事業の評価が終われば、買い手側から、案件を更に進めるかどうかの回答があり、さらに進めるという場合には、基本的な条件の提示がある。大きくは、譲渡の形態、譲渡の価額、その他の引継の条件について提示がある。

③ネット上での相手先選定

ア．取引の概要

Ｍ＆Ａの仲介業者を介さずに、売り手と買い手が相手先をネット上の専用サイトで探す形態が登場している（図表3-2)。これは売上規模が１億円程度、

取引額が2～3千万円程度の案件を中心に急速に広がりを見せている。

手順としては、まず、売り手、買い手が運営会社の開設している専用サイトに登録し、買い手は、匿名で登録されている売り案件を自由に閲覧し、サイト上で基本的な情報のやり取りもできる。

その後、売り手や買い手は、自分のニーズと合致しそうな相手先があれば、サイト運営者から匿名登録のロックを外してもらい、売り手と秘密保持を結んで具体的に話し合いを進めることになる。

イ．メリット

運営会社：仲介の専業、具体的なやり取りのスタッフは不要、低コストで運営ができる。

売り手：専業会社の仲介より多くの引き合いを受けることができる、仲介手数料が無料。

買い手：専業会社の仲介より多くの売り案件を見ることができる、匿名でのやり取りの段階でかなりの程度、売り手の事業内容が把握できる。

図表3-2　ネットでのマッチング

形態：仲介業務のIT化（売り手と買い手候補が直接やり取り）

対象：売上1億円程度の小規模法人、2～3千万円の少額取引で増加中

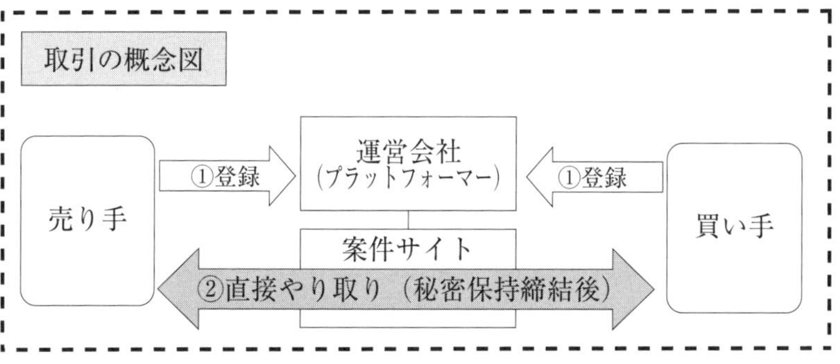

メリット
- 運営会社：仲介に特化、低人件費、低コスト
- 利用側：効率的な相手先探し、手数料は買い手のみ

ネック：M&A実務は別途アドバイザーの手配が必要

仲介の手数料が低い。

ウ．ネック

サイト上で相手先が見つかり、原則的な点で合意はできたとしても、買い手、売り手共に、M＆Ａの手続きや実務には不慣れである場合がほとんどである。

この場合、基本的な合意書を交わすことから始め、成約までのM＆Ａの実務アドバイスができる先に依頼する必要がある。

したがって、これからは自金融機関の取引先が、ネット上で売り手ないしは買い手を見つけ、その後で、M＆Ａを進めていく支援を依頼するケースが増えてくることが十分に考えられる。

このような場合には、依頼企業の規模の大小にもよるが、基本合意段階以降の手続きを支援していくことが求められる。

④基本合意段階

基本的な条件に合意して、M＆Ａの最終的な条件を決めていくために、買い手が売り手の内容を最終確認する段階となる。

ア．基本合意書ないしは覚書の締結

提示された条件について、売り手と買い手の間ですり合わせた上で修正を加え、修正案について、双方が基本的に合意すれば、基本合意書ないしは覚書を取り交わす。実務的には、アドバイザーが、上記の基本的な条件を盛り込んだ基本合意書、覚書の案を作成（ドラフティング）し、弁護士の監修（リーガルチェック）を受ける。

イ．スケジュール表の作成

基本合意書・覚書の作成と並行して、正式契約までに当事者（売り手・買い手）とアドバイザーが採る手続や用意する必要がある書類を一覧表にしたスケジュール表を作成することが必要である。形式は別にして、必要な手続に漏れがないように、正式契約までのスケジュール表を作成しておくことが望ましい。

ウ．買収調査の実施

基本合意書や覚書が締結されたら、買い手側が買収調査※を実施するが、買収調査は、高い専門性を必要とすること、また期間が限られることから、通常は、買い手が選んだ公認会計士、税理士、弁護士等が協働で実施する。

※　以前は、“買収監査”とされていたが、当事者間で任意に行う調査であり、上場企業に対する“法定の監査”と区別するために、最近では“買収調査”

とされている。

スケジュール表が作成され、買収調査が終了した段階になれば、M＆Aの取引金額と成約の時期がほぼ明確となる。したがって、事業承継M＆Aに関与していれば、この段階で、金融機関は買収資金の融資の申請の準備ないしは申請を行うことができる。

⑤本契約段階

買収調査の結果、売り手側に問題になるような瑕疵がなければ、正式契約に向けて条件の最終調整を行い、契約締結、資金決済で完了を目指す段階となる。

ア．売買価額の決定

買収調査の結果を踏まえて、最終的な売買価額と最終の条件について提示がある。売買価額については、買い手側は企業価値の算定を行い、資産の評価や査定の結果を加味して、買収の希望価額を提示する。

イ．最終条件の調整と決定

売買価額以外の条件については、通常この段階までに（基本合意書の締結時に）、大筋ないしは基本的な条件は決めておき、買収調査でよほど不測の事態でも発覚しない限り、細かな調整で対応できるようにしておき、正式契約書に盛り込む内容を確定する。

株式譲渡による事業承継M＆Aの場合、本契約書の内容について、主要なポイントは以下のとおりである。

a. 継承事項

買収後に事業の継続に必要な点について、契約書に明記する。従業員、得意先、仕入先、各種契約について、これらの当事者に対する、事業承継完了の発表、告知のタイミング、またその方法を十分に事前に打ち合わせることが重要である。

b. 役員の処遇

売り手側役員のうち残留する役員とその地位、買い手側から送り込む役員とその地位、また退職する役員に対する慰労金の支払時期と金額を取り決める。

c. 売り手オーナー経営者の個人保証の解除

中小企業は、会社の債務に対してオーナー経営者が、連帯保証している場合が多い。事業承継M＆Aにより所有権と経営権が買い手側に移転するので、売り手のオーナー経営者の保証を解除する必要がある。

d.法定の届出

法定の届出は、最終契約締結後に買い手側が実施するが、売り手も必要であれば協力する旨を明記する。

ウ．クロージング

クロージングとは、正式契約の締結、重要文書の授受、印鑑の授受等の経営権と所有権が移転する手続の総称となっている。

エ．本契約の調印

正式契約書の作成や引き継ぎ書類、資料等全ての準備が完了すれば、売り手・買い手とアドバイザーが会して正式契約を締結する調印式を行う。

（3）Ｍ＆Ａ後の経営支援

株式譲渡での事業承継Ｍ＆Ａの成約までのプロセスは以上のとおりであり、金融支援と決済機能を持たないＭ＆Ａの専業会社にとっては、当事者企業への業務の支援は完了となる。

地域金融機関の場合、売り手・買い手の一方が与信先であることが多いし、両者共に与信先であることも稀ではない。したがって、金融支援や経営指導によって、Ｍ＆Ａ後の当事者事業の経営の発展を図っていくこと、また、それによって地域経済の発展にも繋げていくことは、地域金融機関の大きな使命でもある。

2．事業譲渡を活用した事業承継

（1）事業譲渡とは

①Ｍ＆Ａの目的と事業譲渡

資金や資本を投下するＭ＆Ａの手法は、買い手側の目的と手続によって、経営権の取得型、事業買収型、資本参加・経営参加型に分類される。その中から個別のＭ＆Ａの形態を決定する要因としては、売り手の希望や買い手の目的と買収に伴うリスク、それにＭ＆Ａ後の事業の運営方法等があり、これらを併せ検討した上で形態を決定することになる。

対象企業の経営権を取得するかどうかは、株式を取得して法人格を引き継ぐのか、あるいは事業譲渡によって事業のみを引き継ぐかという選択になる。例えば、売り手が企業全体での売却の希望があり、経営内容も健全であれば、時間がかからず手続も簡単な株式取得を選択することになる。

②事業譲渡の選択

事業譲渡を選択する理由としては、次の３つのケースが挙げられる。

第一に、買い手側の意向を優先する場合で、売り手の事業は評価できるが、財務をはじめ経営に不透明な点が多い、あるいは、経営が不健全な状態だとか、実質的に破綻状態にある場合には、事業のみの買収に狙いを絞ることになる。これは、健全な事業だけを取り出して再生や活性化を図っていく再生型のＭ＆Ａの場合に多くみられる。

第二に、売り手、買い手ともに、特定の事業の譲渡にしか関心がなく、最初から事業譲渡を前提に手続を進めていく場合である。共同事業の立ち上げや他社から同一の事業を譲り受けて拡充を図っていく場合がこれにあたる。

第三に、売り手の事情を尊重する場合で、売り手側が、会社は手放さずに、あくまでも事業の一部だけの売却を希望している場合である。売り手が複数の事業を経営していて、その中の一部を譲渡し、残る事業は引き続き経営したいという場合がこれにあたる。

③事業譲渡と株式譲渡との違い

株式譲渡と事業譲渡の手続や契約上の大きな相違点は次の３点である。

ア．契約当事者が法人同士となる

株式譲渡の場合は、譲渡の対価は株主に支払われるが、事業譲渡の場合には、契約の当事者が、株主ではなく企業同士となり、事業譲渡の対価は売り手の企業に支払われる。簡易ではない事業譲渡には株主の決議が必要であるが、株主そのものは契約を締結しない。

イ．売り手側の簿外債務を引き継ぐリスクがない

事業譲渡の取引は個々の資産の売買と特定の債権や負債の継承からなっており、譲渡する企業の法人格は引き継がないので、買い手側は売り手企業の簿外債務を引き継いでしまうリスクはない。株式取得に比べ手間も時間も掛かるが、買収後に簿外負債のリスクや事業の継続に不要な資産を引き継がなくてもすむ。

ウ．取引が個々の資産売買、個々の債権や負債の承継となる

事業譲渡は有形資産や無形資産の売買で構成されるので、個々の資産の移転手続や、それに伴う諸費用や消費税が発生する。また、売掛債権や仕入債務の承継が必要な場合があり、個々の債権者や債務者への事前の通知や承諾、合意が必要となる。

このような取引形態になっていることが、株式譲渡に比べて手続面で煩雑であるとか、余計な費用が掛かるとして、事業譲渡が事業承継の目的には馴染まないとの理解不足がある。

ただ、株式譲渡の場合でも、売り手企業が保有している資産を個別に評価し、実在性も確認するので、譲渡対象資産を決定するまでの手間は事業譲渡の場合と変わらない。

なお、譲渡資産に不動産が含まれている場合には、登録免許税等の費用が発生するが、買い手側は取得価格で資産に計上できるのが大きなメリットである。

（2）事業承継Ｍ＆Ａにおける事業譲渡の活用法

事業譲渡の活用方法としては、事業の成長、拡大の目的でのグループ内の再編や他社との共同事業化等が主で、その他に特定の事業からの撤退、役員や従業員によるMBO、EBOや事業や企業の再生、活性化と、多目的に活用することができる。

事業承継Ｍ＆Ａに事業譲渡を活用する場合には、事業を譲渡することにより事業の継続を図ることが目的となる。

①事業の分離、活性化

社内に複数の事業部門がある場合に、事業部門を選別して承継することや、不動産を分離して事業のみを承継したい場合にも活用できる。

会社自体に累積損失があるような場合でも事業自体に魅力があれば、事業を会社から切り離して外部に譲渡することで、事業そのものの承継は可能となる。この場合、事業の譲渡代金を得ることができるので、単純に会社を清算するよりも最終損失を減らすことが可能となる。

②MBO、EBO

役員や従業員によるMBOやEBOで事業譲渡を活用する方法については、第3節で詳述する。

（3）事業譲渡の対価の決め方――事業譲渡手続の実務と譲渡代金

①対価の内訳

事業譲渡の手続で対価に関する事項は、主に次の3点から構成されている。

ア．事業用資産の売買

イ．営業権

ウ．債権や負債の継承

これらを確定させることによって、事業譲渡の対価が決まり、譲渡代金の決済額が決まる。

実務としては、買収調査や買い手側による実物と現物の検証、それに不動産鑑定等の結果を基に売り手と買い手の間で話し合い、以下の項目について最終的な価額と決済の条件を確定する。手続的には、それに加えて、資産の譲渡や移転手続に関する役割を取り決める。

②譲渡の対象

譲渡の対象は、事業を継続するための在庫等の流動資産や不動産をはじめとする有形固定資産と、営業権の無形固定資産が対象となる。

契約書には、不動産は目録を添付するが、在庫は数が多く、契約書上に全てを網羅的に記載するのは難しいので、通常は明細表や一覧表を添付する。これらの商品在庫や固定資産は、契約書上に取り決めた譲渡日を基準に売買を行い、また、不動産や車両のように登記の変更等の移転手続が必要な資産は、目録や明細表に移転や登記の予定日を具体的に記載しておく必要がある。

③譲渡価額の決め方

譲渡対象資産の価額の決め方は、基本的には図表3-3のとおりである。

図表 3-3　事業譲渡の対価

◎ 譲渡資産

項目	対象	譲渡価額の決め方
流動資産	棚卸資産	・簿価を基準に評価 ・市場価格や返品価格
有形固定資産	土地	・鑑定評価
	建物 建物付属設備	・鑑定評価 ・償却不足を調整後の簿価
	機械設備 車両、什器	・償却不足を調整後の簿価 ・時価、中古の買取価格
無形固定資産	営業権	・第 1 章第 4 節 5. の算定方法による ・第三者の専門家の評価を得ておく

◎ 承継債務、債権

項目	対象	確定方法
債権	売掛金 仮払金 前払金	譲渡基準日における残高
債務	買掛金 仮受金 前受金	譲渡基準日における残高
相殺後差額		確定した債権－確定した債務

◎ 譲渡代金＝譲渡資産合計額＋相殺後差額

ア．原材料や商品等の棚卸資産

簿価を基準に個別に評価するとか、市場価格や返品価格を参考に、売り手側と買い手側が話し合って譲渡価格を決めることになる。棚卸資産は、根拠が明確に示せるのであれば、一律に簿価で決める必要はない。

イ．有形資産

不動産は鑑定評価書に基づいた時価での売買になる。車両、機械も中古の買取り価格や引取り価格を参考にした時価での売買が原則となる。ただし、償却済みで中古の参考価格もないような資産については、廃棄するか、簿価を基準として決めるか、備忘価格での取引になる。

ウ．営業権

譲渡後は買い手側の無形の固定資産となり、償却の対象となる。事業譲渡の場合にも、株式譲渡の場合の営業権の算定方法に準じた算定方法をとることになる。実際の営業権の価額を決めるためには、第三者の専門家の評価や査定を得ておくことが必要である。

④債権や債務の承継

譲渡される事業に関連する、売掛債権や仕入債務の取扱いについては、以下ア、イの２通りの方法がある。債権については、売り手から買い手への債権譲渡とする説明もあるが、本書では、回収可能な債権のみを引き継ぐということを前提として、売り手から買い手への債権の承継とする。

ア．債権と債務を承継の対象とはしない

譲渡の基準日以前の売上については、売り手側が全て受け取り、仕入れについては売り手側が全て支払い、基準日以降の売掛け仕入れについては、買い手側が受け取り、支払うことに取り決める方法である。

イ．債権・債務を承継する

もう一つは、譲渡の基準日に確定している売掛債権と仕入れ債務を、買い手側が承継する方法である。この場合、債権と債務を相殺し、債権額が多ければ譲渡代金と併せて支払い、債務額が多ければ逆に譲渡代金から差し引いた額を支払うことになる。

いずれの方法でも、譲渡基準日に債権額と債務額を確定させる作業は必要なので、譲渡後の手間を考えれば、アの方法が簡便になる。

⑤従業員の引継ぎ

事業の譲渡で経営の主体は変わるが、譲渡される事業に従事している従業員は、原則的には全員を引き継ぐことになるので、従業員の引継ぎも取り決めておくことが必要である。

引き継ぎ方の一つは、売り手側の会社をいったん退職、会社側は退職金を支払い、買い手側が新規雇用とする方法で、もう一つは、売り手会社での就業期間を、買い手側が引き継いで、売り手側での退職給付債務を譲渡代金から差し引く方法がある。

⑥その他の取り決め事項

ア．契約の引継と変更

また、譲渡後も継続する、賃貸契約等の変更や給水光熱、その他サービスの名義変更も必要である。

イ．各種調整

譲渡日を基準に、営業の実体を譲渡し、原則は同時に代金を決済するが、譲渡日に決済ができない項目もあり、内容が確定次第、後日に調整する必要がある。例えば、諸費用のうち、光熱費や通信費等の後払いの費用等は請求書の受け取り発送により確定した時点で調整が必要である。

第3節　役員・従業員への承継

1．会社内部での親族外の承継

以下では、一番身近な事業の売却先である、役員や従業員への事業承継のためのM＆Aの考え方と取引概要について概説する。

①MBO

MBOはManagement Buy-Outの略称で、元々は米国で株式公開企業の経営者がその企業の経営権を取得するために、株式の全部ないしは一部を買収し、買収後に非上場化（Going private）する目的のM＆Aのことである。

最近は、わが国でも上場企業を非上場化することに活用される事例が増え、また、後継者不在のオーナー企業の事業継承策の１つとしても普及してきている。

MBOと通常のM＆Aの違いは買い手側の構成にあり、MBOの場合は、買収対象となる企業の経営陣が買い手側の中心となって買収を実行し、買収後も経営に当たるという点にある。

MBOでの株式の買収資金は、買い手の出資と通常は銀行からの借り入れで賄われるが、買収金額が大きくなれば投資ファンド等も共同で出資するケースもある。M＆Aの形態としては、株式の取得または事業譲渡の形態がある（図表3-6　MBOの取引概念図参照）。

②ＥＢＯ

ＥＢＯは、Employees' Buy-outの略称で、M＆Aの手法としてはMBOと同様の内容や手続きとなる。MBOとの違いは、MBOは役員が買い手側の中心になるが、ＥＢＯの場合には、非役員の部門長や従業員が中心となって株式や事業を買収する点にある。

実際には、従業員だけでＭ＆Ａの手続きを進める純粋なＥＢＯは稀で、通常は役員と従業員が共同して株式や事業を買収する、いわばMEBO（Management and Employees' Buy-out）の形態をとる。

③事業承継のためのMBO

ア．親族外への承継

会社内部での売却という表現は、馴染みにくいかも知れないが、役員や社員への売却を指す。会社内部の役員や社員は経営者の親族ではないが、会社とのつながりでは内部の関係者として捉える。

MBOにより株式や事業を承継する場合には、経営者の親族が承継する場合とはまったく違って、外部の第三者と同じようにＭ＆Ａ同様の"売買取引"によって承継する必要がある。

また、会社や事業を売買によって承継する場合には、株式や資産の評価は、外部の第三者へ売却する場合とまったく同じで、時価での評価が適用される。

株式の売却（移転）で原則的な評価が適用されるのは、あくまでも自社の内部での「親族」への株式や事業の承継に限られている。

したがって、親族外役員や従業員へ株式を譲渡する際は、時価での売買となり、自社の内部での取引ではあるが、親族外への売却ということになる。

イ．経営者の交代

株式総額が少額であるオーナー企業の場合、長年勤続している非親族役員が単独ないしは複数で株式を取得し、うち１名が代表取締役に就任すれば、親族外への経営の承継と見なされて、承継前と同様の外部との取引を維持しやすくなる。

ウ．MBOとのれん分け

前述のとおり、役員が中心となって株式や事業を買収する場合がMBO、従業員が中心の場合がＥＢＯと呼ばれる。事業承継におけるMBOは、社内のごく身内での売買を前提とした「暖簾分け」のような意味合いも含んでおり、日本人にも馴染みやすいＭ＆Ａの派生的な方式だといえる。

2．MBOの類型－買い手側の属性による違い

買い手（承継側）の属性は、主として、売り手（被承継企業）の経営への関与度と、勤続年数によって３つに大別される（図表 3-4）。

①MBO

承継の対象となる企業の経営者や経営陣が、買い手側の中心となって買収(承継）を実行し、買収（承継）後も経営に当たる。

事業承継は経営と所有を一体で承継するという観点からすれば、買い手側は、既に経営者、経営陣という立場にあり、経営の承継については、全部ないしは一部は充足しており、会社の所有権である株式や事業を買い取る（取得する）ことを意味する。

図表 3-4　ＭＢＯの類型－買い手（承継側）の属性による違い

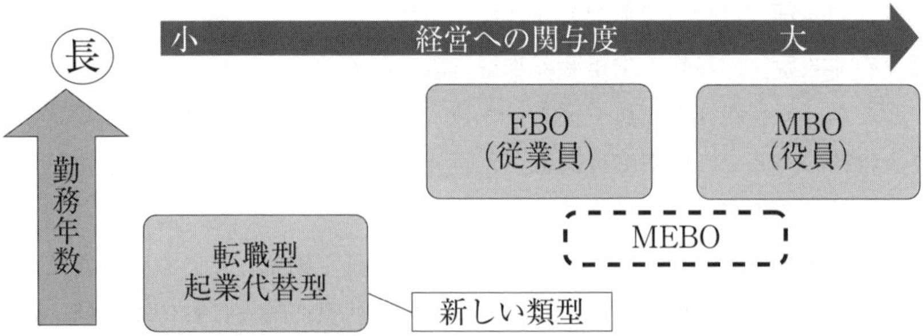

②EBO

MBOでは、既に経営に関与している役員が買い手側の中心になるが、ＥＢＯの場合には、経営に関与していないか、関与度の低い非役員の部門長や従業員が中心となって株式や事業を買収するので、所有と経営を一体で承継することになる。

③MEBO

中小企業の場合、純粋なMBOもＥＢＯも希で、実際は親族外の役員と従業員が共同して株式や事業を買収する、いわばMEBO（Management and Employees Buy-out）の形態をとることが多い。

④転職型、起業代替型

年間売上高が１億円未満の小規模な企業を中心に、MBO、ＥＢＯの新しい類型が最近広がってきている。

確定した呼び方がある類型ではないので、ここでは、以下により「転職型、起業代替型」とした。

後継者不在企業の承継を前提に、元々は当該企業とは縁のないサラリーマン等が、企業の内容をよく理解するために、まず常勤・非常勤の役職員として勤務を始め、１～２年後に、条件が合えば事業を承継するという形態である。

従来は、小規模な会社は、ごく身近の取引先や仕入先が「引き取る」というような形で承継する程度であり、事業承継Ｍ＆Ａの対象として取り上げられることはなかった。

これは、ほとんどのＭ＆Ａ専業会社が、高額の手数料を主目的として事業承継Ｍ＆Ａを進めてきたので、ほとんど“儲けにならない”小規模な会社のＭ＆Ａは見捨てられて、陽の目を見ることがなかったためである。

しかし最近になって、インターネット上でのマッチングの考え方が浸透し、従来からある「物の売買」や「人の紹介」、「知り合いになる」方式が、後継者のいない中小企業の引き受け手（買い手）探しにも援用され、継承先探しにも普及することとなった。

また、この形態が増加している背景としては、政府が中小企業の後継者不在を解消することを、大きな政策課題に取り上げるようになったことが大きい。

これを受け、事業承継・引継ぎ支援センターが中心となり、各商工会や商工会議所が、営利目的のＭ＆Ａアドバイザーでは対象にならなかった小規模法人の事業承継Ｍ＆Ａの相談にも細かく乗るようになってきたのである。

つまり、従来は、“売り案件”にならなかった小規模な法人でも、ネットや公的な支援の枠組みができ、不特定多数を相手する“売り案件”になってきたということである。

また、起業をしようとする場合、まったくゼロの状態から自ら起業するよりも、既に形のある企業を引き継ぐほうが、失敗するリスクは小さいとの判断が働く。これが、小規模Ｍ＆Ａの普及を後押しする要因ともなっている。

一方、売り手となる企業は小規模とはいえ、長年にわたって地元経済に貢献してきた企業も多い。地域金融機関がこの種のＭ＆Ａをサポートする場合は、手数料のみを重視するのではなく、きめの細かい対応が求められる。

3．MBOの取引概要

（1）MBOの取引概要

MBOは大別すると、「株式譲渡」と「事業譲渡」に分けられる（図表3-5）。

①株式譲渡の場合

ア．利点と難点

承継側が株式を取得すれば、対象企業の経営権と経営実態が全て承継できる反面、その会社の資産と負債も全て引き受けることになる。

したがって、難点としては、承継する役員や従業員が、株式の買い取り資金を調達する必要があること、金融機関からの借入金がある場合には保証を求められる、という資金面での負担に加え、法人格をそのまま引き継ぐので、資産の選別が難しいという3点がある。

イ．取引の形態

承継する側が、後継者不在企業の株主から、当該企業の株式を買い取ることになる。

取引金額の規模により、株式の取得の主体は次の2とおりとなる。

a．取引（買収）金額が大きい場合

買収金額が大きくなる場合には、資金調達力のある投資ファンド等が共同で出資して受け皿会社を設立し、その出資金と借入金（受け皿会社が金融機関から借り入れる）を買収資金とすることが一般的な手法となっている。

このような投資ファンドとの共同出資の場合でも、MBOが完了した後の経営は、買収対象となった会社の元経営陣が中心を担うことになる。

b．取引（買収）金額が小さい場合

承継する側が、個人で対象の株式を取得する。

買収金額（株式の取得金額）が大きくなければ、経営陣の全額出資で賄えるが、金融機関からの借り入れで調達する場合もある。

図表 3-5　MBOの取引概念図

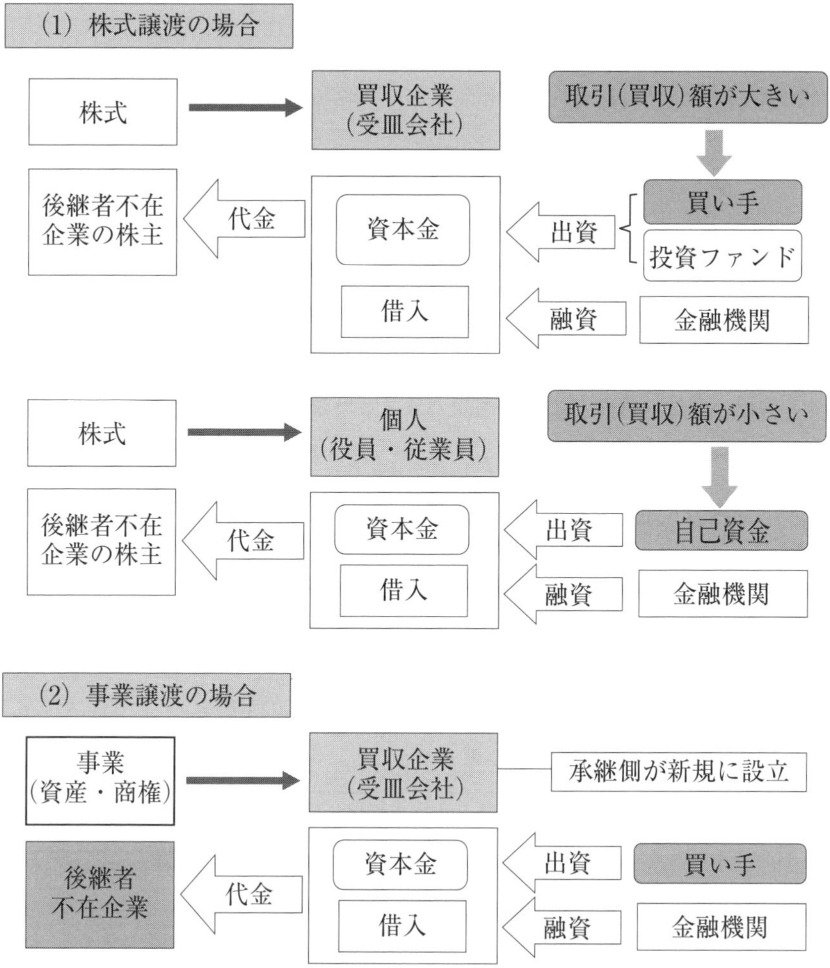

(1) 株式譲渡の場合
株式
買収企業
(受皿会社)
取引(買収)額が大きい
後継者不在
企業の株主
代金
資本金
借入
出資
買い手
投資ファンド
融資
金融機関
株式
個人
(役員・従業員)
取引(買収)額が小さい
後継者不在
企業の株主
代金
資本金
借入
出資
自己資金
融資
金融機関
(2) 事業譲渡の場合
事業
(資産・商権)
買収企業
(受皿会社)
承継側が新規に設立
後継者
不在企業
代金
資本金
借入
出資
買い手
融資
金融機関

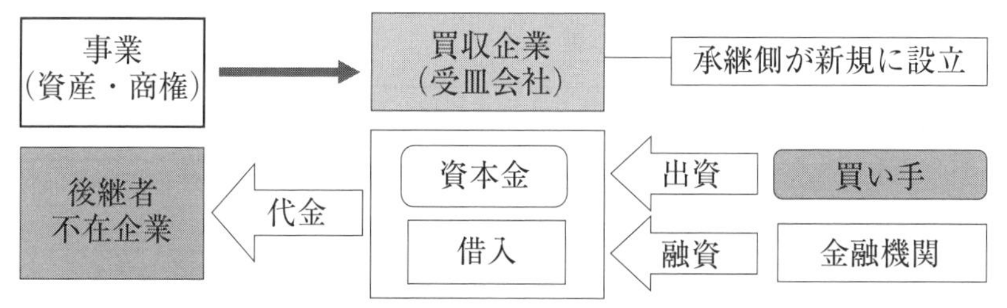

②事業譲渡

ア．身軽な形で事業を引き継ぐ

事業譲渡で承継する場合には、承継する事業や事業の拠点を選択することができる、つまり、承継する資産や負債の選択も可能となる、というメリットがある。事業承継後の事業継続に必要な資産や負債のみを継承するので、事業の運営や経営とは本来関係のない資産や負債は切り離すことができ、身軽な形で事業を再スタートすることが可能になる。

イ．取引の形態

実際の活用方法としては、上場企業、未上場企業を問わず、事業再編等で特定の事業部門を切り離し、これを事業の部門長等が中心となって事業を継続する。

また、未上場企業の場合、オーナー経営者一族以外の経営陣や役員の部門長が、事業部門の一部の譲渡を受けて独立する、いわゆる暖簾分け的な事業譲渡の形態もある。

通常のスキームとしては、承継側が事業の受け皿となる会社を設立し、その出資金と金融機関からの借入金を併せて、当該事業の買収資金とする。

この後、受け皿会社が当該事業用の資産と商権を買い取り、譲渡代金を支払うことによって事業の譲渡は完了する。

（2）MBOにおけるM＆Aの手続き

MBOは会社内での内部での承継であるが、同じ内部承継である親族内での承継とは違った考え方に基づいた手続きが必要となる（図表3-6参照）。

図表3-6　MBOにおけるM＆Aの手続き

事業承継は経営と株式の一体承継

親族内の承継 → 家業の承継 — 相続、贈与、原則的評価で株を承継

MBO → 契約で承継
- 経営 — 諸条件を決める
- 株式 — 売買価格を決める

①親族内での承継

親族内の承継は、“事業承継”と称されているが、実際には株式の承継による家業を営む会社の承継、それも株式を相続財産とみなし、株式＝会社を親子間や親族内で承継させることを主目的として成り立っている。

そのため、親族内での承継の対策は、相続財産である株価の評価を引き下げることと、相続財産にかかる納税額を可能な限り少額とする対策に終始してお

り、事業承継のもう１つの柱である経営の承継を、契約書を締結するといった形式は別として、確定した文書で承継していくという考え方はない。

②MBOでの承継

MBOは会社内部での承継であるため、親族内での承継と同一視されたり錯覚されることがあるが、実務面での手続きと取り進め方は、事業の客観的な評価と契約での承継を基本とする、第三者間でのM＆Ａに準じる考え方が必要となる。

つまり、経営も株式も、売り手と買い手の間で、適正な評価や合意に基づいて、明確な契約を交わして承継することが基本となる。

（3）必要書類と手順

①MBOの類型別の取り進め方

MBOの類型は、承継者の属性から見て概ね図表 3-4（MBOの類型－買い手（承継側）の属性による違い）のとおり大別されるが、M＆Ａの取り進め方としては標準的・一律的な手法はなく、対象となる企業の規模、承継者の会社との関係や経営への関与度によってかなり幅のあるものとなる。

ただし、株価の算定と売買価額の決定に関する根拠、また、経営の承継に関する確認・保証についての契約は、第三者間M＆Ａと同様に明確にしておくことが必須となる。

②必要書類と手続き

MBOで必要となる資料は、図表3-7に記されている資料の範囲となる。このうち、会社の基本情報については、会社の内部者である承継者が特に確認する必要はない。

転職型の場合には、会社の内部を熟知するには在籍年数が短いこともあるので、財務諸表以下が必要となる。ただ、事業の現況や人事労務の資料は、元々はこれらの点を確認するために社員や役員として会社に入るので、あまり必要にはならないことも多い。

ＥＢＯやMBOの場合、承継者は既に勤務年数も長いので、人事・労務、契約関係、重要事項の資料は、買収を検討する材料としては必要になることはあまりない。最終的に、弁護士に本契約書の作成を依頼する際には、説明材料として必要な資料となる。

図表 3-7　検討に必要な資料

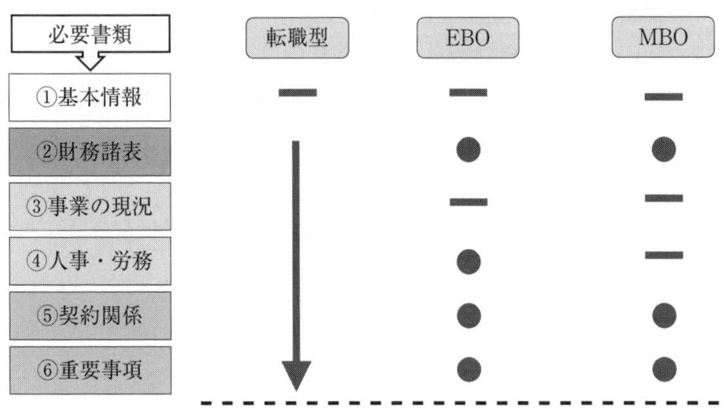

また、取引金額が比較的大きくて、買収資金をファンドや金融機関から調達する場合には、ファンドや金融機関が資金供与を検討するために、第三者間のM＆Aに必要とする資料を準備することが求められる。

なぜなら、ファンドも金融機関もM＆A取引の第三者であり、出資、融資について、客観的な資料に基づく合理的な判断が求められるからである。

（4）契約書の考え方

MBOの場合も基本的な考え方はM＆Aの契約書の骨子や内容と同じである。

ただ、承継者（買い手）が親族外とはいえ会社内部での承継であり、条件を決めるための交渉や折衝はほとんどなく、内容としては、経営と事業を承継する上で必要な項目の確認や引継が主となる。

また、契約書は、第三者間のM＆Aと同様に、売買取引の証憑の意味合いもあり、株価算定の根拠を明確に記載しておく必要がある。

特に、MBOの場合で、承継する役員が、承継する企業の株式を、少数であっても既に所有している場合には、株価について他の株主から疑義をもたれないために、会計士や専門家の株価算定書や報告書を取っておくことが肝要である。

図表 3-8　ＭＢＯにおける契約書の考え方

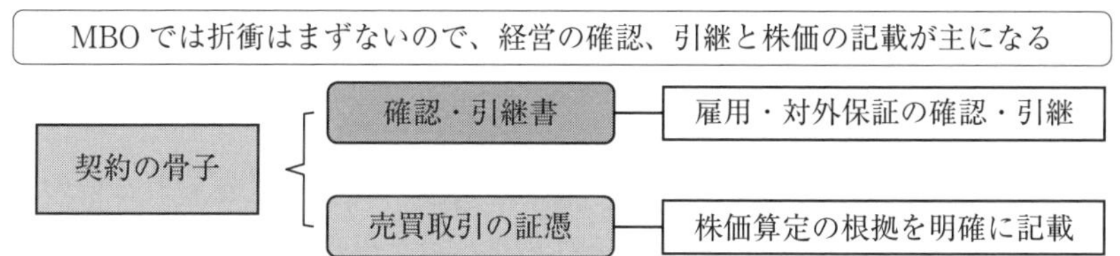

第４節　事業承継M&Aへの金融機関の取組み

1．事業承継M&A支援業務担当者が必要な理由

（1）売却の相談相手がいない背景

①後継者不在の企業のオーナー経営者の悩み

未上場企業が売り手となるＭ＆Ａの場合、事業の後継者不在が理由で、事業の後継者を確保するための売却が95%以上を占めている。売り手となる後継者不在の企業は、100%近くが未上場のオーナー企業であり、会社の売却を決断できるのは、会社の大株主でもある経営者のみとなっている。

しかしながら、事業の後継者不在は、会社の将来に関わる重大事だが、解決策を取締役会で諮れば済むような問題でもないし、誰にでも気軽に相談してすぐに答が得られるような問題でもない。

後継者がいないオーナー経営者自身が、後継者確保と事業を継続するための課題や問題のほとんど全てを自分の肩に背負って、長期間に亘って解決策を探っていくことになる。

②Ｍ＆Ａの経験不足と知識不足

オーナー経営者が、事業承継の解決策として、事業承継が目的のＭ＆Ａを考えたとしても、過去に自分の会社を売却した経験はまずないであろう。また、経営者自身に十分な専門知識もないのが普通であり、結論を出すとか決断をするには、どうしても信頼できる人物へ相談する必要がある。

ただ、自社にとっては重大事であり、秘密保持を厳格に行うことも必要との認識はあるので、誰にでも迂闊に相談はできない。そのために、相談相手としては、取引金融機関、顧問税理士や弁護士、または、親しい友人や知人に絞らざるを得なくなるのが普通である。

③意外にいない相談相手

ただ、事業の後継者不在は、税務や会計の問題や法律の問題でもないので、それぞれの専門家に相談しても、何らかの解決策を導き出すのは難しい。親しい友人や知人でも取引関係がある場合には、以降の取引に影響がまったくないとは言い切れず、やはり相談することを躊躇せざるを得ない。

また、相談相手として考えられるのは、利害関係がまったくない友人であるが、多くの場合は、会社の売却という重大事へアドバイスすることへの躊躇いがあるとか、相談する側と同様に専門的な知識があることはまずないので、決断に至るようなアドバイスを得ることはかなり難しい。

④金融機関が最適の相談相手

後継者が不在の企業それぞれに、様々な理由や背景はあるが、上記のような心理的な背景や経営の環境があって、多くのオーナー経営者が、相談相手がいないことを事業承継目的でのＭ＆Ａを決断する際に大きな壁と感じている。

こういった経営者心理を和らげ、壁を取り除くのには、やはりベースとなる日常の取引関係があり、顧客からの信頼感も高い金融機関が一番適任と言える。ただし、会社の売却を考えている経営者は、金融機関から借入れがある場合などは、将来の経営に関して無用の警戒感を持たれることを懸念するので、この点に充分に配慮して相談に乗ることが肝要である。

（２）事業承継Ｍ＆Ａ支援業務は未上場企業には不可欠

①経営者、社員が本業に専念するため

未上場企業の経営者は、自社の本業に長けているが、Ｍ＆Ａの経験が乏しいか皆無なので、Ｍ＆Ａの実務に関する知識は持ち合わせていない。自身が売り手となって、具体的に案件を進める必要が出てきた場合に、実務や知識面での習得や補完が当然ながら必要となってくる。

ベストの解決策は、経営者や社員が実務知識を身に付けることだが、自社の売却に対応することには、間に合わせようがない。また、経営者は時間的な制約が非常に多いので、M＆Aの全てのプロセスで、必要な手続を自身で取り進めるのは、時間的にもまず不可能である。

事業承継M＆Aを進める間も、経営者は本業を疎かにすることはできない。そして、M＆Aの成功の確率を高めるために、手続を順当に進めることも重要であり、この2点から、M＆A支援業務の担当者に任せることが必要となる。

②不慣れから来る不測の事態を回避する

後継者不在の未上場企業の場合、事業の承継先として、従来から取引関係にある先や、経営者の知り合いの会社を、自社の売却先として選ぶことは稀ではない。このように、従来からの取引関係や知り合い同士の間で、M＆Aの話を進めた場合には、経済的な面よりも、お互いに心情的な面での遠慮が働きがちになり、本来厳しく話し合うべき点が疎かになることもある。また、互いにM＆Aに不慣れなせいで、会社の株価の決め方や手続面での齟齬が生じ、双方に悪気はないのに、結局は話がこじれて破談となってしまうことにもなりかねない。

③取引の適正さと妥当性の確保

未上場企業が売り手となるM＆Aの取引そのものは、株式譲渡や事業譲渡の形態を問わず、買い手と売り手の間の相対取引で、それ以外の第三者が取引そのものの直接の当事者になることはない。

ただ、売買当事者双方には外部の利害関係者（ステークホルダー）がいるので、M＆Aの取引そのものが適正かつ妥当に成立したことを、こうした第三者に対しはっきり説明することが必要である。また、取引が成立した後に、双方が税務申告の義務を負っているので、税務当局が売買の適正性を判断できるように、取引の経過と成立した根拠について、客観性と合理性を持たせておくことが求められる。

2．M&A支援業務担当者として求められる主な役割

（1）成約までのアドバイザーの役割

①アドバイザーが果たす3つの役割

事業承継が目的のM＆Aは、売り手の経営者にとって、M＆Aは世界に一

つ限りのかけがえのない物＝自社を売買する商談である、ということが基本になる。少し比喩的になるが、売り手の経営者にとって、Ｍ＆Ａのアドバイザーは、相談者、指導員、分身の役割を担うことになる。

ア．相談者

事業承継目的のＭ＆Ａでは、売り手の経営者は、他人では推し量れないほどの孤独感や不安感といった心理的な葛藤を強いられることがほとんどである。Ｍ＆Ａが完了するまでには、着手してから１年以上かかることも稀ではない。その間、アドバイザーの大きな役目は、相談者として経営者の悩みを、できるだけ和らげて、そして軽くしてあげることである。

イ．指導員

また、ほとんどの経営者は、前述のとおりＭ＆Ａの経験はなく、手順がまったく分からないので、例え経営者がかなり年長者であったとしても、後述の手続面や取り進め方で指導していくことが必要である。

ウ．分身

また、承継候補先が見つかり、手続を取り進めていく段階では、売手経営者の意志や考えを代弁できるような、いわば分身に近いような役回りも必要になる。精神論的ではあるが、一言で例えれば、売り手経営者にとっては“成約できるまでの社長特別企画室”を社外に持つ、ということになる。

②成約後の外部からの照会への準備

前述のとおり、売り手のために、外部の利害関係者と税務当局からの照会に対しても備えておくことも必要となる。取引に中立的な立場にある金融機関を介しての取引であれば、関連資料の提供があるので、取引の合理性、売買価格の妥当性を証明することが容易となる。

（２）相手との折衝と調整

①Ｍ＆Ａは当事者双方の合意で成約

未上場企業のＭ＆Ａでは、株式や事業の譲渡の手続について、会社法や税法の縛りがあるが、係争事ではないので当事者間で勝ち負けをつける話でもない。また、Ｍ＆Ａ後の取引先や仕入先、従業員に対する対応については、取引契約や労働基準法の縛りはあるが、諸条件については明文化されていない事項も多く、法律だけでは解決のしようがない。つまり、Ｍ＆Ａを成約させるには、合理性を確保する必要と関連する法律の縛りはあるが、取引条件の多くを決めることにつき、法律や絶対的な基準はないので、あくまでも当事者双方の合意によって決定されていくことになる。

②売買条件の折衝と調整

また、従来からの知り合い同士の会社で、友好的なＭ＆Ａであっても、当事者の間で、最初から利益が全て一致していることはない。むしろ、Ｍ＆Ａの取引額が双方で隔たりがあるのは当然で、仕入先や取引先の承継や従業員の承継といった条件面でも、当初は一致していない場合の方が多いのが普通である。当事者双方が、お互いの立場を主張し続けていれば、延々と時間がかかったあげく、最悪の場合は破談にもなりかねない。

したがって、未上場企業のＭ＆Ａを成功に導くためには、売買当事者双方が、お互いの意思をよく確認し合って、自己の判断でいかに折り合いをつけるかが最重要なポイントである。このため、Ｍ＆Ａ支援業務担当者に求められるのは、自己の依頼者の利益のみを主張するとか、力関係で物事を決めていくような交渉力というよりも、一つずつの課題に関して客観的で合理的な判断材料を提供できる根気と、相手から納得を得ることができるような説得力である。

（3）企業の価値評価

大手企業同士のＭ＆Ａだけではなく、中小企業の事業承継Ｍ＆Ａでも、取引額が売買を決定する一番大きな要素である。企業や事業の売買を決めるのは、あくまでも当事者同士であり、売買価額も双方が納得の上で決めることになる。相続や同族間での株式の譲渡や移転の場合は、取引の株価は、原則的な評価を用いて、ほぼ理論値に近い株価が算定できる。一方、第三者間での株式譲渡のＭ＆Ａの場合、株価は財務諸表から評価額が算定できるが、算定された評価額で取引額が決まることはまずない。いわば、売り手、買い手双方の思惑が調整されて売買価額が決められることになる。アドバイザーとしては、売買価額を決定することはできないが、売り手・買い手の双方が納得のいく判断材料を提供することが重要であり、期待されている役割である。

（4）専門家との協働

Ｍ＆Ａ支援業務では、担当者は個別案件に取り組みはじめてから成約に至るまで、外部の専門家と協働することが必須となる。特に、公認会計士、弁護士、税理士、社会保険労務士、不動産鑑定士等の士族と適宜連携していくことが不可欠な業務である。これは、取引を完結するのに必要な手続が漏れたり齟齬が生じることを防ぐこと、そして売買当事者の利益を保護することが目的である。

覚書や基本合意書、それに最終契約書に、弁護士の監修が必要である。また、税務面では、成約後に売り手側には税務申告の義務が生じるほか、売買の両当事者の利益保護の観点から、税理士と協働することが必須である。また、売買当事者は、株主や取引金融機関をはじめとする、いわゆる利害関係者に対して、取引の経緯や決定の要因について説明する義務を負っているので、関連の書類等により､Ｍ＆Ａが合理的な根拠に基づいて実行されたことを示す必要がある。

いずれにしても、未上場企業のＭ＆Ａの場合、税務や法的な課題や問題に直面することがあるが、Ｍ＆Ａ支援業務担当者の役割としては、これらの問題を希薄な根拠で判断するとか当て推量するのではなく、問題点や論点を整理した上で、各分野の専門家の意見を求めることが重要である。

（5）文書の作成と保管

①面談記録や折衝記録

Ｍ＆Ａ支援業務を推進する過程で､口頭での話し合いのみで済ませていると、記憶相違とか思い違いによる行き違いが生じる可能性が高くなる。軽微な事柄なら、後で修正すればよいが、重要な事項で行き違いが生じた場合は、その後の話し合いに支障を来すとか、最悪の場合はＭ＆Ａそのものが流れてしまうことにもなりかねない。不測の事態を招かないように、打ち合わせや会議の後で、箇条書きでよいので要点を書面で確認していくことや、打ち合わせの議事録を作っておくことは、担当者の極めて重要な役割である。

②基本合意書ないしは覚書や最終契約の草案作成

ア．金融機関の職員に最適な実務

基本合意書ないしは覚書や本契約書の草案作成は、金融機関がＭ＆Ａ支援業務を推進する上で、最も困難と感じる作業のようで、弁護士事務所に任せきりとか、Ｍ＆Ａの専門会社に作成を委託しているケースも多いようである。基本合意書、契約書は金融業務とは無関係で、弁護士や法律専門家の専任事項との思い込みや先入観が強いのかもしれない。

しかしながら、Ｍ＆Ａそのものは、前述のように法律が全てを支配するような取引ではなく、むしろ売買当事者の合理的な判断に基づく合意が優先される取引であり、それを法律的に補強するのが基本合意書や本契約書と考えるべきである。この観点に立てば、各種の草案の作成は、むしろ金融取引を通して企業の経営に関わっている金融機関の職員に最適な作業と言える。

こうしたＭ＆Ａの案件を担当して推進していくための「実践力」を身に付けるには、前述の折衝記録や議事録を作成し、それらを基にして、各種の草案を作成していくことが、一番の近道であり最適な方法であるといえる。

イ．草案作成の理由

Ｍ＆Ａ支援業務においてドラフティング（草案作成）という作業は、ある意味でＭ＆Ａ支援業務担当者の力量が最も試される仕事である。もちろん、覚書ないしは基本合意書と最終の契約書は、リーガルチェックという弁護士の監修を受けるが、草案（ドラフト）については、通常はＭ＆Ａのアドバイザーが作成する。

覚書や契約書は、弁護士が全て作成するものと思われがちである。しかしながら、費用の点から、弁護士が当事者間の細かいやり取りや打ち合わせの場にいちいち出席するわけにはいかないので、まずＭ＆Ａのアドバイザーが過去の合意した項目を結果としてまとめて、それを草案（ドラフト）として相談する必要がある。

ウ．草案の内容

草案の内容や盛り込む条項の数は、案件ごとにかなり異なるが、それまでの話し合いや折衝の結果を盛り込んでいく。具体的には、覚書や基本合意書の草案には、①これまでの合意事項、②これから協議する事項、③関連法上の必要手続や届出事項、等の３点を盛り込む。また、最終の契約書の草案には、交渉や話し合いの結果、合意した事項を全て盛り込むことになる。内容は、両当事者の利害得失はもちろんだが、両者に関わるステークホルダー全員の利害を盛りこむことが必要である。

第５節　事業承継Ｍ＆Ａニーズへの対応

１．売り手への初期の対応

（１）事前相談―事業承継Ｍ＆Ａ業務の第一歩

①事業承継の相談が増加

最近は、後継者不在企業が、事業承継の相談で金融機関に来ることが多くなっている。相談内容の多くは、経営者の親族内や経営者とごく近い会社内部での承継に関することで、いきなりＭ＆Ａで外部へ承継するとか、承継したいという相談は多くはない。

これは、経営者の多くは、Ｍ＆Ａでの事業承継があることは知ってはいるが、自社とは無縁の世界と思い込んでいる場合や、何とか他人の世話にならずに内輪だけで事業承継を済ませたい、との思いが強いためである。このような経営者から事業承継の相談があった場合でも、相手の事情をよく聞いて、Ｍ＆Ａも事業承継の有効な手段である旨を説明することが肝要である。

②事業承継Ｍ＆Ａに関する相談は様々

また、事業承継にＭ＆Ａを活用したいとの相談がある場合も、ア．事業承継Ｍ＆Ａの支援を依頼したい、イ．基本的な考え方や進め方を知りたい、ウ．知識がないので話を聞いてから具体的に検討したいなど、相談内容は様々である。

以上は、日常取引がある先からの相談であり、面談する前に、会社の概要や沿革の資料を調べておく。追加情報が必要であれば、簡単な会社資料を依頼すること、また、相手先が決まっているのであれば、相手先の概要が分かる資料の提供も依頼する。いずれにしても、事業承継Ｍ＆Ａの支援業務の第一歩は、事前相談から始まる。

（２）Ｍ＆Ａを活用する意思が決まっている場合

①相手先が決まっている場合

自社の関係先等で相手先が既に決まっていて、Ｍ＆Ａの進め方や手続諸般について、アドバイスの依頼がある場合には、事業承継Ｍ＆Ａに踏み切った理由や、承継先が見つかった経緯や関係などについてヒアリングを行う。

②相手先が決まっていない場合

ア．売却の理由・背景をよく聞く

相談者が事業承継Ｍ＆Ａを既に決定しているのであれば、理由や背景について、かなり突っ込んで質問する必要がある。もし、説明された理由や背景が納得できないとか、腑に落ちない時には、その場では売却の依頼を受けることはせずに、後日改めて面談の日を設定すべきである。

なぜなら、案件のアドバイスを引き受けた場合には、買い手候補先に売却の理由や背景を明確に説明する必要があり、アドバイザーとして腑に落ちていないと、買い手への説明自体が信憑性や迫力が欠けることがあり、案件そのものを進めにくくなるからである。

また、事業承継Ｍ＆Ａの話がかなり進んだ段階で、経営者一族に内紛があるといったような、別の背景が判明すれば、既に案件を検討している買い手候補先に迷惑をかけるばかりでなく、売り手と共にアドバイザーとしての自金融機関の信用失墜にもなりかねないからである。

イ．進め方を説明

売却の理由や背景が明確で納得できるものであれば、準備すべき書類や進め方を十分説明した上で、守秘義務契約書とアドバイザリー契約書を取り交わす。

（3）Ｍ＆Ａの活用を決めていない場合

①事業承継Ｍ＆Ａへの認識を深めてもらう

Ｍ＆Ａが後継者確保の活用法ということは認識しているが、果たして自社がＭ＆Ａに馴染むのかどうかに不安や危惧を抱いているケースがほとんどである。

まず会社の現状や事業の将来への展望について、よく聴取することが必要である。将来の展望は、会社が存続して、事業が継続することが大前提である。そのためには、少し遠回しな聴き方になるが、「自分が退いたとしても、経営の継続＝事業の承継が重要である」と経営者に自覚してもらうことが肝要である。

Ｍ＆Ａによる事業承継が、会社内部ばかりでなく、外部の関係者にとっても、有効な手段であるとの認識を深めてもらう。

ただ、事業承継Ｍ＆Ａについて、基本的なことを知りたいとか、まだ迷っているような段階の場合には、経営者があまり話したくないこともあるので、理由や背景についてあまり深入りしてはいけない。

②売却の意思を固めてもらう

前述のようにＭ＆Ａに関する認識を深めてもらい、十分に検討·考慮した後にＭ＆Ａの意思決定のための面談を行う際の主なポイントは次のとおりである。

ア．相手先探し、イ．秘密の保持の仕方、ウ．手順や進め方、エ．従業員の処遇、オ．事業の将来、について丁寧に説明して、まず経営者が抱いている不安や懸念を完全に払拭する必要がある。

次に、相談先の事情を十分考慮に入れて、事業の発展が望める先の選定を始め、成約に至るまでの全般的な進め方について具体的に説明し、経営者に安心感を与えることも重要である。

（4）アドバイザリー契約と秘密保持契約の締結

①支援業務の報酬や費用概算は早めに説明する

以上のヒアリングを進めている途中か終わった段階で、事業承継Ｍ＆Ａの取り進めに関する基本的な手順や注意点、報酬や費用負担について説明をしておくことが必要である。かなり立ち入った話を聞いた後で、こちらが提示する報酬が高いと思われて、アドバイザー契約を結べなくなることもあるし、最悪の場合は日常取引にも影響が出てしまうこともあるので、早めの対応が望まれる。

②支援業務の受託には真摯な対応が基本

また、日常の取引がある先であっても、相談してくる経営者から、質問の内容や仕方から、アドバイザーとしての資質を推し量られることもあるので、ヒアリングの段階から真摯な姿勢での対応が重要である。

事前相談とその後のヒアリングの結果、売り手からＭ＆Ａのアドバイス業務を依頼したいとの意思表明があれば、アドバイザリー契約と秘密保持契約を締結して、正式にＭ＆Ａアドバイス業務を開始することになる。

2．売却前に自社について整理しておくべきこと

(1) 自社の強み、弱みを把握しておく

①強み・弱み、さらに事業構造・収益構造を把握

優良な企業でも、すべての点において満点ということはあり得ない。長所や利点もあれば、短所や欠陥もあるのが会社であり事業である。業績が芳しくない場合には、経営者は業績を発展させるように最大限の努力をするが、短期間で大幅に業績を改善し、誰にでも魅力がある企業になるのは極めて難しい。

未上場企業が事業承継目的でＭ＆Ａを進める場合には、経営者が自社の強みや弱みをよく把握しておくことが必要である。また、自社の事業の構造や収益の構造をよく把握しておくことも重要である。

②利益を出せる会社かどうか

Ｍ＆Ａの場合、極端に言えば、買い手が売り手へ関心を持つのは、買収した後で売り手の事業を活用して、利益を上げられるような「買いたくなる会社」なのかどうかである。買い手候補が見つかり、具体的な話し合いや折衝に入れば、買い手候補側からは、この観点から、事業の収益性についての分析や評価に向けた情報を得るための情報やデータを求めてくることが通例である。

Ｍ＆Ａで売却を決断する際には、できるだけ客観的な視点から、自社の内容や事業の内容を見直してみることが必要である。

(2) 会社の内容が理解しやすいようにする

①会社と事業内容の整理、準備

買いやすい会社の条件の１つは、買収を検討する際に、会社と事業の内容が、外部者にも分かりやすい形で整理、準備されていることである。短所や弱みのない会社はまずないが、それらが客観性を持って整理･準備されていることは、買い手側の調査の手間を省くことに繋がる。また、経営者の経営に対する姿勢や考え方を推し量る大きな材料にもなり、いわば売り手に対する無形の評価を上げることに繋がる。

②自社に不都合なことでも開示する

具体的には、経営が順調で、同じ経営者が引き続いて経営していくなら、別段支障にはならないことや、多少差し障りがあっても時間を掛ければ処理可能なことが、会社を売却する場合には問題になることが多々ある。特に株式譲渡の場合は、売却する側と同様に、買収する側も真剣であることを念頭に置いておく必要がある。

③短所や弱点が分かるようにしておく

会社の売却を決めてから、短期間に優良会社に変身するのは不可能である。大なり小なり、過去の経営上の負の部分を残したままで、会社の売却を進めざるを得ない。大事なのは、自社の良い点や長所ばかりでなく、弱点も第三者が見て分かりやすくしておくことである。特に、決算書上の資産の計上の仕方や処理の仕方には、経営者の姿勢や考え方が自ずと出る場合がある。

④悪意のない非開示は要注意

一番注意しなければならない点は、悪意はなくても、売却の条件が悪くなることを危惧して、都合の悪いことを言いそびれてしまい、買い手側に指摘されるまで開示しないことである。場合によっては、M＆Ａの破談にも繋がりかねないので、担当者としても売り手共々肝に銘じておく必要がある。

また、売り手側から見て些細と思われる点でも、売却前に是正すべき点は是正する。直すことが難しい場合は、必ず前もって買い手側に説明しておくことが、売り手側としてM＆Ａを成功させる１つのカギである。この観点から、次項で主要なポイントを挙げる。

（3）会社内容の開示・説明のポイント

①人材

従業員の平均年齢、賃金水準といった数字面のデータは、従業員名簿や賃金台帳を見れば十分理解できる。事業承継を目的とするM＆Ａの場合は、もう少し詳しく各従業員の職能、職務経験を明確に示すようにすることと、組織図も作成して各人の役割が分かるようにしておく必要がある。従業員数も数十名規模であれば、大抵の経営者は各人の職能、職歴を熟知しているケースも多いが、書面上でも分かるように整備することが肝要である。

②固定資産

ア．機械・設備類

現在の稼働状況や、簿価と照らし合わせて現在の価値の検証をする。固定資産の価値は、企業価値の算定にも影響するので良い点も悪い点もチェックしておく。資産性が低いとか無いもので、未使用になっているものがあれば、売却を決断する際には処分しておくことも必要である。

イ．土地・建物・付属設備

土地について、過去の事例で特によくあったのは、業歴の古い会社の場合に、工場敷地の隣地境界が永年の間に不明確になっており、境界の確認に手間取ることである。売り手としては、まったく悪気はないことだが、場合によっては確認に数カ月を要することもあり、その間売却の話が中断してしまうので、事前によく確認しておく必要がある。建物についても、資産性はもちろんであるが、建築基準法上の問題がないかどうか、最低限の確認が必要である。

③流動資産

ア．在庫、仕掛品

資産性のないものは廃棄するか、アドバイザーに売却を依頼する際に、明確に伝えておく必要がある。税法上まったく問題ないことでも、買収調査を受けるまでに告知しないでおくと、買い手側の心証を悪くすることになりかねず、最悪の場合には、M＆A自体が流れてしまう危険性もある。

イ．受取手形、売掛債権

受取手形で、当期の不渡り分があれば、明確に分かるようにしておく。売掛金も同様で、回収不能分はきちんと処理し、売却決断時に回収の遅れている債権も、適切に対応することが肝要である。

④取引先

買い手側がまず興味を持つのは、売り手側の経営資源とか技術や販売方法であるが、同様に取引先、得意先の顔ぶれに対する関心も高い。買い手の理想は、自社にとっては新規顧客で、利益率が高く、回収懸念のない先が主体になっていることである。

ただ、取引先が大手企業であっても、必ずしも高い評価を得られるとは限らない。過去の事例でも、取引先に大手企業が入っており、売り手はある程度の評価を期待したが、取引そのものからは通常以上の利益率が認められず、買い手側から評価額の上積みは得られなかったケースもある。

逆に、これらの大手企業は仕入先の経営の変化に神経質な面があり、M＆Aが決まった段階で、説明等に相当の労力を割かなければならなかったこともある。

⑤投資効率

売り手は、人、技術、優良な納入先がある場合、薄利であっても自社の経営には優位性があると思いがちである。買い手は、受注の継続性や、回収の安全性といった事業の安定性だけではなく、投資効率の観点からも、通常は売り手の事業内容を評価する。したがって、M＆Aの買収額＝投資額の割に事業からの利益が低いとか、売り手の技術に汎用性がない場合には、売り手が期待するような評価が、買い手側からは出ない場合が多いと考えるべきである。

事業承継M＆Aを進める前の、主な留意点や注意点は以上のとおりである。ただ、以上に挙げた点の全てを、何がなんでもM＆A を進める前に完了しておく必要はないし、隣地境界の確認や重要書類、株券の完備等は時間的にも間に合わない場合もある。これらの点は、十分に認識しておいて、売却時の留意点として買い手側に充分説明して、M＆Aの進行に遅れないように取り進めることが肝要である。

第6節　契約書・基本合意書のポイント

M＆Aは株式や資産の売買取引であり、不動産や商品の売買と同様の取引と捉えることができる。ただ、普通の商品や不動産の売買とは違って、売買当事者以外の利害関係者が関係しており、それらの関係者から同意や合意を得るために説明をする事項や利害の調整を図る必要がある項目は、当然ながら多方面で多岐にわたっている。

このため、売買当事者の最終的な意思確認の証憑ある正式契約も、有価証券や資産の売買の取り決め、資産や権利･負債や義務の継承、法令や規則の遵守、雇用や取引継続の保証等の複合的な法的要件で構成されている。

以下、M＆Aの代表的な形態である株式譲渡契約書の実例の内容、株式譲渡の基本合意書の内容等について、実務的な観点から概説する。

（1）基本的な手順

①金融機関の主な役目

アドバイザーである金融機関の主な役割は、まず、売買当事者が合意した事項を確認し、整理することである。そして、それらの合意事項を基にして、売買当事者の個別合意事項と、売り手と買い手と記載した保証事項を盛り込んだドラフティング（草案の作成）を行うことになる。

②ドラフティングの文体と弁護士の監修（リーガル・チェック）

ドラフティングは法律用語や契約書で使われるような文体で書く必要はまったくない。むしろ、普通の文章で、誰が見ても分かりやすく書いていけば十分である。適正な法律用語への書き換えや法律的な観点からの監修は、リーガルチェックとして弁護士に依頼するので、個別に合意した事項や義務の内容が分かりやすいように記述することが肝要である。

なお、リーガルチェックを依頼する際には、簡単で良いので、合意に達するまでの折衝や話し合いの経緯が分かる資料も、提供することが必要である。

（2）契約書の主な記載事項

Ｍ＆Ａの契約書は、一見難解のように見えるが、内容としては、個別的合意事項、保証記載事項、定形記載事項の、通常は３つの要素で構成されている。これらの３要素は、一般的な用語ではないが、内容や意味は以下のとおりで、３要素に分類すればＭ＆Ａの契約の意味合いを理解しやすい。

また、契約書に盛り込む内容は、売買当事者の最終合意事項となるので、時系列的な順番で記載する必要はない。

①個別の合意事項

譲渡日と譲渡額、支払い方法が、売買当事者の双方の、売買取引に関する基本的な合意事項である。株式評価書や合意に至る折衝過程の記録が、これらの項目が合意に至る根拠となる。

②保証記載事項

Ｍ＆Ａの契約書には、売買当事者の義務として、定形に近い形で盛り込まれる事項である。ただし、内容は③に示す定形的記載事項のように一律ではなく、売買当事者が了解、確認、合意した内容が盛り込まれる。主な内容は次の

4点である。

ア．売り手は株式が譲渡可能な状態であることを保証

イ．売り手は財務諸表の適法性と正確性を保証

ウ．表明保証

エ．反社会勢力排除の表明と保証

特に、ア．とイ．については、金融機関の取引先、与信先である点が売買当事者双方に安心感を与える。この点が、顧客基盤を持たないＭ＆Ａ専業会社に対する優位性であり、専業会社が地域金融機関との関係強化を図りたい最大の理由でもある。

③定形の記載事項

主な定形的で一律の記載事項であるが、あくまでも未上場株式の売買取引に係わる任意の記載事項である。したがって、極端に言えば、これらの項目の記載がなくても、①の個別の合意事項と②の保証記載事項が充足されていれば、株式譲渡取引は成立することになる。

第7節　M＆A後の経営支援

1．M＆A後の事業計画の策定

（1）策定の基本的な考え方

①M＆A後の経営の指針

Ｍ＆Ａが成約すれば、買い手企業は成長戦略の実現に向けて、通常は売り手企業を子会社として経営していくことになる。そのためには内部や外部の関係者がよく理解できるように、経営の指針となる事業計画や経営計画を立案することが必須となってくる。計画の立案の時期については、Ｍ＆Ａの経緯、対象先の規模や目的等の要因によって、千差万別で一律の基準はないが、概ね本契約締結前までに立案しておくのが通常である。

②策定・立案の時期

株式取得によるＭ＆Ａ＝買収の場合、計画立案の時期として、書面での調査

が終わる頃までには、大まかな絵を描いておく必要がある。この時点では書面とはいえ、対象企業の財務内容を始めとして、会社の内容がかなり明らかになり、買収額の目処もほぼ立っている。また、有形資産や在庫の実在性等は買収調査を待つ必要があるが、生産や販売の事業面については輪郭がほぼ見えている。買収額を概算し、基本合意書を取り交わす時点では、Ｍ＆Ａ後の売上や利益について、概算額でもよいので計画案を作成しておく必要がある。

基本合意書の締結後に買収調査を実施するが、買収側はそれと並行して、事業計画を練り上げ、本契約の締結時までには、詳細な計画を立案しておく必要がある。

③外部関係者の協力を得るための説得材料

もちろん得意先や販売先等の外部関係者や金融機関のように、Ｍ＆Ａ後に当たってみないとどういう反応をするかが分からないとか、予測が付かないことも少なくない。逆に言えば、それら外部関係者の取引や協力を継続して得るため、取引条件の変更について同意を得るための説得材料としても、Ｍ＆Ａ後の経営の方向を示す事業計画は必要である。

特に、未上場企業の株式取得によるＭ＆Ａ＝買収の場合には、成約までは当事者企業の限られた関係者同士での意思疎通が重要であるが、Ｍ＆Ａの成約後は経営の引継ぎを円滑に運び、事業を発展させるため、内部の従業員や外部の関与者へのていねいな対応が不可欠である。

２．Ｍ＆Ａ後の経営支援

（１）株式取得によるＭ＆Ａ後の経営改善・強化プラン

①経営改善と強化

Ｍ＆Ａ後の経営では、子会社となった被買収企業が改善や強化の主な対象となるが、親会社となった買収企業の変革や改善も一体となって求められる。Ｍ＆Ａを実行すると、買収企業にとっても事業領域が一気に拡がり、それに伴い営業や管理の範囲も拡がるので、それに即した対応が必要となるからである。両者が変革、改善、強化してこそＭ＆Ａ後の経営は成功につながることになる。

両者が各々経営を強化していくのと同時に、シナジー効果を発揮していくこともM＆A後の経営には重要である。両者が持っている経営資源を相互に利用・活用し合い、M＆A前にはなかった大きな効果を発揮し、事業の更なる発展を図ることができる。この“シナジー効果”は、“時間を買う”と“人材を確保すること”と並んでM＆Aの大きなメリットとなっている。

②買収企業（親会社）

ア．人的措置

買収後は直ちに、人数はケースバイケースであるが、子会社に社長と役員・幹部職員を派遣し、新しい経営体制を整えるのが通常である。もちろん、被買収側の役員の一部は残留させるとか、生産や販売の現場責任者や社員は、自己都合で退職する以外は、通常はそのまま雇用を継続する。また、同業同士のM＆Aでも、企業風土の違いから、買収された側の社員が親会社に対してなじめない場合もあるので、早期に親会社での研修や教育を実施して、働きやすい環境を作ることが必要である。

イ．銀行借入への対応

未上場企業の場合、銀行借入については、オーナー経営者が連帯保証人になっていて、買収後も借入を継続する場合には、その保証を解除し親会社か新社長が保証人となる必要がある。また、借入金の金利が高い場合には、親会社からの肩代わり資金で、全ての銀行借入を返済することもあり、人的な措置同様に親会社の力量が試されることになる。

ウ．情報システムの統合

買収前調査、準備段階で子会社の情報システムについては相当程度まで把握ができる。買収後は、業務に支障が出ないことと、親子間の運営が円滑になるように、相応の時間をかけて統合していくことが必要である。

エ．M＆A後の変革

M＆Aを実行する際に、買収側に求められる3つの条件は、事業の目利き能力、資金調達力、豊富な人材であるが、M＆A後に事業の発展を図るためには、一層の変革や強化が必要となる。事業領域や管理領域が広がるので、企画や管理能力を引き上げることは不可欠である。

また、M＆Aにより事業が発展すれば、当然資金調達力も向上させる必要があり、財務体質を強化することが不可欠である。また、後述のように子会社との間でシナジー効果を発揮するために、場合によっては事業構造そのものを変革していくことも必要である。買収側にとってM＆Aは終着点ではなく、正に出発点であり、企業のあり方そのものに大きな変革を迫ることになる。

③被買収企業（子会社）

ア．人事・組織の改編

親会社の経営方針に基づいて、組織の改編や配置換えが実施されるが、取引先や生産、販売計画との関連もあり、M＆A後に即時に実施される項目と、時間をおいて実施する項目とに分かれる。諸規程の改編は、親会社の規程にできるだけ合わせることと、人事・組織の改編に併せて変更が実施される。

イ．貸借対照表（B／S）の改善

スタートにあたっては、不要な資産を処分して資産のスリム化を図ること、また、銀行借入を始めとした有利子負債のリストラを図ることで、B／Sの改善に着手する。特に有利子負債については、金利が親会社で資金を調達する方が低い場合には、親会社からの貸付に切り替え、金融費用の軽減を図ることになる。

ウ．新規投資

M＆A実行後、不要資産を処分するのとは逆に、親会社の指示で設備を始めとして新規の投資を実施することもある。これは、親会社が描いた買収後の事業計画に基づくもので、陳腐化した機械の刷新や、新製品・商品に対応した設備を導入し、売上高の増強を図るもので、当然ながら、緊急性が高く先行させるものと、他の経営強化策の進捗に合わせて実行するものに分かれる。

エ．契約の継続、変更、解約

対外的な契約は、事前調査の段階で要不要に仕分けされる。必要な契約は子会社の事業継続に不可欠なものであり、契約先の求めに応じてM＆A後に継続手続や変更の手続を行う。不要な契約とは、親会社と重複しているとか、慣習的に継続しているもの、親子間での支店や営業所等の拠点の統合で不要となる契約等がこれに当たる。このような賃貸契約や出費を伴う契約の解約により、コスト面での削減を図ることが狙いとなる。

④シナジー効果

ア．拠点や組織の統廃合

親子間での支店や営業所等で重複している拠点の統合を図り、本社部門で重複している組織の機能を親会社に集中することにより、子会社での組織のスリム化を図る。これは、本社で一元管理ができる体制を取ることと、コスト面での削減を図ることが狙いとなっている。

イ．売上の拡大

販売網の相互活用、共有化も売上高の拡大に大きなシナジー効果を発揮することになる。また、メーカーの場合には、お互いが持っていなかった製品を共有できるようになり、品揃えを拡充することができるので、販路の拡大と併せ、品揃えの幅を広げることで、営業力を大きく強化することにつながる。

ウ．ノウハウ、技術

M＆A後のシナジー効果として大きい点は、技術やノウハウの共有化と移転が挙げられる。株式取得の場合、資産、売上、従業員数など外形的な規模としては、買収側が被買収側より大きいのが通例となっている。しかしながら、技術やノウハウは、必ずしも規模に比例するわけではない。特に日本の場合は、小粒でもきらりと光る技術や、製造ノウハウ、販売ノウハウを持った企業が多数存在している。買収側としては、M＆Aにより子会社が持っている技術、ノウハウの活用が可能となるし、逆に自社の技術・ノウハウを子会社に供与し、移転することで子会社を強くすることも可能となる。

エ．共同開発研究

企業の成長には、たゆみない研究開発による知力の向上が不可欠である。業種にもよるが、研究開発には時間と資金が相当かかるうえに、結果が保証されているわけではない。研究開発を継続し、確実なものにしていくには、やはり資金と人的余裕が必要なことはいうまでもない。M＆A後に、親会社と子会社で共通の研究開発に当たれば、資金面と人材面での補完ができることになり、よい結果につながる確率も上がることになる。

オ．仕入、物流の共通化

大きなシナジー効果としては、親子間での仕入や物流の共通化が挙げられる。共同仕入により、原材料や製品、商品や各種資材のコストの低減が図れる。また、物流を共同化することにより、搬送の効率化、コストの低減も図れるので、仕入や物流の規模次第で、販売管理費の大きな削減効果が期待できる。

(2) 被買収企業（子会社）の経営改善・強化のプロセス

①経営改善・強化のプロセス（行程表）の内容

M＆A前には想定できなかったことや経営環境の変化もあるので、臨機応変に計画を微修正して対応していくことも重要である。

②最初の100日（First 100days）の重要性

ア．最初の100日の意味

M＆A後の改善策や強化策を、どういうタイミングで何を実施するのかは、法規制上の届出以外は一律の決まりはない。ポストM＆Aの中で最初の100日（First 100days）と呼ばれる期間があるが、元々は企業再生の実務から派生した概念で、非常に重要な期間と認識されている。

企業を再生する場合には、まず、対象となる企業の経営資源の散逸を防ぎ、毀損がないようにする、そして内部や外部の利害関係者の同意を得て、再生プログラムに従って不要な資産を処分する等の策を矢継ぎ早に実施していく期間になっている。

イ．即時実行

M＆A後の経営も企業再生ほどの切迫感はないにしても、迅速に確実にうまく滑り出すことは、成功へのプロセスとして非常に重要である。

（ア）不安感の払拭

M＆A後の対応の中で、利害関係者の不安を取り除き、安心感を与えることが、M＆Aで成長戦略を実行するうえで最も重要である。経営の主体が変わることにより、従業員、取引先、仕入先、金融機関が不安感を抱くとか、場合によっては疑心暗鬼にもなりかねない。

（イ）組織の改編

子会社や部門の統廃合については明確に示す必要があるが、内容や実施時期については、従業員、取引先、仕入先の反応を見て、臨機応変に対応することも肝要である。関与者の利益・不利益を無視して、当初決めたとおり杓子定規に実行することは避けるべきである。

（ウ）B／Sの改善

滞留在庫や不良在庫の処分については、被買収側の責任で、本契約前に実行することも多々あるが、スタートにあたっては、できるだけ早く処分することが肝要である。その他の、不要資産や不要設備についても同様で、据え付けたままにしておくとか、保管しておくことに根拠や合理性がないのであれば早期に処分する必要がある。新しい経営には慣れや惰性は禁物である。

(エ) 製造、販売の強化

本契約前は、被買収側が秘密保持やM＆Aが不成立の場合を考えて、コアの技術・ノウハウをすべて開示しないことが多々ある。しかし、買収後は、親会社は直ちにコアの技術やノウハウを確認し、子会社とシナジー効果面や共同開発の計画を立てていく必要がある。

イ. 目標とスケジュール感の共有

この期間は、個別の方策の実施も重要であるが、子会社の幹部社員や従業員にM＆A後の経営の目標を明確に示し、目標を共有してもらう必要がある。そのためには、全員に対して基本的な考えを朝礼などで伝達することや、個別の面接において明確に伝えることが必要である。全体での目標感の共有なしには、経営の改善や強化に向けてのスケジュール感を共有することは難しい。特に、幹部社員や核となる社員には、事業計画のすべてでなくても、早期に要旨について説明をすることが必要である。当たり前のことであるが、いくら目標を掲げても現場の従業員が動かないことには、目標の達成はあり得ないからである。

③行程表の徹底

M＆Aによる成長戦略という観点に立てば、より長いスパンで子会社を活用した経営強化こそが本来のM＆A後の経営であり、そこにたどり着いてこそ、買い手側が描いたM＆A成長戦略は成功したといえる。

M＆A後の改善が一通り終わって、子会社ではなく親会社に合併するのであれば別であるが、子会社として運営していくのであれば、M＆Aの実を挙げるためには、中・長期的な視野に立った経営の強化が重要である。最初の100日から1年は地ならしの期間であって、その後のM＆A成長戦略を実現するための準備期間ととらえるべきである。

第３章の出題

※出題・解説は原則、出題当時の内容で掲載されています。
※回号表示については、４頁の注意書きをご参照ください。

第１問

（第78回）

事業承継Ｍ＆Ａと金融機関の役割に関する次の記述のうち、最も不適切なものを一つ選びなさい。

① 中小企業庁の調査によれば、経営者の在任期間が短いほど、親族内での承継が増え、親族外への承継が顕著に減少する傾向を示している。
② 金融機関が関わるＭ＆Ａのほとんどは、後継者不在の企業が売り手となる事業承継Ｍ＆Ａであるということができる。
③ 後継者不在企業がＭ＆Ａによる売却を決断した場合に、取引金融機関が、単にＭ＆Ａの体制が整っていないことを理由に、安易に当該企業を外部のＭ＆Ａ専門会社に売り案件として委託することは、金融機関に期待されている社会的使命を放棄しているのに等しいともいえる。
④ 地域に根差した事業承継目的のＭ＆Ａは、手間も時間もかかることから、一般にＭ＆Ａ専業会社の業務の範囲には入らないことが多い。
⑤ 地域の雇用の安定化のために廃業を減らすということは、必ずしも、事業性が見られないとか、事業の先行きが見えないという企業を補助金等で延命させるということではない。

解答：P.276

第２問

（模擬問題）

後継者を決定する場合の環境整備に関する次の記述のうち、最も不適切なものを一つ選びなさい。

① 会社の外部から後継者を雇い入れる場合、社内に基盤のない者が後継者に

なることに関しては、古参社員などの従業員からの反発も予測されるため、その選定には親族内承継よりも一層慎重を要する場合がある。

② 経営の安定のためには、後継者へ株式を集中させることが重要であるが、経営者の親族に自社株式を資産としてある程度残しておきたい場合には、普通株式を後継者に譲渡し経営支配権を集中させ、拒否権付株式を後継者以外の親族に取得させるなど事業承継スキームの中で、種類株式を利用することができる。

③ 現経営者が経営に関する重要事項について後見的な役割を担うべき場合には、拒否権付株式を現経営者が当面の間は所有し、普通株式の大部分を後継者に譲渡しておくことが考えられる。

④ 経営者の交代に伴い、金融機関からの借入れをした際の旧経営者による個人保証や物的担保提供の取扱いが問題になる場合がある。

⑤ 親族外の従業員等から後継者を決定する場合、親族の意向を十分に確認しておかないと、親族と後継者として指名された従業員等との間で経営をめぐる争いが生じる場合があるので、親族と後継者、利害関係人間で十分に意思疎通を図る必要がある。

解答：P.276

第3問 （模擬問題）

中小企業における事業承継の手段の一つであるM＆Aの方法に関する次の記述のうち、最も不適切なものを一つ選びなさい。

① 買収する会社が発行済株式を取得する方法より被買収会社が新株式を発行しその株式を引き受けてもらう方法の方が多い。

② 合併は、1つの企業が他の企業を吸収する吸収合併と、新たに会社を設立し、合併当事者企業の全てがその新会社に吸収される新設合併の2通りがあるが、ケースとして多いのは前者である。

③ 事業譲渡においては、譲受会社は、売り手企業の経営権（株式）を取得する必要はない。

④ 吸収分割は、事業の一部門を切り離し他社に承継させる方法の一つである。

⑤　事業譲渡は、事業の再編目的で事業部門を譲渡する場合もあり、事業の存続や共同事業の創出にも有効な手法となっている。

解答：P.276

第4問　（模擬問題）

中小企業における事業承継の類型と承継の対象に関する次の記述のうち、最も不適切なものを一つ選びなさい。

①　中小企業における事業承継の類型のうち、親族が後継者となる場合を一般に内部承継型といい、MBOやEBOを一般に外部承継型という。
②　近年、プライベート・エクイティ・ファンドが後継者不在企業の株式を取得する場合には、ファンド側が代表取締役を選任するのが通例となっている。
③　株式の移転や譲渡は、会社全体を承継する。
④　親族外承継の場合、事業譲渡の手法を用いれば、会社の所有権とは分離した形で、事業の実体だけを譲渡することができる。
⑤　中小企業における事業承継の類型のうち、事業承継M&Aに該当するのは、MBO、EBO、第三者への株式譲渡、第三者への事業譲渡である。

解答：P.276

第5問　（第75回）

事事業承継M＆Aの体系に関する次の記述のうち、最も不適切なものを一つ選びなさい。

①　実際には、事業承継は株式の承継であると理解されることが多いこともあり、事業承継M＆A取引のほとんどは、株式譲渡（狭義の譲渡だけではなく、株式交換等を含む）である。
②　合併には、吸収合併と新設合併の2つがあるが、実務上利用されるのは、ほとんどが吸収合併である。
③　吸収合併の場合には、吸収する会社の社名が残り、会社法上、吸収される

会社の社名を残すことはできない。

④　売り手企業の経営権は取得せず、事業のみを買収する場合、手続としては事業譲渡か吸収分割が選択される。

⑤　簡易な事業譲渡の場合を除き、事業譲渡については、株主総会の決議が必要である。

解答：P.277

第6問　(模擬問題)

事業承継型Ｍ＆Ａに関する次のような場合の対応として、正しいものを一つ選びなさい。

①　事業承継型Ｍ＆Ａの場合、買手に対する融資取引の拡大が想定されるが、譲渡対象会社に対する融資取引の拡大は想定されない。

②　事業承継型Ｍ＆Ａは、後継者不在といった秘密情報を扱うため、融資取引がない買手候補には提案するべきではない。

③　事業承継型Ｍ＆Ａにより引退した創業者個人に対しては、預金取引以外にも取引拡大の可能性がある。

④　Ｍ＆Ａにより事業承継が行われても、メインバンクが変更される可能性はない。

⑤　Ｍ＆Ａ案件の推進のため仲介会社等の外部専門機関を利用すると、情報漏えいリスクが高まるので極力行うべきではない。

解答：P.277

第7問　(第78回)

2020年3月31日付で中小企業庁から発表された「中小Ｍ＆Ａガイドライン」に関する次の記述のうち、最も適切なものを一つ選びなさい。

①　中小Ｍ＆Ａガイドラインの内容は、「後継者不在企業向けの手引き」、「支援機関向け基本事項」、「金融機関としての留意点」の３部で構成されている。

② 「後継者不在企業向けの手引き」では、支援機関として、後継者不在中小企業へのＭ＆Ａの支援を行う際の行動規範と行動指針を示している。

③ 「支援機関向け基本事項」では、中小Ｍ＆Ａの概要とＭ＆Ａを活用する際の心構えや留意点を解説し、Ｍ＆Ａを進める際の支援者やアドバイザーの類型とその役割を説明している。

④ 中小Ｍ＆Ａガイドラインでは、事業承継・引継ぎ支援センターの登録機関である地域金融機関および仲介業者等に本ガイドラインの遵守を義務付けており、本ガイドラインに違反した場合には、１年以下の懲役刑または50万円以下の罰金が科される。

⑤ 中小Ｍ＆Ａガイドラインでは、Ｍ＆Ａ支援とアドバイス業務を、「適正化」、「標準化」、「明確化」することを基本的な目的としており、これを３つの柱としている。

解答：P.277

第8問 (第81回)

Ｍ＆Ａ取引の手順と手続に関する次の記述のうち、最も適切なものを一つ選びなさい。

① 株式や資産の売買であるＭ＆Ａの取引は、大きく分けて、確認、評価、契約の三要素から成り立っている。確認は、売買当事者の意向や意思を確認すること、売り手の会社内容を確認することを意味し、そして、確認と評価の積み重ねの結果として、契約が締結されて売買取引が成立する、こととなる。

② 中小企業の場合には、主要株主＝経営者の場合がほとんどといえるので、Ｍ＆Ａの成立には経営者のみの了承を得れば問題ないが、事業を継続するためには、企業内部では経営者以外の株主や従業員の同意、会社外部では、金融機関、取引先、仕入れ先等の企業や事業への関与者の了承も不可欠である。

③ 事業承継Ｍ＆Ａにおける金融機関の基本的な役割は、利益が相反しているＭ＆Ａの売買当事者の利害を調整して、Ｍ＆Ａ後に自金融機関が有利な条件で取引継続できるよう、助言と支援をすることにある。

④ 株式譲渡の場合には、最終契約は、個別資産の売買と負債の継承から構成されるので、売買の対象となる個別の資産と負債の価額を厳密に吟味し、評

価することが必須となる。

⑤　事業譲渡の場合は、対象企業の資産や負債、事業性の評価は、すべて売り手企業の株価の評価に反映されるので、最終契約では、売り手の個別の資産価額が契約書に出ることはない。

解答：P.278

第9問　（第78回）

事業承継M＆Aのプロセスに関する次の記述のうち、最も不適切なものを一つ選びなさい。

①　事業承継M＆Aのプロセスの事前検討段階としては、まずM＆Aのアドバイザーを決め、当該アドバイザーへの事前相談からスタートすることが考えられる。

②　事前相談の結果、売り手がアドバイザーにM＆Aのアドバイス依頼を決めた場合には、アドバイザリー契約と秘密保持契約を締結する。

③　アドバイザーは、売り手から提供された資料を基に、会社や事業内容の検証、あるいは企業価値や事業価値の概算を評価するが、その具体的な作業としては、資産内容の査定、株価の概算の算定、会社や事業内容の精査と検証などがある。

④　アドバイザーが、譲渡希望価額や各種の条件を決める場合には、買い手が現れた後の話し合いや折衝でそれらの希望条件を変えなければならないことを、売り手によく理解してもらう必要がある。

⑤　事業承継M＆Aにおいては、金融機関は、M＆Aを成約させるためにも、主に売り手側のみの立場に立ってアドバイスをする必要がある。

解答：P.279

第10問

（第 75 回）

事業承継Ｍ＆Ａにおける事前検討段階に関する次の記述のうち、最も不適切なものを一つ選びなさい。

①　後継者が不在の企業が、Ｍ＆Ａで会社を外部へ承継する場合には、アドバイザーを決めることが重要で、第一歩は、アドバイザーへの事前相談から始まるといえる。

②　事前相談の結果、売り手がアドバイザーにＭ＆Ａのアドバイス依頼を決めた場合には、アドバイザリー契約とＭ＆Ａ基本合意書を締結し、アドバイザーは売り手に対し、会社内容調査のための資料の提供を求めることとなる。また、秘密保持契約は買い手が決定した段階で締結する。

③　アドバイザーは、売り手企業の資料を精査し、会社や事業の内容の検証、企業価値や事業価値の概算を評価する。

④　売り手とアドバイザーが譲渡希望価額や各種の条件を決める際には、買い手との交渉において希望条件を変えなければならないこともあることを想定して、この段階では譲渡希望価額にかなりの含みや幅を持たせることが必要である。

⑤　事業承継Ｍ＆Ａでは、アドバイザーは、主として売り手の立場に立ってアドバイスすることを期待されるが、相手方である買い手のＭ＆Ａに対する基本的な姿勢や考え方を理解しておくことは、案件を円滑に進めるためには重要である。

解答：P.279

第11問

（第 78 回）

事業譲渡を活用した事業承継に関する次の記述のうち、最も不適切なものを一つ選びなさい。

①　買い手側の意向を優先する場合で、売り手の事業は評価できるが、財務をはじめ経営に不透明な点が多い、あるいは、経営が不健全な状態や実質的に

破綻状態にある場合には、事業のみの買収に狙いを絞ることになる。これは、健全な事業だけを取り出して再生や活性化を図っていく再生型のM＆Aの場合に多くみられる。

② 売り手、買い手ともに、特定の事業の譲渡にしか関心がなく、最初から事業譲渡を前提に手続を進めていく場合には、共同事業の立ち上げや他社から同一の事業を譲り受けて拡充を図っていくことになる。

③ 事業譲渡の場合には、株主の決議が必要であり、契約の当事者は、買い手企業と売り手側の株主となり、事業譲渡の対価は株主に支払われる。

④ 事業譲渡の活用方法としては、事業の成長、拡大の目的でのグループ内の再編や他社との共同事業化等が主で、その他に特定の事業からの撤退、役員や従業員によるＭＢＯ、ＥＢＯや事業や企業の再生、活性化と、多目的に活用することができる。

⑤ 会社自体に累積損失があるような場合でも事業自体に魅力があれば、事業を会社から切り離して外部に譲渡することで、事業そのものの承継は可能となる。この場合、事業の譲渡代金を得ることができるので、単純に会社を清算するよりも最終損失を減らすことが可能となる。

解答：P.279

第12問 （模擬問題）

事業承継の目的で第三者に株式を譲渡することによって行う企業買収に関する次の記述のうち、最も適切なものを一つ選びなさい。

① 株式譲渡による企業買収において、その譲渡価額は、買主が純資産方式によりデューデリジェンスを行って価値を算出し、企業の情報開示の内容とリスク判断を反映させ、交渉を行い、最終的に合意することになる。

② 企業買収において、対象会社の株式に譲渡制限が設定されている場合、買収対象会社の譲渡承認決議を経ない株式譲渡の効力は、当事者間においても、会社に対する関係においても無効となる。

③ 株式譲渡によるＭ＆Ａにおいて、株式の譲渡実行に伴い、株式譲渡人が選任した取締役や監査役は、会社法上、当然に任期満了退任となるので、直

ちに新株主である株式譲受人によって臨時株主総会を開催し新取締役等を選任することになる。

④　株式譲渡は、他の企業買収の手段に比べると、手続が簡便で、法律上の制約が少なく、中小企業のＭ＆Ａにおいてはよく利用されるが、デメリットとしては偶発債務を遮断できず、譲り受ける事業資産の選別ができないことなどが挙げられる。

⑤　非上場会社であるＡ株式会社が、定款で株券を発行する旨を定めていても実際には株券を発行していない場合は、その株式譲渡において、株式売却代金の支払と同時に株主名簿の書き換えを行うことによって、株式譲受人に適法に株式を帰属させることができる。

解答：P.280

第13問　（模擬問題）

事業承継を目的として事業の全部を第三者に承継させるＭ＆Ａに関する次の記述のうち、最も不適切なものを一つ選びなさい。

①　株式譲渡は中小企業のＭ＆Ａではよく利用されているが、買収側に多額の買収資金が必要になるのが一般的であるため、対象会社の資産や将来的なキャッシュフローを担保として、買収資金の借入や社債の発行等により調達する方法を用いる場合がある。

②　株式交換は、対象会社を100%子会社にすることで支配権を獲得するＭ＆Ａの一つであるが、資金調達が不要であり、対象会社の株価が高い場合は、特に有効な手段となる。また、給与体系や社風が大きく違うために人的統合が困難で合併には向かない場合などにも活用することができる。

③　株式を譲渡するには、全ての株式会社において、株式譲渡契約に先立って株主総会の特別決議が必要であるが、完全な支配権を獲得するために、売主が真の株主であるか、株式に担保権が設定されていないか、株券発行会社において株券は発行されているかどうかの確認も重要である。

④　MBOにおいて、その売却代金が高額になるケースなどでは、事業承継ファンド等を利用するケースもある。

⑤　経営者が個人で所有している株式を第三者である法人に売却することによって、その経営権を承継するケースでは、会社法上の組織再編行為とは異なり、対価を伴う上、その対価が適正な時価よりも低い場合には、税務上、理論上は売り手には「寄付金」及び買い手には「受贈益」の認定がされる場合がある。

解答：P.280

第14問　（第 81 回）

ＭＢＯの類型に関する次の記述のうち、最も不適切なものを一つ選びなさい。

①　ＭＢＯは、買収対象となる企業の経営陣が買い手側の中心となって買収を実行し、買収後も経営に当たる。

②　ＥＢＯは、機関投資家が買収者となり経営陣を送り込むことである。

③　中小企業の場合、純粋なＭＢＯもＥＢＯも稀で、実際は親族外の役員と従業員が共同して株式や事業を買収する、いわばＭＥＢＯの形態をとることが多い。

④　ＭＢＯ、ＥＢＯの新しい類型として、年間売上高が１億円未満の小規模な企業を中心に、元々は当該企業とは縁のないサラリーマン等が、企業の内容をよく理解するためにまず常勤・非常勤の役職員として勤務を始め、１～２年後に条件が合えば事業を承継する、という形態等が最近広がってきている。

⑤　起業をしようとする場合、まったくゼロの状態から自ら起業するよりも、すでに形のある企業を引き継ぐほうが、失敗するリスクは小さいとの判断が働く。これが、小規模Ｍ＆Ａの普及を後押しする要因ともなっている。

解答：P.280

第15問　（第 81 回）

ＭＢＯにおけるＭ＆Ａの手続と必要書類に関する次の記述のうち、最も不適切なものを一つ選びなさい。

①　ＭＢＯの場合でも、売り手と買い手の間で、適正な評価や合意に基づいて、明確な契約を交わして承継することが基本となる。

② ＭＢＯにおいても、株価の算定と売買価額の決定に関する根拠、また、経営の承継に関する確認・保証についての契約を明確にしておくことが必須といえる。
③ 当該会社の役員が承継するＭＢＯの場合において、投資ファンドから買収資金を調達する場合には、財務諸表や人事・労務、契約関係、重要事項の資料等が、買収を検討する材料としては必要となるが、金融機関から買収資金を調達する場合には、人事・労務、契約関係の資料は必要ない。
④ ＥＢＯやＭＢＯの場合、承継者は勤務年数が長いことが多いので、人事・労務、契約関係、重要事項の資料は、買収を検討する材料としては必要になることはあまりないが、最終的に、弁護士に本契約書の作成を依頼する際には、説明材料として必要な資料となる。
⑤ ＭＢＯの場合、承継者が親族外とはいえ会社内部での承継となるので、売買条件を決めるための交渉や折衝が繰り返されるケースは少なく、経営と事業を承継するうえで必要な項目の確認や引継ぎが主となることが多い。

解答：P.281

第16問　(第75回)

Ｍ＆Ａ業務推進体制に関する次の記述のうち、最も不適切なものを一つ選びなさい。

① 事業承継Ｍ＆Ａは後継者が不在の企業の事業の継続を図るといった、経営と経済活動に根差した取引であり、金融機関の本来業務とも密接な関係にある。
② 金融機関におけるＭ＆Ａ支援業務は、情報の一元管理とＭ＆Ａの専門的なサービスを提供できる本部専門部署を設け、日常業務を通じて顧客と直に接している営業店への業務支援と補完ができる体制を構築することが望ましい。
③ Ｍ＆Ａ業務は顧客の秘密保持を徹底することが肝要であるが、Ｍ＆Ａの推進にあたっては、他部門との連携や情報共有も必要であることから、誰もが情報にアクセスできるシステムや体制と組織にする必要がある。

④　顧客から得たM＆Aニーズの共通事項や基本的な事項を管理するには、金融機関内部で様式を制定しておくことが望ましい。記載にあたっては、聴取事項や資料、信用調書等の情報ソース間で同一項目を照らし合わせ、矛盾点や不自然な点がないかを検証していくことも重要である。

⑤　各金融機関における顧客情報の漏えい防止対応を行ったうえで他金融機関とM＆A業務に関する業務提携や連携を締結すれば、自金融機関内だけではなく、他金融機関とも情報の共有が可能となり、顧客にとっての最適なマッチングの範囲を拡大することが可能となる。

解答：P.281

第17問　（模擬問題）

事業承継M＆Aアドバイザー（M＆A支援業務担当者）の役割に関する次の記述のうち、最も不適切なものを一つ選びなさい。

①　事業承継M＆Aアドバイザーは、売り手の経営者にとって、相談者であり、指導員であり、経営者の分身に近いような役回りを担う存在と考えることができる。

②　事業承継M＆Aにおける売買価格は、売り手・買い手双方の思惑が調整されて決定されるものであり、事業承継M＆Aアドバイザーとしては、売り手・買い手双方の納得のいく判断材料を提供することが重要といえる。

③　覚書や基本合意書、最終契約書には弁護士の監修が必要となる。また、税務面では、成約後に売り手側には税務申告の義務が生じるほか、売買の両当事者の利益保護の観点から、税理士と協働することも必要となる。

④　M＆A支援業務を推進する過程で、口頭での話し合いのみで済ませていると、記憶相違や思い違いによる行き違いが生じる可能性があるので、事業承継M＆Aアドバイザーが、打ち合わせや会議の議事録を作成することは重要な役割といえる。

⑤　基本合意書ないしは覚書や本契約書の草案作成は、金融機関がM＆A支援業務を推進するうえで、最も困難な作業であるため、弁護士事務所やM＆Aの専門会社に作成を委託した後は、事業承継M＆Aアドバイザーが関与する

必要はない。

解答：P.281

第18問　（模擬問題）

事業承継Ｍ＆Ａにおける会社内容の確認と利害関係者に関する次の記述のうち、最も不適切なものを一つ選びなさい。

① 未上場企業のＭ＆Ａにおいて、買い手候補となる先が従来からの取引先や仕入先であった場合、会社の詳しい事情や内容についてのあらゆる情報に精通していると考えられるので、売り手企業側の情報開示の手間を省くことが可能である。

② 財務面や収益面では一般的に良い会社でなくても、「経営資源の面を捉えると買い手企業側が自社の事業を補完できる」ような会社は、Ｍ＆Ａの目的から企業を見る場合、価値のある会社である。

③ 事業承継Ｍ＆Ａの利害関係者は、内部関係者と外部関係者の２つに大別されるが、内部関係者とは、株主、従業員、家族など、経営者と一体の関係にあり、会社から直接給料や利益を得ている関係者のことである。

④ 事業承継Ｍ＆Ａの利害関係者は、内部関係者と外部関係者の２つに大別されるが、外部関係者としては、主として仕入先、販売先、納入先、金融機関等が挙げられる。

⑤ Ｍ＆Ａは、株式や事業の譲渡の結果、経営の主体が根本的に変わるので、売却を決断する前には、利害関係者への影響を充分考慮し、利害関係者に障害がありそうな場合には、適切な対処法や解決法を考えておくことが必要である。

解答：P.281

第19問 （模擬問題）

売却前に自社（売却会社）について整理しておくべきことに関する次の記述のうち、最も不適切なものを一つ選びなさい。

① 未上場企業が事業承継目的でM＆Aを進める場合には、経営者が自社の強みや弱みをよく把握しておくことや、自社の事業の構造や収益の構造をよく把握しておくことが必要であり、第三者が見て分かりやすくしておくことが重要である。

② 事業承継M＆Aでは、買い手企業側は売り手企業側の会社内容を子細に見て、企業価値や事業の将来性を評価するため、売り手企業側は、多岐に亘る書類や資料を準備し、買い手企業側が必要とするデータを提供していくことが求められる。

③ 売り手企業側の従業員の平均年齢、賃金水準といった数字面のデータは、従業員名簿や賃金台帳を見れば十分理解できるが、事業承継を目的とするM＆Aの場合は、詳細な各従業員の職能、職務経験を明確に示すようにすることとし、組織図を作成して各人の役割が分かるようにしておく必要がある。

④ 売り手企業側の取引先に大手企業がある場合は高い評価を得られることが多く、買い手企業側もその大手企業との継続取引で高い利益率を見込めることから、評価額を上積みするケースがほとんどである。

⑤ 売り手企業側に、人、技術、優良な納入先がある場合、薄利であっても自社の経営には優位性があると思いがちであるが、買い手企業側は、受注の継続性や回収の安全性といった事業の安定性だけではなく、投資効率の観点からも事業内容を評価するため、売り手企業側が期待するような評価が、買い手企業側からは出ない場合も少なくない。

解答：P.281

第20問 （模擬問題）

買収前の調査に関する次の記述のうち、最も不適切なものを一つ選びなさい。

① 未上場企業の株式譲渡のM＆Aの場合、最終売買価額は、概ね⑴企業価値の概算（書面上の企業評価と価値の概算）、⑵買収希望価額の算定（買収調査の結果を踏まえた価額算定）、⑶売買価額の決定（⑵を踏まえて売買当事者双方の話し合いにより決定）の３段階のプロセスを経て決定される。

② 買収前の調査は、時系列的には、事前調査・予備調査に当たる書面での調査と、買収調査とで構成されるが、書面での調査の主な目的は、まず基本合意書の内容に必要となる、会社や事業の価値の概算を算定すること、それと基本的な条件を決めていくことにある。

③ 買収調査は、書面での調査を受けて、売り手企業の建物・設備や商品・在庫の現物の実地調査や、帳票類の現物を調査することであり、通常は基本合意締結の１年程度前に実施される。

④ 買収前の各種の調査、分析や評価には、⑴M＆Aの成約に向けた準備、⑵M＆A後の経営に向けた準備、⑶売り手企業の事業の継続性および発展性を判断、という３つの目的がある。

⑤ 法務や労務面での調査については、受領した書類に基づいて買い手企業側の担当部署で相当程度まで内容のチェックは可能であり、弁護士と社会保険労務士には買収調査時に意見書や所見を求めることが主な依頼内容となる。

解答：P.282

第21問　（第 81 回）

事業承継M＆Aを買い手として実行完了した企業に対して、金融機関が実施する経営支援とアドバイスに関する次の記述のうち、最も適切なものを一つ選びなさい。

① 売り手と買い手の両当事者の融和には相当の時間がかかるので、M＆Aの完了後６カ月以上は、売り手の経営に変更を加えず、従来どおり継続させるようにする。

② M＆Aの大きなメリットの一つは、売り手の収益をM＆A後すぐに増大させることにあり、売り手が利益を増大させるのに効果がある方策として、まず人員削減を主として事業の合理化・効率化を実行することが重要である。

③ 売り手のM＆A後の経営計画を立てる場合は、先行きのことは不確定なこ

とが多いので、半年から１年程度の売上と利益計画を立てるだけで十分である。

④　M＆A後の買い手と売り手の融和・統合についてはＰＭＩ（Post Merger Integration）という考え方が定着しているが、内容は仕入先・取引先への対応とシステムの統合が主であり、売り手企業の人事政策等を考慮する必要はない。

⑤　M＆A後の売り手の経営改善については、first 100daysという最初の100日が重要であり、M＆A後の経営計画については、買い手はM＆Aの進行中に得た売り手企業の情報を基に、最終的なM＆A契約を締結する前に、３年から５年の経営計画を策定しておき、契約締結後にただちに売り手の経営強化を目的とした各種改善に取り組むのがM＆A成功の鍵である。

解答：P.282

第22問　（第80回）

M＆A後の経営支援に関する次の記述のうち、最も適切なものを一つ選びなさい。

①　M＆A後の経営では、子会社となった被買収企業が買収企業の経営に沿った人員配置・組織改変・内規規定の改変等を行うので、親会社となった買収企業はその改変の指導を行えばよい。

②　未上場企業の場合、銀行借入については、被買収企業のオーナー経営者が連帯保証人になっていて、買収後も借入を継続する場合には、そのまま保証を継続するか、または新たに親会社か新社長が保証人となる必要がある。

③　M＆Aを実行する際に、買収側に求められる３つの条件は、事業の目利き能力、資金調達力、豊富な人材であるが、M＆A後に事業の発展を図るためには、一層の変革や強化が必要となる。事業領域や管理領域が広がるので、企画や管理能力を引き上げることは不可欠である。

④　親会社の経営方針に基づいて、組織の改編や配置換えが実施されるが、被買収企業においては、取引先や生産、販売計画との関連もあり、M＆A後に即時に組織の改編等を行うことは困難であるので、諸規程の改編は常に数年後に実施することになる。

⑤　買い手側のM＆Aによる成長戦略は、M＆A後の統合作業が終了したことで完了する。

解答：P.283

第23問

（第 78 回）

M＆Aの契約書には、売買当事者の義務として、定形に近い形で「保証記載事項」を盛り込むのが通常であるが、次の記述のうち、一般的に「保証記載事項」に盛り込むものではないものを一つ選びなさい。

①　売買当事者双方が、相手に対して、契約の適法性と自社が契約する資格を有する旨。
②　本契約の締結に、法的制限や拘束がないこと。
③　売り手は株式が譲渡可能な状態であること。
④　売り手は財務諸表の適法性と正確性。
⑤　株式評価書や合意に至る折衝過程の記録。

解答：P.283

第24問

（第 78 回）

M＆A進行中の顧客への対応に関する次の記述のうち、最も適切なものを一つ選びなさい。

①　事業承継アドバイザーが売り手、買い手のいずれの担当者となっても、それぞれの企業から提供された書類を読み込むことから、M＆A支援業務の実務を始めることになるが、その第一歩は、売り手企業の企業価値から売買価額を算出することである。
②　M＆Aは株式の売買や交換、資産の売買取引であり、合併や事業譲渡の例外的な簡易手続を除き、M＆A取引を成立させるには、株主全員の同意が不可欠となっている。したがって、具体的にM＆Aの手続を進めていく前に、株主全員から売却の同意を得られるのかを確認しておくことが重要である。

③　未上場企業の株式譲渡でのM＆Aの場合には、買い手は売り手企業の株式を例外なくすべて取得する必要があるので、その社長が、たとえば家族の持ち分を含めて、自社株のすべてをまとめることができるかどうかを確認しておく必要がある。

④　株主構成について、注意が必要なポイントの一つとしては、同族株主がいる場合に、株主相互の親密度はどうか、名義株かどうかなど、株式を取りまとめて100％取得するのに障害がないかどうかを、売り手の経営者によく聞くことが重要である。

⑤　事業承継目的のM＆Aを実行する前に、株主数を減らす必要性がある場合、経営者自身がすべての株式を買戻す方法しかない。

解答：P.284

第25問　（模擬問題）

企業価値の概算に関する次の記述のうち、最も不適切なものを一つ選びなさい。

①　関連財務諸表は、企業の事業活動の結果や決算時点での財務状況を表したもので、企業の長所や短所を反映しているため、財務諸表の書面調査は、M＆A後の経営に関する重要情報を得ることと、会社価値の概算に必要な基本情報を得る作業として位置づけられている。

②　貸借対照表の各科目から資産の健全性を見るのは当然であるが、会社価値を算定するために、流動資産に資産性がないものが含まれていないかどうかを見ることも必要である。特に、売掛債権の滞留分や棚卸資産は、子細に見るべきポイントである。

③　損益計算書は、会社や事業の価値を算定するためと将来性を判断するために、最も重要な財務諸表であり、全ての項目について綿密に精査・検証を実施する必要があるが、例えば、家賃やリースの支払いがあれば、契約書と一致しているかどうか、支払いの根拠を確認する必要がある。

④　損益計算書から売り手企業の事業の収益性を算定する際には、粗利益率、営業利益率、経常利益率、税引前利益率の各利益率の推移を分析し、損益の

傾向を把握する必要がある。

⑤　M＆Aの場合、営業権の算定にあたっては、売り手企業や事業が持っている収益力を考慮する必要はない。

解答：P.284

第26問　（第77回）

第3章

売却前に自社（売却会社）について整理しておくべきことに関する次の記述のうち、最も適切なものを一つ選びなさい。

①　買いやすい会社の条件の一つは、買収を検討する際に、会社と事業の内容が、外部者にも分かりやすい形で整理、準備されていることである。

②　過去の経営上の負の部分を残したままで、会社の売却を進めることは困難であるので、自社の良い点や長所を目立つようにし、弱点は分からないようにしておくことが重要である。

③　従業員に関する情報は、平均年齢、賃金水準といった数字面のデータが分かる従業員名簿や賃金台帳を用意すれば十分である。

④　資産性が低いあるいは無いもので、未使用になっている機械・設備類であっても、企業価値の算定に影響するので、会社売却の決断後には処分してはならない。

⑤　買い手は、受注の継続性や、回収の安全性といった事業の安定性だけで評価するので、売却会社に人材、技術、優良な納入先がある場合には高評価となる。

解答：P.284

第27問　（模擬問題）

買収前の調査に関する次の記述のうち、最も適切なものを一つ選びなさい。

①　書面での調査は、売り手・買い手の両者がM＆Aを進めることに基本的に合意し、売り手側が買い手側の会社内容調査資料を受領するところから始ま

り、基本合意締結までが調査の期間になる。調査期間は、売り手の企業規模の大小やM＆Aの経緯にもよるが、2～3日間は必要である。

② 買収調査は、書面での調査を受けて、実地に売り手の建物、設備を見ることや、商品や在庫の現物に当たること、帳票類の現物を調査することであり、通常は基本合意締結前の3カ月以内に実施される。調査期間は、売り手の企業規模の大小や書面調査で得た内容によるが、2～3日間は必要である。

③ 法務や労務面での調査については、受領した書類に基づいて買い手側の担当部署で相当程度まで、内容のチェックは可能であるので、専門家に意見書や所見を求めることは不要である。

④ 買収前調査は、M＆A取引を成約させるために、売り手の企業価値（会社価値）を算定することと、M＆Aについての双方の条件を確定させるための、あくまでも契約に向けた作業であるので、専門家との協働は不要である。

⑤ M＆A後の経営に向けた準備として、買い手側は、表面的には、成約までの準備資料と同様の資料を使い実地調査を行うが、その調査の目的は、M＆A後の事業計画を描くために、売り手の従来の経営内容を調査、分析、評価することにある。

解答：P.285

第28問 （模擬問題）

営業権の算定に関する次の記述のうち、最も適切なものを一つ選びなさい。

① 営業権は、予想収益力、予想収益力の持続期間、利子率（割引率）の3つの要素から算定される。

② 予想収益は、過去の実績から算定するが、通常は過去の一過性の収益や特殊な要因を重視し、直前期の収益から算出し、原則として、経常利益か税引前当期純利益を基に算定する。

③ 営業権は、企業や事業の持続性に関する読みが必要で、通常は3～5年間ぐらいがメドとなるので、対象企業や事業の過去の業歴が長いほど、高い評価となる。

④ 営業権を算定する場合、利子率（割引率）には、二つの意味がある。一つ

は、M＆Aを投資という側面で考えた場合の投資の利回りを意味し、もう一つは、企業や事業が稼ぐと予想される将来の収益を、現在価値に置き換えるための割引率である。

⑤　営業権を算定する方式には、DCF法を用いた加算方式と、超過収益還元法や年買法を用いて算定する差額方式がある。

解答：P.286

＜事例＞　　　　（第81回）

B社はA社に対しての株式取得による事業承継M＆Aを検討するにあたり、A社の企業価値を概算するために資産と負債の査定を行った。A社の貸借対照表および査定の結果は下記のとおりである。以下の各問に答えなさい（【第29問】～【第31問】）。

図表１　A社の貸借対照表　　　　（単位：百万円）

資産の部	簿価	負債・純資産の部	簿価
流動資産		流動負債	
現預金	150	支払手形・買掛金	600
有価証券	50	短期借入金	700
受取手形・売掛金	650	未払金・未払費用	200
棚卸資産	350	計	1,500
前払、仮払他	180	固定負債	
計	1,380	長期借入金	600
固定資産		退職給付引当金	0
建物	400	計	600
機械設備	150	負債合計	2,100
土地	500	純資産の部	
投資有価証券	40	資本金	50
敷金・保証金	30	剰余金等	350
計	1,120	計	400
資産合計	2,500	負債・純資産合計	2,500

図表２　Ａ社の資産・負債の査定　(単位：百万円)

	金額	内容	算定根拠
土地	50	含み益	鑑定の結果。土地の値上り
有価証券	25	株式含み損	買収調査時の時価を算定
受取手形、売掛金	10	回収不能債権	取引先の倒産による
棚卸資産	35	評価損、不良在庫	実査により不良在庫増加
建物	10	償却不足、鑑定評価	鑑定で評価減
機械	10	償却不足、時価	主要機械の時価を査定
引当不足	10	退職給付引当金	変わらず

第29問
(第 81 回)

<事例>のＡ社の時価純資産額として、正しいものを一つ選びなさい。なお、営業権は考慮しないものとする。

① 310 百万円
② 330 百万円
③ 350 百万円
④ 370 百万円
⑤ 390 百万円

解答：P.286

第30問
(第 81 回)

超過収益力とは、基本的には、同業他社や同規模の企業と比べて、より高い収益力が認められることをいうが、<事例>のＡ社において、予想収益 200 百万円、利子率を 5%とした場合、超過収益還元法による営業権算定の前提となる超過収益力として、正しいものを一つ選びなさい。

① 75 百万円
② 95 百万円

③　125 百万円
④　131 百万円
⑤　155 百万円

解答：P.287

第31問　（第 81 回）

＜事例＞のＡ社において、Ａ社の株主は個人株主が１名である。この株主が、事業承継Ｍ＆Ａで【第 29 問】の概算額で株式を譲渡した場合の手取額として、正しいものを一つ選びなさい。なお、個人株主におけるＡ社株式の取得価額は資本金と同額とし、株式の譲渡益に係る税率は 20%とする。

①　200 百万円
②　220 百万円
③　240 百万円
④　270 百万円
⑤　290 百万円

解答：P.287

第３章の解答・解説

【第１問】

正　解：①　　正答率：73.6％

①　経営者の在任期間が短いほど、親族内での承継は減少し、親族外への承継が増加する傾向にある。よって、最も不適切。

②③④⑤　記述のとおり。よって、適切である。

【第２問】

正　解：②　　（模擬問題）

②「議決権のある普通株式を後継者に相続させて経営権を集中しつつ、議決権制限株式を経営者の親族に取得させることが必要である。」が正しい。よって、最も不適切である。たとえ、従業員へ承継する場合でも、後継者の経営の安定に配慮するならば、株式等経営権についても一定程度、後継者に集中させることが必要である。ただし、経営者の親族に財産的価値として株式を残したい場合や、重要事項につき拒否権を残しておきたい場合には、種類株式の活用が有効であろう。

【第３問】

正　解：①　　（模擬問題）

①　中小企業のＭ＆Ａにおいては、第三者割当増資による経営権の譲渡より、株式譲渡による経営権の譲渡が行われるケースの方が多い。よって、最も不適切。

【第４問】

正　解：①　　（模擬問題）

① 事業承継は、一般に内部承継型と外部承継型に分けることができるが、そのうちの内部承継型には、後継者が親族の場合だけでなく、従業員の登用やＭＢＯ、あるいはＥＢＯなども含まれる。よって、不適切。

【第5問】

正　解：③　　**正答率：59.7%**

①②④⑤　記述のとおり。よって、適切である。

③　会社が吸収合併をする場合において、「株式会社である吸収合併存続会社および吸収合併により消滅する会社の商号および住所」を吸収合併契約において定めなければならない（会社法749条1項1号）。なお、吸収される会社の社名を残す場合、合併時に存続会社の社名を変更しておくという手法が一般に用いられている。よって、最も不適切。

【第6問】

正　解：③　　**（模擬問題）**

①　事業承継M＆Aの場合、譲渡対象会社に対しても、創業者に対する退職金支給等の資金需要があり、融資拡大の可能性がある。よって、誤り。

②　融資取引がなくても提案可能であり、取引のない買手候補との取引拡大に繋がるチャンスである。一般には、買手候補と秘密保持契約を締結したうえで提案する。よって、誤り。

③　創業者は、事業承継M＆Aにより創業者利潤を獲得している場合が多く、不動産や金融商品に対する投資等さまざまなニーズがあることが想定される。よって、正しい。

④　M＆A実行時に取引金融機関が変更される可能性はゼロではない。よって、誤り。

⑤　ノウハウやマッチング情報の不足を補う場合に外部専門家を利用することで、顧客にソリューションを提供でき、信頼関係を構築することができる。結果として、信頼関係に基づく取引拡大につながる可能性がある。よって、誤り。

【第7問】

正　解：⑤　　**正答率：64.9%**

①　中小M＆Aガイドラインの内容は、「後継者不在企業向けの手引き」、「支援機関向け基本事項」の2部で構成されており、「金融機関としての留意点」は本ガイドラインでは規定されていない。よって、不適切。

②③　「後継者不在企業向けの手引き」では、中小M＆Aの概要とM＆Aを活用する際の心構えや留意点を解説し、M＆Aを進める際の支援者やアドバイザーの類型とその役割を説明している。これを踏まえ、「支援機関向け基本事項」では、支援機関として、後継者不在中小企業へのM＆Aの支援を行う際の行動規範と行動指針を示している。よって、②③は不適切。

④　中小M＆Aガイドラインは法律や政令ではないので、罰則規定は設けていないが、事業承継・引継ぎ支援センターの登録機関である280の地域金融機関と216の仲介業者等に遵守を義務付けており、違背した場合には登録を取り消すこととしている。これに加え、同センターに登録していない中小M＆A支援に関わる幅広い機関にも遵守を求めている。よって、不適切。

⑤　記述のとおり。よって、最も適切である。中小M＆Aガイドラインは、中小企業者が感じる障害の是正や改善なくして、中小M＆Aを活用することが身近なものとはならないし、M＆Aの件数を伸ばせることはないとの考え方に立っている。

【第8問】

正　解：①　　**正答率：57.7%**

①　記述のとおり。よって、最も適切である。

②　中小企業の場合には、主要株主＝経営者の場合がほとんどとはいえ、取引の成立には株主の了承が必要である。よって、不適切。

③　事業承継M＆Aにおける金融機関の基本的な役割は、利益が相反しているM＆Aの売買当事者の利害を調整して、確認と評価の段階を円滑に進め、双方が合理的な判断に基づいて契約に至るために、公正な立場から助言と支援をすることにある。よって、不適切。

④　株式譲渡の形態の場合には、対象企業の資産や負債、事業性の評価は、すべて売り手企業の株価の評価に反映されるので、最終契約では、売り手の個別の資産価額が契約書に出ることはない。よって、不適切。

⑤　事業譲渡の場合は、最終契約は、個別資産の売買と負債の継承から構成されるので、売買の対象となる資産と負債を厳密に吟味し、評価することが必須となる。よって、不適切。

【第9問】

正　解：⑤　　**正答率：97.7%**

①②③④　記述のとおり。よって、適切である。

⑤　金融機関には、売り手の立場だけではなく、買い手の立場に立ったアドバイスも期待され、さらに、両社の橋渡しを行う立場も求められている。よって、最も不適切。

【第10問】

正　解：②　　**正答率：92.9%**

①　記述のとおり。よって、適切である。事前相談では、M＆Aの基本的な考え方や進め方を知りたいとか、具体的に検討したいとか、相談内容はさまざまである。

②　アドバイザリー契約と秘密保持契約を締結する。よって、最も不適切。

③　記述のとおり。よって、適切である。主な作業としては、株価の概算の算定、譲渡資産の範囲や価額の試算、資料に基づいて会社や事業内容の精査と検証などである。

④　売り手とアドバイザーが譲渡希望価額や各種の条件を決める際には、買い手候補が現れた後の話し合いや折衝で変わることもあることを想定して、この段階では譲渡希望価額に相当程度の含みや幅を持たせることが必要である。よって、適切である。

⑤　記述のとおり。よって、適切である。

【第11問】

正　解：③　　**正答率：89.1%**

①②④⑤　記述のとおり。よって、適切である。

③　簡易ではない事業譲渡には株主の決議が必要であるが、株主そのものは契約を締結しない。事業譲渡の対価についても売り手の企業に支払われる。よって、最も不適切。

【第12問】

正　解：④ **（模擬問題）**

① 今日では、M&Aなどで企業価値を算出するのに、DCF方式、収益還元法等の収益性評価がもっとも重視されている。また、純資産方式、比準方式、DCF方式、収益還元法方式など、複数の評価方法を用いて総合的に検討して、買収価格を算定することになる。よって、不適切。

② 定款に株式譲渡につき取締役会の承認を要する定めがある場合に、取締役会の承認を得ずになされた株式の譲渡は、会社に対する関係では効力を生じないが、譲渡当事者間では有効になる（最判昭和48年6月15日民集27・6・700）。なお、譲渡承認決議機関は、定款で別段の定めがある場合を除き、取締役会設置会社においては取締役会、取締役会非設置会社においては株主総会が原則的な譲渡承認機関となる（会社法139条）。よって、不適切。

③ 役員らは株式譲渡により当然に任期が満了するわけではないが、一般的には辞任をする処理を行うことが多い。よって、不適切。

④ 偶発債務とは、現時点では債務ではないが、一定の事由を条件として、将来債務となる可能性のある債務であるが、株式譲渡はこれを遮断することができない。よって、最も適切である。

⑤ 会社法128条により、株券を発行しなければならない。よって、不適切。

【第13問】

正　解：③ **（模擬問題）**

③ 譲渡制限株式の場合には、株式譲渡につき会社の承認を要するが、取締役会設置会社であれば、原則として取締役会の承認を要する。しかしながら、株主総会の決議は要しない。よって、最も不適切。

【第14問】

正　解：② **正答率：86.4%**

①③④⑤ 記述のとおり。よって、適切である。

② EBOは、Employees'Buy-outの略称で、M&Aの手法としてはMBOと同様の内容や手続きとなる。MBOとの違いは、MBOは役員が買い手側の中心になるが、EBOの場合には、非役員の部門長や従業員が中心となって

株式や事業を買収する点にある。よって、最も不適切。

【第15問】

正　解：③　　**正答率：92.4%**

①②④⑤　記述のとおり。よって、適切である。

③　投資ファンドや金融機関から資金を調達する場合は、すべての資料が必要となる。よって、不適切。

【第16問】

正　解：③　　**正答率：97.6%**

①②④⑤　記述のとおり。よって、適切である。

③　Ｍ＆Ａ業務で扱う顧客に関する情報は極めて秘匿性が高く、誰もが情報にアクセスできるシステムや体制と組織になっていては、顧客の機密保持どころか、情報漏えいの可能性が高くなる。情報漏えいによる信用悪化の危険性も未然に防ぐことが必要である。よって、最も不適切。

【第17問】

正　解：⑤　　**（模擬問題）**

⑤　事業承継Ｍ＆Ａアドバイザーが過去の合意した結果を草案として相談するなどが必要となる。よって、最も不適切。

【第18問】

正　解：①　　**（模擬問題）**

①　未上場企業のＭ＆Ａでは、買い手候補となる先が従来からの取引先や仕入先であったとしても、会社の詳しい事情や内容については情報を持っていないため、これまでとはまったく違った目で、会社内容を確認され、評価されることになる。よって、最も不適切。

【第19問】

正　解：④　　**（模擬問題）**

④　売り手企業側の取引先に大手企業があっても、必ずしも高い評価を得られ

るとは限らない。過去の事例でも、取引先に大手企業が入っており、売り手はある程度の評価を期待したが、取引そのものからは通常以上の利益率が認められず、買い手側から評価額の上積みは得られなかったケースもある。逆に、これらの大手企業は仕入先の経営の変化に神経質な面があり、M＆Aが決まった段階で、説明等に相当の労力を割かなければならなかったこともある。よって、最も不適切。

【第20問】

正　解：③　　**（模擬問題）**

③　通常は基本合意締結後の１カ月以内に実施される。よって、最も不適切。

【第21問】

正　解：⑤　　**正答率：94.3%**

①　M＆A後では、買収側は外部の経営資源を一挙に取り込むことになるので、過去の延長線上に乗った経営計画は意味がない。また、被買収会社も同様で、買収されたことにより、経営の主体そのものが変わるので、過去からの延長線はかなりの部分が消えることになる。よって、不適切。

②　収益性の強化には、高いコスト・パーフォーマンスと収益の源泉の多様化が鍵となる。また、企業が成長していくためには、人材の育成が不可欠である。安易な人員削減は事業の合理化・効率化につながるとはいえない。よって、不適切。

③　売り手のM＆A後の経営計画を立てる場合は、売上と利益計画を立てるだけでは不十分といえ、「買収企業のM＆A後の変革」「双方企業のシナジー効果の発揮」「被買収企業のM＆A後の経営改善」など、経営改善策や強化策としてM＆A後の事業計画に織り込むことが必要である。よって、不適切。

④　計画の達成にはさまざまな要素が必要で、人員計画と設備投資の計画は経営強化に必須であり、計画を実行する前に綿密な計画の策定が必要である。よって、不適切。

⑤　記述のとおり。よって、最も適切である。

【第22問】

正　解：③　　**正答率：79.1%**

① Ｍ＆Ａ後の経営では、子会社となった被買収企業が改善や強化の主な対象となるが、親会社となった買収企業の変革や改善も一体となって求められる。Ｍ＆Ａを実行すると、買収企業にとっても事業領域が一気に拡がり、それに伴い営業や管理の範囲も拡がるので、それに即した対応が必要となるからである。両者が変革、改善、強化してこそ、Ｍ＆Ａ後の経営は成功につながることになる。よって、不適切。

② 被買収企業のオーナー経営者の保証を解除し、親会社か新社長が保証人となる必要がある。よって、不適切。

③ 記述のとおり。よって、最も適切である。

④ 親会社の経営方針に基づいて、組織の改編や配置換えが実施されるが、取引先や生産、販売計画との関連もあり、Ｍ＆Ａ後に即時に実施される項目と、時間をおいて実施する項目とに分かれる。諸規程の改編は、親会社の規程にできるだけ合わせることと、人事・組織の改編に併せて変更が実施される。よって、不適切。

⑤ 買い手側のＭ＆Ａによる成長戦略は、本契約が済んだからとか、Ｍ＆Ａ後の統合作業が終了したことで完了するのではなく、そこが更なる成長へのスタート地点だということを肝に銘じるべきである。よって、不適切。

第3章

【第23問】

正　解：⑤　　**正答率：48.8%**

Ｍ＆Ａの契約書の「保証記載事項」には、売買当事者が了解、確認、合意した内容が盛り込まれ、主な内容は①②③④である。特に、①と②については、金融機関の取引先、与信先である点が売買当事者双方に安心感を与える。この点が、顧客基盤を持たないＭ＆Ａ専業会社に対する優位性であり、専業会社が地域金融機関との関係強化を図りたい最大の理由でもある。

⑤ 株式評価書や合意に至る折衝過程の記録は、通常は「個別の合意事項」に記載すべき事項である。よって、⑤が本問の正解。

【第24問】

正　解：④　　　　**正答率：74.4%**

① 第一歩は、まず売り手企業の株主構成をよく見て、内容を確認することである。よって、不適切。

② M＆A取引を成立させるには、株主の過半数や３分の２以上の同意が不可欠となっている。したがって、具体的にM＆Aの手続を進めていく前に、M＆Aの取引を成立させるのに必要とされる株式数や株式比率が、売却の同意を得られる株主構成になっているのかを確認しておくことが重要である。よって、不適切。

③ 未上場企業の株式譲渡でのM＆Aの場合には、買い手は売り手企業の50％以上の株式を取得する必要があるので、その社長が、たとえば家族の持ち分を含めて、自社株の最低限50％以上をまとめることができるかどうかを確認しておく必要がある。よって、不適切。

④ 記述のとおり。よって、最も適切である。

⑤ 事業承継目的のM＆Aを実行する前に、株主数を減らす必要性がある場合、名義株を整理する方法と分散株の買戻しの方法をとることが考えられる。よって、不適切。

【第25問】

正　解：⑤　　　　**（模擬問題）**

⑤ M＆Aの場合には、営業権は売り手企業や事業が持っている収益力や、買収後に期待できる収益力を基礎に算定をする必要がある。なぜなら、売り手企業のブランド力や商権があるとしても、収益を生まないと企業価値の形成や向上には意味がないからである。逆に言えば、利益が出ないのであれば、同業他社との比較優位となる技術力やブランド力も商権もないのと同じと見なされることになる。よって、最も不適切。

【第26問】

正　解：①　　　　**正答率：90.3%**

① 記述のとおり。よって、最も適切である。短所や弱みのない会社はまずないが、それらが客観性を持って整理・準備されていることは、買い手側の調

査の手間を省くことに繋がる。また、経営者の経営に対する姿勢や考え方を推し量る大きな材料にもなり、いわば売り手に対する無形の評価を上げることに繋がる。

② 会社の売却を決めてから、短期間に優良会社に変身するのは不可能である。大なり小なり、過去の経営上の負の部分を残したままで、会社の売却を進めざるを得ない。自社の良い点や長所ばかりでなく、弱点も第三者が見て分かりやすくしておくことが大事である。よって、不適切。

③ 従業員の平均年齢、賃金水準といった数字面のデータは、従業員名簿や賃金台帳を見れば十分理解できる。事業承継を目的とするＭ＆Ａの場合は、もう少し詳しく各従業員の職能、職務経験を明確に示すようにすることと、組織図も作成して各人の役割が分かるようにしておく必要がある。よって、不適切。

④ 資産性が低いとか無いもので、未使用になっている機械・設備類があれば、売却を決断する際には処分しておくことも必要である。よって、不適切。

⑤ 買い手は、受注の継続性や、回収の安全性といった事業の安定性だけではなく、投資効率の観点からも、通常は売り手の事業内容を評価するので、Ｍ＆Ａの買収額＝投資額の割　に事業からの利益が低いとか、売り手の技術に汎用性がない場合には、売り手が期待するような評価が、買い手側からは出ない場合が多いと考えるべきである。よって、不適切。

【第27問】

正　解：⑤　　**（模擬問題）**

① 書面での調査は、売り手・買い手の両者がＭ＆Ａを進めることに基本的に合意し、買い手側が売り手側の会社内容調査資料を受領するところから始まり、基本合意締結までが調査の期間になる。調査期間は、売り手の企業規模の大小やＭ＆Ａの経緯にもよるが、2～3週間は必要である。よって、不適切。

② 買収調査は、通常は基本合意締結後の１カ月以内に実施される。調査期間は、売り手の企業規模の大小や書面調査で得た内容によるが、２～３週間は必要である。よって、不適切。

③ 法務や労務面での調査については、受領した書類に基づいて買い手側の担当部署で相当程度まで、内容のチェックは可能であり、弁護士と社労士には

買収調査時に意見書や所見を求めることが主となる。よって、不適切。

④　買収前調査は、あくまでも契約に向けた作業であるが、この目的の達成のためには、各分野の専門家との協働が不可欠となっている。よって、不適切。

⑤　M&A後の経営に向けた準備として、買い手側は、表面的には、成約までの準備資料と同様の資料を使い実地調査を行うが、その調査の目的は、M&A後の事業計画を描くために、売り手の従来の経営内容を調査、分析、評価することにある。この作業でも、各専門家の意見を取り入れることは不可欠といえる。よって、最も適切である。

【第28問】

正　解：④　**（模擬問題）**

①　営業権は、予想収益力、予想収益力の持続期間、利子率（割引率）、総資産の4つの要素と貸借対照表から算定される時価純資産額から算定される。よって、不適切。

②　予想収益は、過去の実績から算定するが、数字上の歪みが出ないように、通常は過去の一過性の収益や特殊な要因を除き、3期から5期を平均した収益から算出する。通常は、経常利益か税引前当期利益を基に算定する。よって、不適切。

③　営業権は、あくまでも将来の収益に関わることであり、企業や事業の持続性に関する読みが必要で、通常は3～5年間ぐらいがメドとなる。対象企業や事業の過去の業歴が長いとか短いとかは、あまり関係がない。よって、不適切。

④　記述のとおり。よって、最も適切である。

⑤　営業権を算定する方式には、超過収益還元法や年買法を用いて算定する加算方式とDCF法を用いた差額方式がある。よって、不適切。

【第29問】

正　解：③　**正答率：90.3%**

時価純資産額は、「簿価純資産額＋資産の含み益－資産の含み損－負債の未計上分」の算式で算出される。これに数字を入れると、

簿価純資産額400百万円＋土地の含み益50百万円－（株式含み損25百万円

＋回収不能額 10 百万円＋商品評価損 35 百万円＋建物の評価減 10 百万円＋機械の償却不足 10 百万円）－退職給付引当金不足額 10 百万円＝ 350 百万円

となる。よって、③が正しい。

【第30問】

正　解：①　　**正答率：60.7%**

超過収益力は、「予想収益額－（簿価総資産×利子率）」の算式で算出される。これに数字を入れると、

予想収益額 200 百万円－（簿価総資産 2,500 百万円×利子率 5%）＝ 75 百万円

よって、①が正しい。

【第31問】

正　解：⑤　　**正答率：53.8%**

株主の手取額は、「譲渡額－譲渡益に係る税金（譲渡益× 20%）」の算式で算出される。

譲渡益＝時価純資産額－元々の出資金

これに数字を入れると、

譲渡額 350 百万円－譲渡益に係る税金（時価純資産額 350 百万円－資本金 50 百万円）× 20%＝ 290 百万円

よって、⑤が正しい。

一般社団法人 金融検定協会認定
事業承継アドバイザー認定試験模擬問題集
24年度試験版　〈検印省略〉

2024年3月20日　24年度試験版発行
1刷　2024年3月20日

編　者　金融検定協会

発行者　星野（ほしの）　広友（ひろとも）

発行所　株式会社銀行研修社
東京都豊島区北大塚3丁目10番5号
電話　東京　03(3949)4101(代表)
振替　00120－4－8604

印刷／新灯印刷株式会社
製本／株式会社中永製本所
落丁・乱丁はおとりかえいたします。
ISBN978-4-7657-4705-9 C3033